迎接双支柱

非居民企业税务一本通

孔　泰　孔令文◎著

中国铁道出版社有限公司
CHINA RAILWAY PUBLISHING HOUSE CO., LTD.

图书在版编目（CIP）数据

迎接双支柱 ： 非居民企业税务一本通 / 孔泰，孔令文著. -- 北京 ： 中国铁道出版社有限公司，2025. 9.
ISBN 978-7-113-32201-4

Ⅰ. F812. 423

中国国家版本馆CIP数据核字第2025KL0194号

书　　名：迎接双支柱——非居民企业税务一本通
YINGJIE SHUANGZHIZHU：FEI JUMIN QIYE SHUIWU YI BEN TONG
作　　者：孔　泰　孔令文

责任编辑：吕　芟　**编辑部电话：**（010）51873035　**电子邮箱：**181729035@qq.com
封面设计：宿　萌
责任校对：刘　畅
责任印制：赵星辰

出版发行：中国铁道出版社有限公司（100054，北京市西城区右安门西街 8 号）
网　　址：https://www.tdpress.com
印　　刷：河北宝昌佳彩印刷有限公司
版　　次：2025 年 9 月第 1 版　2025 年 9 月第 1 次印刷
开　　本：710 mm×1 000 mm 1/16　**印张：**21　**字数：**336 千
书　　号：ISBN 978-7-113-32201-4
定　　价：108.00 元

前　言

“双支柱”大背景下的非居民企业税务新挑战

一、“双支柱”的基本背景

经济合作与发展组织（以下简称 OECD）的“双支柱”政策起源于 2013 年，当时 G20 国家委托 OECD 研究如何应对数字经济带来的税收挑战。随着数字经济的发展，传统的国际税收规则面临着越来越多的问题，特别是跨国公司利用税基侵蚀和利润转移（以下简称 BEPS）行为来降低税负，从而引发全球税收不公平不断加深。为此，OECD 启动了 BEPS 项目，旨在制定新的国际税收规则。双支柱政策是 OECD 在 BEPS 项目基础上提出的解决方案，具体包括两个支柱：

支柱一的核心内容旨在重新分配跨国公司利润的征税权，确保市场国能够获得更多的征税权和可征税利润。支柱一的目标是解决数字经济中跨国公司利润分配不公的问题，通过新的利润分配机制，将部分剩余利润重新分配给市场国。

支柱二的核心内容旨在解决利润转移和税基侵蚀问题，通过设定全球最低税率来确保跨国公司在全球任何地方的实际有效税率不低于全球最低税率水平。支柱二的目标是防止跨国公司通过将利润转移到低税地来避税。

自双支柱提出以来，其政策经历了多次讨论和修订。2021 年 10 月，G20/OECD 税基侵蚀和利润转移（BEPS）包容性框架就应对经济数字化税收挑战双支柱方案达成政治共识，同时提出 2023 年 12 月 31 日前执行该方案的工作部署。随后，OECD 于 2022 年度先后发布涵盖金额 A 关键执行条款的综合性文件，即《支柱一金额 A 进展报告》《关于金额 A 征收管理及税收确定性方面的进展报告》，以及 OECD 秘书处发布的《支柱一金额 B 公众意见征询文件》《支柱一金额 A：数字服务税和其他相关类似措施的多边公约条款草案》，共同构成了支柱一的政策体系。针对支柱二则相对进展更快，从政策制定层面，OECD 在 2021—2023 年先后发布了《应对经济数字化税收挑战——支柱二全球反税基侵蚀规则立法模板》、《支柱二立法模板》的释义并辅之以说明性的示例、《支柱二全球反税基侵蚀规则的征管指南》等支柱二相关政策框架及征求意见稿，明确了支柱二的相关政策体系。

在支柱一方案的推进过程中，由于种种原因，虽然已经不断形成了相关的政策支持，包括但不限于金额 A 的基本规则，并于 2023 年 10 月通过《实施支柱一金额 A 的多边公约》及其解释性声明、《支柱一金额 A 确定性应用的理解》等，原则上确定了为应对经济数字化税收挑战而明确的金额 A 税收确定性框架，以及金额 A 所确定的税收确定性框架在实操中如何运用等事项问题。但金额 B 的确定，以及支柱一的相关技术立法工作进展缓慢，面临较大困难，相关关键技术细节仍未达成国际共识。所以，目前各国对于支柱一的立法转化工作暂无显著进展。

与此同时，由于支柱二，即全球最低税（global minimum tax，GMT），在全球范围内被广泛公认为是应对经济数字化和跨国企业税基侵蚀及利润转移（BEPS）问题的重要组成部分。自 2013 年启动以来，持续深化及发展。具体来说，2015 年，OECD 发布了 BEPS 项目的最终报告，提出了 15 项行动计划，2017 年，OECD 发布了税收挑战和数字经济的中期报告，提出了双支柱方案的初步构想，并于次年进一步阐述了双支柱方案。2020—2021 年，在 OECD 先后发布税收挑战和数字经济的政策声明和蓝图报告的基础上，G7 财长会议达成协议，支持设立 GMT。截至 2023 年，共 142 个国家和地区选择通过全球反税基侵蚀规则及 GMT，同时，多个国家和地区已经开始或完成了相关立法程序并自 2024 年起开始实施全球最低税。

二、双支柱对非居民企业税务的主要影响

如前所述，截至目前，双支柱的主要进展集中在支柱二层面。支柱二的主要内容包括但不限于：

①全球最低税率设定为 15%；

②适用于年收入超过 7.5 亿欧元的大型跨国企业；

③通过支柱二的规则，确保跨国企业在每个辖区的税负不低于全球最低税率。

基于支柱二的主要内容和立法逻辑，从实务视角，支柱二将对大型跨国企业在世界范围内产生较大的影响和新增部分风险。具体到对非居民企业税务的影响分析主要体现在对跨国企业整体税务安排的影响。

如前所述，支柱一旨在解决超大型跨国集团利润重新分配问题；支柱二旨在设定全球最低税，解决大型跨国集团利用低税地转移利润和税收逐底竞争问题。支柱一和支柱二共同组成了应对经济数字化税收挑战的多边方案，以确保跨国集团缴纳公平份额的税款。因此，在实务中，支柱一增加市场国的征税权，通过修改现有跨境所得税分配规则，将超大型高利润跨国企业的一部分剩余利润分配给市场国；支柱二建立全球最低税制度，确保大型跨国企业在每个辖区的有效税率至少达到全球最低税率标准。

在实操中，支柱一对于跨国企业的相关业务部署，其核心在于重新分配跨国企业部分利润的征税权。根据支柱一的规则，跨国企业的利润将不仅仅在其公司总部和子公司所在地征税，还需要在其产品和服务的销售目的地征税。因此，对于在中国大陆没有实体运营、资产和雇员的相关销售活动，中国大陆也可能在支柱一实施后获得新的征税权，进而面临潜在的新增源泉扣缴类征税事项。相应的，诸多跨国集团企业也面临基于支柱一的实施而引发新的非居民企业税务应税义务的判定问题。

基于支柱二的实施逻辑，全球反税基侵蚀规则（以下简称 GloBE）由相互关联的收入纳入规则和低税支付规则组成。收入纳入规则是指对跨国集团成员低税所得向母公司补征税款至最低税负水平。低税支付规则是指通过拒绝扣除或要求同等调整，就跨国集团成员低税所得补征税款至最低税负水平，但限于未适用收入纳入规则的部分。收入纳入规则和低税支付规则共同执行的最低税负水平即为全球最低税率。

收入纳入规则规定了一种基于母公司对低税实体的直接或间接所有权征收补足税的机制，低税支付规则作为收入纳入规则的补充规则，用于补征未按收入纳入规则征收的全球最低税税额或全球最低税余额。两种规则最终可能引发的结果是赋予来源国有限的征税权，从实质上分析，跨国集团企业的财税团队需要针对性做好梳理。一方面，从全球范围内支付角度，理论上支付的税款不得低于约定的最低水平；另一方面，支柱二允许各国对跨国企业的低税收入进行补税。如果跨国企业在某个辖区的税率低于全球最低税率，该辖区可以征收额外的税款，以确保其总税率达到最低水平，进而使跨国企业在自行准确判定非居民纳税义务的同时，将进一步面临拥有征税权国家的非居民征税事项。这样的安排将不可避免地造成增加非居民企业的合规成本。

三、双支柱的实施预期与企业应对

结合当前的实际情况，虽然 OECD 反复达成一致意见，由于支柱一的实施存在较大的争议和困境，截至目前仍难以实现有效的实施路径和相关安排。因此，对于具体涉及相关安排的企业而言，企业可以有效地安排与应对支柱一，并继续做好持续关注，尚不需要实质性的处理安排；支柱二的相关推进则更加迅速，截至目前已有多个国家通过国内立法，将支柱二的相关内容纳入本国税法，确保其在国内的实施。此外，基于支柱二提出的更高的税务透明度和信息交换要求，跨国企业未来可能披露更多关于其全球收入和税负的信息，也要求跨国企业不断加强内部税务管理和合规性，确保其全球税务安排的透明度和合规性。在非居民企业税收管理应对中，跨国企业可能面临调整其内部定价和利润分配策略，以适应新的税务环境。

宏观层面，针对不断深入推进的双支柱工作安排，跨国企业应至少做好如下应对工作：

一是深入研究双支柱方案的具体内容和实施细节，积极参与国际税收新规的修订建议，增强跨国企业自身对双支柱政策体系的影响力；

二是充分关注相关国家（地区）税法的改革，以便适应新的税收环境，确保企业竞争力；

三是加强与相关国家（地区）和国际组织的沟通协调，共同应对数字经济带来的税收挑战。

孔　泰　孔令文

目录

第一章　非居民企业

税收管辖权是国家（地区）依法拥有和行使的征税权力，是国家在征税方面的主权，国家有权决定对什么征税、征什么税、征多少税等。税收管辖权既可以对本国人行使（属人原则），也可以在本国的领土和空间行使（属地原则）。具体到企业所得税税收管辖权，主要包括公民管辖权、居民管辖权和来源地管辖权。

公民管辖权是遵从属人原则确定的税收管辖权，即一国政府可以对拥有本国国籍的公民的一切所得征税，而不论他们的所得来源于国内还是国外。目前，仅少数国家采用公民管辖权。

居民管辖权是遵从属人原则确定的税收管辖权，即一国政府可以对本国居民（自然人、法人及其他组织）的一切所得征税，而不论他们的所得来源于国内还是国外。各国对企业（法人）居民身份的确定标准，包括登记注册地、管理机构所在地、总机构所在地等。

来源地管辖权是遵从属地原则确定的税收管辖权，即一国政府可以对来源或认为来源于本国境内的所得征税，而不论获取这笔所得的是本国人还是外国人。

每个主权国家都有权根据本国的政治、经济制度等国情选择适合自身的税收管辖权标准。当今，各国一般同时行使居民管辖权和来源地管辖权，并遵循来源地管辖权优先原则；个别国家还同时行使公民管辖权。来源地管辖权优先原则，是指对同一笔跨境所得，所得来源国有优先行使征税权的权利。

第一节　国内税法概述

一、企业所得税纳税义务人

《中华人民共和国企业所得税法》（以下简称《企业所得税法》）借鉴国际通行规则，同时实行来源地管辖权和居民管辖权，将企业所得税纳税人分为居民企业和非居民企业。

（一）居民企业

居民企业，是依法在中国境内成立或依照外国（地区）法律成立但实际管理机构在中国境内的企业。居民企业就其来源于境内外的全部所得纳税，负有全面纳税义务。

税收上境内、境外的“境”，区别于国境、边境的“境”，是指中国内地税收法律覆盖地区的边际。台湾、香港、澳门不在《企业所得税法》及其他税收法律法规覆盖的地区内。

判断依照外国（地区）法律成立的企业在中国境内的税收居民身份，是该企业进行企业所得税处理的首要任务。比如，一家依照开曼群岛法律成立的公司转让其北京全资子公司股权获取所得，如果认定开曼公司为居民企业，适用税率为25%；如果认定开曼公司为非居民企业，适用税率为10%。再如，开曼公司从其北京子公司获取股息红利，如果认定开曼公司为居民企业，可以免税；如果认定开曼公司为非居民企业，则应当缴税。可见，对于获取同样的所得，居民企业和非居民企业的纳税义务是不同的。

实际管理机构是否在中国境内，是判断依照外国（地区）法律成立的企业居民身份的唯一标准。实际管理机构，指对企业生产经营、人员、财务和财产实施实质性全面管理的指挥控制中心。企业的生产经营、人员、财务、财产等是企业管理控制的核心内容。如果一个企业仅是股东大会、董事会在海外办公、开会，表面上由海外机构进行管理控制，但生产经营、人员、财务、财产等重要事项实际是由中国境内人员、机构进行管理控制的，应认为实际管理机构在中国境内。全面管理和控制是指对企业的整体或主要生产经营活动负总体责任的管理控制。如果只是对企业的一部分或不重要的生产经营活动管理控制，则不应被认定为实际管理机构，例如，仅对在中国境内的一个车间管理控制。

《国家税务总局关于境外注册中资控股居民企业所得税管理办法（试行）的公告》（国家税务总局公告 2011 年第 45 号）第二条、第三条规定：境外注册中资控股企业"是指由中国内地企业或者企业集团作为主要控股投资者，在中国内地以外国家或地区（含香港、澳门、台湾）注册成立的企业"；境外注册中资控股居民企业"是指因实际管理机构在中国境内而被认定为中国居民企业的境外注册中资控股企业"。

（二）非居民企业

非居民企业，是指依照外国（地区）法律成立且实际管理机构不在中国境内，但在中国境内设立机构、场所的，或在中国境内未设立机构、场所，但有来源于中国境内所得的企业。非居民企业就其来源于境内的所得，或与其在中国境内设立的机构、场所有实际联系的境外所得纳税，负有有限纳税义务。

虽然依照中国法律、行政法规成立的个人独资企业、合伙企业不适用《企业所得税法》，但是依照外国（地区）法律成立的个人独资企业、合伙企业、基金、非政府组织等，如在中国境内设立机构、场所，或在中国境内未设立机构、场所但有来源于中国境内所得，适用《企业所得税法》，属于非居民企业。

1. 机构是负有一定功能，履行一定职责的组织。场所指完成某项经营活动的所在地。非居民企业在中国境内从事生产经营活动的机构、场所有五类。

（1）管理机构是代表企业负有部分管理职责的组织，管理职责既可以对非居民企业本身、总机构及分支机构，也可以对关联企业。营业机构通常指非居民企业为了开展日常生产经营活动，而设立的不具有独立法人资格的分公司、分部等。办事机构通常指非居民企业为了便于从事调查、联络、宣传等活动的机构，例如代表处。三类机构的职能既可能相对独立，也可能相互叠加。

（2）工厂、农场、开采自然资源的场所，都属于开展生产经营活动的场所。工厂通常是指企业从事工业生产的厂房车间等。农场通常是指满足农业生产所需的场所。开采自然资源的场所通常是指采掘自然资源所需要的矿场、油气井等，经过投资拥有开采经营权或与之相关的合同权益并从事生产经营的场所。

外国企业（不含实际管理机构设立在中国境内的外国企业）与中国境内企业签订协议或合同，在中国境内合作开采石油天然气，凡未按照中国法律设立独立企业的，由合作各方分别缴纳企业所得税，外国企业属于在中国境内设立机构、场所从事生产经营活动的非居民企业，其分取的合作生产经营所得应按照《企业所得税法》第三条第二款的规定申报缴纳企业所得税。在按前述规定缴纳企业所得税后，该外国企业获取的税后利润不属于适用《企业所得税法》第三条第三款规定的所得，不予扣缴企业所得税。

（3）从事建筑、安装、装配、修理、勘探等工程作业的场所，包括建筑工地、勘探场地、施工场所等工程作业场所。

（4）派遣人员在中国境内从事加工、修理修配、交通运输、仓储租赁、咨询经纪、设计、文化体育、技术服务、教育培训、旅游、娱乐及其他劳务活动。

（5）营业代理人代表非居民企业在中国境内从事生产经营活动，包括非居民企业委托单位或个人经常代其签订合同，或储存、交付货物等，该营业代理人视为非居民企业在中国境内设立的机构、场所。

营业代理人既可以是个人，也可以是办事处、公司或其他任何形式的组织，不一定被非居民企业正式授予代表权，只要是代表非居民企业在中国境内从事生产经营活动，就可能被视为非居民企业在中国境内设立的机构、场所。代理行为包括签订合同，或储存、交付货物等。

营业代理人与非居民企业是两个不同的法律主体，应注意区分营业代理人的代理行为与非居民企业的生产经营行为。例如，非居民企业派遣员工在境内谈签合同并提供相应服务，该员工从事生产经营行为的场所构成机构、场所，不应将该员工视为非居民企业在境内的营业代理人。

（6）其他从事生产经营活动的机构、场所，作为兜底条款概括上述列举范围外的实际可能存在的情况，确保征税权不因正列举的有限性而丧失。

机构、场所是从事生产经营活动的，非居民企业在中国境内未用作生产经营的财产不构成机构、场所。例如，非居民企业拥有位于中国境内的房屋、建筑物等不动产，如果非居民企业未委派人员或未委托其他单位或个人在该不动产从事生产经营，该不动产不构成非居民企业在中国境内设立机构、场所；如果非居民企业委派人员或委托其他单位或个人在该不动产从事生产经营活动，该不动产构成在中国境内设立机构、场所。

2. 从中国境内获取股息红利等权益性投资收益、利息、租金、特许权使用费所得、转让财产所得及其他所得的，未设立机构、场所的，或虽设立机构、场所但获取的所得与其所设机构、场所没有实际联系的非居民企业。

（1）未设立机构、场所的情况。

【例 1-1】新加坡 A 公司未在中国设立机构、场所，将 100 万美元借给了中国居民企业甲公司，定期收取利息，A 公司应就从甲公司获取的利息收入在中国缴纳企业所得税，由甲公司源泉扣缴。

（2）设立机构、场所，但获取的所得与其所设机构、场所没有实际联系的情况。

【例 1-2】新加坡 A 公司在中国设立了分公司，A 公司与居民企业甲公司签订技术许可使用合同，由 A 公司直接将其拥有的专有技术及相关资料特许给甲公司使用，并每年收取 100 万美元的特许权使用费，此交易与分公司无关系。A 公司应就从甲公司获取的特许权使用费收入在中国缴纳企业所得税，由甲公司源泉扣缴。

二、非居民企业所得

非居民企业在中国境内设立机构、场所开展生产、经营活动，应当就所设机构、场所获取的源于中国的所得，和虽然发生在中国境外但与所设机构、场所有实际联系的所得，在中国缴纳企业所得税。“实际联系”是指非居民企业在中国境内设立的机构、场所拥有据以获取所得的股权、债权，以及拥有、管理、控制据以获取所得的财产等。

【例 1-3】新加坡 X 企业在中国设立了不具有独立法人资格的代表处，该代表处将自有运营资金出借给韩国的居民企业并收取利息，该代表处拥有对出借款项的债权，所以韩国企业支付的利息与该代表处有实际联系，该笔利息所得应在中国纳税。

未设立机构、场所的，或虽设立机构、场所但获取的所得与其所设机构、场所没有实际联系的非居民企业，从中国境内获取股息红利等权益性投资收益、利息、租金、特许权使用费所得、转让财产所得及其他所得，在中国缴纳企业所得税。

《企业所得税法》及其实施条例就非居民企业获取的所得，以及所得来源于境内还是境外确定了以下原则。

（一）销售货物所得

销售货物所得按照交易活动发生地确定。判定交易活动发生地，需要综合考虑合同的谈签地、货物的交付地、售后的服务地、款项的支付地等因素。

【例 1-4】美国某汽车生产企业 A 公司在美国本土生产 M、N 两款汽车。A 公司与中国汽车经销企业甲公司签订销售合同，约定 A 公司向甲公司出口 M 款汽车，A 公司就此获取的所得属于来源于中国境外的所得。2023 年，A 公司携 3 辆 N 款车到北京参加车展，并在车展中直接售出，A 公司就此获取的所得则可能属于来源于中国境内的所得。

（二）提供劳务所得

提供劳务所得按照劳务发生地确定。一般来说，劳务都需要由人来提供，劳务发生地也就是相关的人进行劳务活动的地方。

【例 1-5】北京甲公司向美国出口商品，美国 A 公司负责将到达美国港口的货物运往甲公司在美国的仓库，北京甲公司向 A 公司支付运费。A 公司获取的所得属于来源于中国境外的所得。

（三）转让财产所得

（1）不动产转让所得按照不动产所在地确定。不动产属于不可移动的资产，该项资产的保护、增值与所在地密不可分，因此按照所在地确认管辖权是国际普遍做法。

（2）动产转让所得按照转让动产的企业或机构、场所所在地确定。动产是可移动的资产，受所有权人控制，所在地可变、难以确定，因此按照所有人所在地确定管辖权。

转让动产和销售货物有什么区别呢？从形式上两者都是将资产的所有权转让，通常被转让的资产如果是存货属于销售货物，被转让的资产如果是固定资产、无形资产、金融资产等则属于转让动产。例如，专门从事汽车生产、销售的企业，其拥有的待售车辆通常是其存货，当其转移待售车辆所有权时应属于销售货物；其拥有并使用的车辆通常是其固定资产，当其转移该自用车辆所有权时属于转让动产。

（3）权益性投资资产转让所得按照被投资企业所在地确定。权益性投资资产包括股权、股票等，权益性投资资产的价值受到被投资企业的价值影响，与被投资企业密不可分。

（四）股息、红利所得

股息、红利等权益性投资收益按照分配所得的企业所在地确定。股息、红利等权益性投资收益受到被投资企业的利润影响，与被投资企业密不可分。

（五）利息、租金、特许权使用费所得

利息、租金、特许权使用费所得，按照负担、支付的企业或机构、场所的所在地确定。支付人支付的利息、租金、特许权使用费，通常可以计

入支付人的成本费用，减少支付人的利润，从而影响支付人的税基，与支付人密不可分。

（六）其他所得

其他所得由国务院财政、税务主管部门确定。当前，经济形势日新月异，新的商业模式不断涌现，判断一项所得应透过现象看本质，分析归类对应的法定所得类型。同时，在国务院财政、税务主管部门没有具体发文前，无法归类对应法定所得类型的所得应慎重考虑是否应税。

第二节　税收协定概述

从税收协定的角度，非居民企业是指按照税收协定居民条款的规定，应为缔约对方税收居民的企业。

世界各国（地区）的税制和税收管辖权标准各不相同。当一个企业从其所在国境外获取所得，基于“来源地管辖权”和“居民管辖权”的重叠，导致同一课税对象在同一时期内被相同或类似的税种课征两次或以上的税款，产生重复征税，对于纳税主体显然是不公平的，也有碍于资本、技术、经贸等活动的跨境流通。同时，当一个企业从其所在国境外获取所得，也可能出现同一课税对象在同一时期内没有被课征税款，侵蚀了“来源地”和“居民地”的税基。

【例 1-6】A 国企业所得税仅采用居民管辖权，B 国企业所得税仅采用来源地管辖权。如果 A 国的居民企业从 B 国获取所得，两国对该企业的这笔所得均有征税权，产生重复征税。如果 B 国居民企业从 A 国获取所得，则 A 国和 B 国都没有征税权。

广义的税收协定可以理解为政府间订立的有关税收的协定。狭义的税收协定一般是指两个或两个以上国家（地区）按照平等原则，政府间缔结的协调以所得和资本为核心的税收管辖关系，旨在避免双重征税和防止偷漏税的国际税收分配协议（条约或安排）。内容主要包括：税收协定适用范围及相关定义，缔约国税收管辖权的划分，消除重复征税的方法，以及情报互换、双边磋商、避免偷漏税等。主要作用包括降低跨境纳税人在来源地的税负、提高税收确定性、消除双重征税和通过相互协商机制妥善解决涉税争议等。例如《中华人民共和国政府和新加坡共和国政府关于对所得避免双重征税和防止偷漏税的协定》（以下简称《中新协定》）。

中国对外签署的多边税收合作法律工具、双边税收协定、情报交换协议、双边税收合作备忘录，共同构成中国国际税收合作的法律框架，有力促进了中国参与双边、多边国际经济合作，并为经济全球化的健康和可持续发展提供强有力的法律支撑。

截至 2025 年 7 月底，中国已与 111 个国家（地区）正式签署了避免双重征税协定，已形成了比较完善的税收条约网络。

一、税收协定与国内税法的关系

税收协定属于国际法范畴，国内税收法律法规及规章（以下简称国内税法）属于国内法范畴。厘清税收协定与国内税法的关系，对税务机关的执行和纳税人的遵从都十分重要。实践中，各国一般通过宪法或其他法律，规定国际法在其国内法中的地位。《中华人民共和国税收征管法》（以下简称《税收征管法》）《企业所得税法》明确了相关原则。

（一）适用原则

1. 协定优先原则，我国政府同外国政府订立的有关税收的协定与国内税法有不同规定的，依照协定办理。

2. 优惠优先原则，如果国内税法优惠于税收协定，仍可以按照国内税法的规定执行。例如，中国与一些国家签订的税收协定中，股息的限制税率高于 10%，该国居民企业从中国获取的股息仍可以按照国内税法 10% 执行。

税收协定主要是分配税收管辖权，具体如何征收离不开国内税法。同时，享受税收协定待遇也须遵从国内税法的相关规定。

（二）适用步骤

第一步，明确中国国内税法的规定，以确定非居民企业获取的所得在国内税法层面的纳税义务。若无国内税法层面的纳税义务，则税收协定不必继续适用；若有国内税法层面纳税义务，则进入第二步。

第二步，明确双边税收协定的规定，以确定税收协定是否包含非居民企业获取所得的条款，以及其在税收协定层面的纳税义务。若税收协定无相应条款，不必继续适用税收协定；若税收协定有相应条款，则进入第三步。

第三步，将第二步适用的税收协定与第一步适用的国内税法进行比较，以确定最终适用结果。若税收协定确定的纳税义务更优惠，优先适用税收协定；若税收协定确定的纳税义务超过国内税法，适用国内税法。

第四步，如税收协定更优惠且非居民企业能够适用协定，非居民企业按照国内税法的要求适用税收协定。

为了便于对税收协定的理解，国家税务总局印发了《〈中新协定〉及议定书条文解释》（国税发〔2010〕75号）。中国对外所签协定有关条款规定与《中新协定》条款规定内容一致的，《中新协定》条文解释规定同样适用于其他协定相同条款的解释及执行。中国对外所签协定有关条款规定与《中新协定》条款规定内容不一致的，应以税收协定的具体条款为准。

本书税收协定部分，主要以《中新协定》为例。

二、税收协定的适用范围

（一）适用的“人”

1. 享受税收协定待遇的人限于缔约国一方或同时为双方的居民。“居民”的判定应遵从缔约国国内税法，当同一人同时为缔约国双方居民时，应按协定约定的标准确定最终居民身份的归属。需要特别注意的是，中国与各个国家签订的协定对居民身份归属的约定有所不同。例如，与美国的协定中约定同时为缔约国双方的居民公司，应由缔约国双方主管当局通过相互协商解决；与新加坡的协定中约定公司和其他团体同时为缔约国双方居民，应认定其是“实际管理机构”所在国的居民，如果缔约国双方因判定实际管理机构的标准不同而不能达成一致意见的，应由缔约国双方主管当局通过相互协商解决。

2. 缔约国一方居民到第三方（地区）从事经营活动时，应根据情况判断是否可适用协定，以《中新协定》为例。

（1）新加坡税收居民企业设在第三方（地区）的常设机构是该居民企业的组成部分，与该居民企业属同一法律实体，不属于第三方（地区）居民，其从中国获取的所得适用《中新协定》的规定。

（2）中国居民企业设在第三方（地区）的常设机构是该居民企业的组成部分，不属于第三方（地区）居民，其从新加坡获取的所得适用《中新协定》的规定。

（3）中国居民企业设在新加坡的常设机构是该居民企业的组成部分，其从第三方（地区）获取的所得，涉及缴纳第三方（地区）税款时适用中国与该第三方（地区）的协定、协议（安排）。值得注意的是，上述中国居民企业设在新加坡的常设机构获取来源于中国境内的所得，在按中国国内法相关规定纳税时，该常设机构不能以新加坡税收居民身份对上述来源于中国境内的所得，向中国税务机关要求享受《中新协定》待遇。

（二）适用的税种

协定适用的税种仅限于在协定及议定书中列举的税种。如果协定签订之日后，缔约国一方征收的属于增加或代替现行税种的任何相同或实质相似的税种，主管当局应及时将相关变化通知对方；如果国内法律的重大变动会影响到协定义务时，一般来说，需要双方主管当局互相确认后才能适用。

三、BEPS 相关的多边公约

《实施税收协定相关措施以防止税基侵蚀和利润转移的多边公约》（以

下简称《公约》)，由经济合作与发展组织受二十国集团委托牵头制订，旨在一揽子修订现行双边税收协定，落实与税收协定相关的税基侵蚀和利润转移（BEPS）行动计划成果建议。

经国务院批准，中国于 2022 年 5 月 25 日向《公约》保存人经济合作与发展组织（OECD）秘书长交存了《公约》核准书。根据《公约》第三十四条（生效）第二款的规定，《公约》于 2022 年 9 月 1 日对中国生效。

2022 年 8 月，国家税务总局发布《关于〈实施税收协定相关措施以防止税基侵蚀和利润转移的多边公约〉对中国生效并对部分税收协定开始适用的公告》（税务总局公告 2022 年第 16 号），就《公约》对中国生效，并首批适用于中国签署的 47 个税收协定等情况予以公告。

2023 年 5 月，国家税务总局发布《关于〈实施税收协定相关措施以防止税基侵蚀和利润转移的多边公约〉适用中国与保加利亚等国双边税收协定的公告》（税务总局公告 2023 年第 9 号），《公约》适用中国签署的税收协定增加 6 个。

未来，随着更多的国家和地区签署《公约》并完成生效适用程序，《公约》适用中国签署的税收协定范围将进一步扩大。

《公约》适用相关税收协定后，将对协定部分条款作出修订。为方便纳税人和税务机关查阅《公约》修订现行税收协定的具体情况，国家税务总局结合税收协定缔约对方在《公约》中作出的保留和通知，对《公约》适用的已公告的税收协定分别制作了整合文本，标记出《公约》修改的具体条款、列明《公约》相关规定，并说明《公约》对该税收协定开始适用的日期。整合文本已在国家税务总局网站“税收条约”栏目相应“国家或地区”项下发布。需要说明的是，税收协定文本和《公约》文本为作准文本，整合文本仅用作参考，不具有法律效力。

（一）BEPS 行动计划

税基侵蚀和利润转移（BEPS）是跨国企业利用国际税收规则存在的不足，以及各国（地区）税制差异和征管漏洞，最大限度减少其全球总体的税负，甚至达到双重不征税的效果，造成对各国（地区）税基的侵蚀。

G20 领导人于 2013 年 9 月发布圣彼得堡峰会公报，决定委托经济合作与发展组织（OECD）牵头，在包容性框架成员国范围内（包括所有 G20 成员、OECD 国家和 19 个其他国家在内的 62 个国家）推进和实施 BEPS 项目。BEPS 项目成果报告于 2015 年 10 月发布，包含 15 项行动计划及 1 个解释性说明。

（二）《公约》概要

BEPS 15 项行动计划中与税收协定相关的共有五项。这些行动计划的措施不能通过各国单边修订国内法落实，只能纳入新的双边税收协定或对已经签署的税收协定进行修订。然而，全球现有 3 000 多份双边税收协定，依靠各国双边逐一谈判修订耗时费力难以实现，为尽快高效落实 BEPS 项目成果，第 15 项行动计划提出制定一个多边工具从而实现一揽子迅速修订现行双边税收协定。为此，OECD 起草了《公约》，中国作为 67 个首批签署国之一，于 2017 年 6 月 8 日在法国巴黎签署了该《公约》。

作为修订税收协定以落实 BEPS 项目成果的多边工具，要保证实施措施的及时一致，挑战极大。《公约》并不是替代现行双边税收协定，只是对如何修订现行协定的某一条款进行说明，各国通过在签署和批准时提交保留事项来明确该国是否接受某项修订。《公约》不仅避免了各国间反复的双边谈判，极大地节省了时间，而且保证了 BEPS 项目在执行和解释方面的一致性，带来了更强的确定性和可预测性。

《公约》共七章三十九条，主要涵盖了四个 BEPS 项目成果，分别是第二项行动计划（消除混合错配影响）、第六项行动计划（防止滥用税收协定待遇）、第七项行动计划（防止人为规避构成常设机构）和第十四项行动计划（使争议解决机制更有效）。按照《公约》的效力，其中的条款可以分为缔约方必须采纳的 BEPS 最低标准，和缔约方可以通过保留或通知的方式选择性采纳的政策建议。

《公约》适用于同时满足以下两个条件的税收协定：一是《公约》缔约方之间签署且已经生效的税收协定；二是缔约方均作出通知将该协定纳入《公约》适用范围。《公约》涵盖的 BEPS 行动计划成果建议，有些被列为最低标准，缔约方必须采纳；有些仅为政策建议，缔约方可以不予采纳。也就是说，只有在税收协定缔约双方均在《公约》中采纳相关成果建议时，《公约》才对现行税收协定条款作出修改。中国以作出通知的方式，将与100个国家签署的税收协定纳入《公约》适用范围，其中的53个国家已完成《公约》生效程序，并将与中国签署的税收协定纳入适用范围。未来，随着更多的国家和地区签署《公约》并完成生效程序，《公约》适用中国现行税收协定的范围将进一步扩大。

（三）中国采纳的措施

中国在《公约》中采纳了两类成果建议：一是BEPS最低标准条款，包括协定应防止逃避税行为造成的不征税或少征税的序言内容，以及应对协定滥用的主要目的测试条款等。二是中国近年签署的税收协定中通常纳入的其他BEPS成果建议，比如希望进一步发展经济关系并加强税收合作的序言内容、税收协定不限制居民国征税的规定、双重居民实体加比规则等。如果税收协定缔约对方也在《公约》中采纳了上述成果建议，则《公约》将对现行税收协定相应条款作出修改。

1. 消除混合错配安排的影响（BEPS第二项行动计划），旨在解决与税收透明体、双重居民实体和适用免税法以消除双重征税有关的税收协定问题。各税收管辖区可以选择不采纳这一措施。

关于双重居民实体，中国选择实施新的“加比规则”代替原先的实际管理机构所在地标准，判断除个人以外的成为双重居民的税收居民身份。同时，若缔约管辖区各方主管当局，未能通过相互协商就该居民身份达成一致的，则该居民不能享受税收协定的待遇。混合错配相关措施并不是BEPS行动计划的最低标准，中国没有采纳混合错配安排下的其他可选措施。

2. 防止协定优惠的不当授予（BEPS第六项行动计划），旨在反协定滥用以有效应对择协避税，包括主要目的测试、简化版利益限制条款、设定享受协定待遇的最低持有期限等。本行动计划的最低标准是要求各税收管辖区采纳主要目的测试，各税收管辖区可选择不采纳简化版利益限制条款和其他反协定滥用要求。

中国采纳了主要目的测试（principal purpose test，PPT）条款，这是BEPS第六项行动计划中建议的最低标准。该条款主要用于明确，若任何安排或交易的主要目的之一是获取税收协定利益，缔约方可以拒绝给予协定待遇，除非可以确认给予协定待遇符合被涵盖税收协定相关规定的宗旨和目的。在中国近期新谈签或重新谈签的税收协定中，都可以发现类似条款。在采纳了《公约》的主要目的测试条款之后，这一条款将拓展适用于批准文书涵盖的所有税收协定。中国选择不采用简化版利益限制条款，这基本上与中国最近签署的税收协定中体现的立场是一致的。

股息所得方面，中国采纳了股息享受预提所得税税率减免持股期限应达到一年的最低标准，这一立场和中国当前国内税法对税收协定的解释是一致的。

财产收益方面，根据国内税法规定，转让非不动产公司股权需要在转让前三年内任意时间均符合中国境内的不动产价值占公司全部财产价值的比率低于50%，获取的财产收益方可享受协定不征税待遇，这一规定远比《公约》要求的一年规定更为严格。

3. 防止人为规避构成常设机构（BEPS第七项行动计划），旨在对常设机构的判定设置更严格的规定，包括应对佣金代理人和类似安排、修改特定活动豁免规定、引入反拆分规定等。各税收管辖区可以选择不采纳这一措施。

关于《公约》中规避构成常设机构的所有条款中国均选择不适用。因此，除非修订双边税收协定，中国常设机构的判定标准不会受到《公约》的影响。需要注意的是，国税发〔2010〕75号文中已经就代理人、准备性或辅助性活动等在内的BEPS问题进行了类似的规定，如对“签订合同”的理解包含了合同细节的谈判。

4. 使争议解决机制更有效（BEPS第十四项行动计划），要求在税收协定中充分、诚意地执行相互协商程序，并在相互协商程序中为有强制约束力的仲裁制度订立新标准。改进相互协商程序是强制性的，但各税收管辖区可以选择不采用有强制约束力的仲裁制度。

中国采纳了《公约》要求的充分执行相互协商程序；以及允许关联方

利润在被缔约管辖区一方调整后，在另一方作出相应调整。但中国选择不适用仲裁条款。

第三节　阶段检测

一、单 选 题

1. 中国企业所得税法确定税收管辖权，依据的原则是（　　）。

A. 收益原则　　B. 属地原则

C. 属人原则与属地原则相结合　　D. 属人原则

参考答案：C

2. 中国与哪个国家签署了第一个税收协定（　　）。

A. 日本　　B. 韩国

C. 美国　　D. 巴基斯坦

参考答案：A

3. 根据《中国和新加坡税收协定》，除个人外，同时为缔约国双方居民的人，应认定其是（　　）所在国的居民。

A. 注册地　　B. 实际经营地

C. 实际管理机构　　D. 主要股东

参考答案：C

4. 新加坡税收居民企业 A 银行在中国设立分行 B（不具有法人资格），英国居民企业 C 银行在卢森堡设立分行 D（不具有法人资格）。卢森堡 D 分行对 B 分行提供一笔欧元贷款并获取利息。按中国现行规定，该笔利息适用的税收协定是（　　）。

A. 新加坡与卢森堡的协定　　B. 新加坡与英国的协定

C. 中国与卢森堡的协定　　D. 中国与英国的协定

参考答案：D

5. 下列属于居民企业的有（ ）。

A. 在中国境内从事安装服务的新加坡 N 公司

B. 新加坡 N 公司

C. 实际管理机构在中国境内的新加坡 N 公司

D. 在中国境内设立常设机构的新加坡 N 公司

参考答案：C

6. 按照《企业所得税法》和实施条例规定，下列各项中属于非居民企业的是（ ）。

A. 在北京市工商局登记注册的企业

B. 在新加坡注册但实际管理机构在北京的外资独资企业

C. 在新加坡注册的企业设在北京的办事处

D. 在北京市注册但在中东开展工程承包的企业

参考答案：C

7. 依据《企业所得税法》实施条例的规定，关于实际管理机构的判断，以下理解不严谨的是（ ）。

A. 该机构是对企业有实质性管理和控制的机构

B. 该机构是对企业实行全面管理和控制的机构

C. 该机构管理和控制的是企业的生产经营、人员、财务、财产等重要事务

D. 该机构仅对该企业部分关键的生产经营活动进行影响和控制

参考答案：D

8. 下列关于境外中资企业依据实际管理机构在中国境内被判定为非境内注册居民企业应符合的条件中，表述错误的是（ ）。

A. 企业实施日常生产经营管理运作的高层管理人员及高层管理部门履职的场所主要位于中国境内

B. 企业的财务决策和人事决策由中国境内的机构或人员决定，或需得到中国境内的机构或人员批准

C. 企业的主要财产、会计账簿、公司印章、董事会和股东大会会议纪要档案等位于或存放于中国境内

D. 企业 2/3 以上有投票权的董事或高层管理人员经常居住于中国境内

参考答案：D

9. 下列不能视为机构场所的是（　　）。

A. 非居民企业委托在中国境内从事生产经营活动的企业

B. 经常代非居民企业在境内交付货物的个人

C. 非居民企业日常管理的中国境内不动产

D. 非居民企业派遣人员在中国境内提供劳务，但对派遣人员工作不承担责任和风险

参考答案：D

10. 以下哪项不是非居民企业在中国境内设立的机构、场所（　　）。

A. 管理机构　　B. 提供劳务的场所

C. 装配的场所　　D. 偶尔受托从事经营的营业代理人

参考答案：D

11. 某非居民企业在中国境内无机构、场所，对其获取的下列所得不征收企业所得税的是（　　）。

A. 在境内销售货物获取的所得

B. 转让非境内注册居民企业的股权获取的所得

C. 转让境内的动产获取的所得

D. 非境内注册居民企业支付的利息所得

参考答案：C

12. 某非居民企业在中国境内无机构、场所，从境内企业获取下列所得，所得发生地主管税务机关的确定正确的是（　　）。

A. 不动产转让所得，为转让不动产的企业所在地主管税务机关

B. 权益性投资资产转让所得，为转让权益性投资资产的企业所在地主管税务机关

C. 股息、红利等权益性投资所得，为支付所得的企业所在地主管税务机关

D. 利息所得，为负担所得的企业所在地主管税务机关

参考答案：D

13. 中国有形动产租金采用以下哪种原则确认所得来源地（ ）。

A. 产生租金的财产所在地　　B. 租赁财产所有者的所在地

C. 租赁财产支付者的所在地　　D. 租赁合同签订地

参考答案：C

14. 下面关于所得来源地判断原则的说法中，错误的是（ ）。

A. 销售货物所得，按照交易活动发生地确定

B. 提供劳务所得，按照劳务发生地确定

C. 动产转让所得按照动产所在地确定

D. 股息、红利等权益性投资所得，按照分配所得的企业所在地确定

参考答案：C

15. 新加坡 A 公司拥有北京一处房产并委托张某日常管理，A 公司将该房产出租给新加坡另一企业 B，B 将此房产用于短期来华出差人员居住，B 按期在新加坡向 A 支付租金，此例中的税收处理正确的有（ ）。

A. A 公司在中国境内无纳税义务

B. A 公司应该在中国境内按租金所得缴纳企业所得税

C. 由于交易双方和支付地均在境外，中国无征税权

D. A 公司只有在构成常设机构的前提下有纳税义务

参考答案：B

二、多 选 题

1. 各国税收管辖权主要可以分为（ ）。

A. 来源地管辖权　　B. 交易地管辖权

C. 公民管辖权　　D. 居民管辖权

参考答案：ACD

2. 税收协定的主要作用包括（ ）。

A. 降低跨境纳税人在来源地的税负

B. 提高税收确定性

C. 消除双重征税

D. 解决涉税争议

E. 增加所得来源国的税收

参考答案：ABCD

3. 下列各项属于非居民企业的是（　　）。

A. 依法在中国境内成立，或依照外国（地区）法律成立但实际管理机构在中国境内的企业

B. 依法在中国境内成立，但收入全部来源于境外的企业

C. 依照外国（地区）法律成立且实际管理机构不在中国境内，但在中国境内设立机构、场所的企业

D. 在中国境内未设立机构、场所，但有来源于中国境内所得的境外企业

参考答案：CD

4. 非居民企业 A 在中国境内设立机构、场所的有（　　）。

A. 非居民企业 A 委托境内甲企业经常代其签订合同，甲企业可视为非居民企业在中国境内设立的机构、场所

B. 非居民企业 A 委托王先生全权负责在中国境内为其储存、交付货物，王先生可视为非居民企业 A 在中国境内设立的机构、场所

C. 非居民企业 A 委派人员在中国境内对境内不动产进行日常管理的，应视为其在中国境内设立机构、场所

D. 非居民企业 A 委托中国张先生在境内对境内不动产进行日常管理的，应视为其在中国境内设立机构、场所

E. 非居民企业 A 派遣人员到境内企业提供劳务，包括代表其行使股东权利、参加股东大会等，应视为其在中国境内设立机构、场所

参考答案：ABCD

5. 非居民企业在中国境内设立从事生产经营活动的机构、场所包括（　　）。

A. 提供劳务的场所

B. 农场

C. 在中国境内从事生产经营活动的营业代理人

D. 临时来华人员居住地

参考答案：ABC

6. 关于企业所得税所得来源的确定不正确的是（　　）。

A. 权益性投资资产转让所得，按照投资企业所在地确定

B. 销售货物所得，按照交易活动发生地确定

C. 提供劳务所得，按照所得支付地确定

D. 转让不动产，按照转让不动产的企业或机构、场所所在地确定

E. 租金所得，按照负担、支付所得的企业或机构、场所所在地确定

参考答案：ACD

7. 下列关于居民企业和非居民企业的说法正确的是（　　）。

A 企业分为居民企业和非居民企业

B. 居民企业就其来源于中国境内、境外所得缴纳企业所得税

C. 非居民企业在中国境内设立机构、场所，只就其机构、场所获取的来源于中国境内所得缴纳企业所得税

D. 非居民企业在中国境内设立机构、场所，其机构、场所获取的来源于中国境内、境外所得中，与其所设机构、场所有实际联系的所得要缴纳企业所得税

E. 非居民企业在中国境内未设立机构、场所的，只就其来源于中国境内所得缴纳企业所得税

参考答案：ABDE

8. 注册地与实际管理机构所在地均在新加坡的某银行，获取的下列所得中，应按规定缴纳中国企业所得税的有（　　）。

A. 转让位于中国澳门的一处不动产获取的财产转让所得

B. 在香港证券交易所购入北京某公司股票后获取的分红所得

C. 在北京设立的分行为天津甲公司提供理财咨询服务获取的服务费收入

D. 在北京设立的分行为位于新加坡的某电站提供流动资金贷款获取的利息收入

E. 为中国企业的境外工程提供境外金融居间服务获取的佣金所得

参考答案：BCD

第二章　通过机构、场所获取的所得

设立机构、场所的非居民企业以机构、场所所在地为纳税地点，适用税率一般为25%。主要包括外国企业在华分公司、代表机构、承包工程和提供劳务的机构场所等。这类非居民企业在所得税税基确定、境外税收抵免、适用税率、征收管理等方面与居民企业趋同。

这类非居民企业应当办理税务登记并据实自行申报缴税，对不能据实申报的税务机关可以核定征收。非居民企业在中国境内设立两个或两个以上机构、场所的，可以选择由其主要机构、场所汇总缴纳企业所得税。为保障征管效率维护税收权益，对于持续时间短、遵从程度低的承包工程、提供劳务的非居民企业，除自行申报缴税外，税务机关可以指定支付人作为扣缴义务人代扣代缴相应税款。

第一节　税务登记与备案

一、承包工程或提供劳务

（一）非居民企业登记

非居民企业在中国境内承包工程作业或提供劳务的，应当自项目合同或协议（以下简称合同）签订之日起30日内，向项目所在地主管税务机关办理税务登记手续。

项目完工后，应当在 15 日内向项目所在地主管税务机关报送项目完工证明、验收证明等相关文件复印件，并依据《税务登记管理办法》的有关规定申报办理注销税务登记。

（二）居民企业报告备案

1. 境内机构和个人向非居民发包工程作业或劳务项目，应当自项目合同签订之日起 30 日内，向主管税务机关报送境内机构和个人发包工程作业或劳务项目报告表（见表 2-1），并附送合同、税务代理委托书复印件或非居民对有关事项的书面说明等资料。

表 2–1　境内机构和个人发包工程作业或劳务项目报告表

编号：　　　　　　　　　　　　　　　　　　　　报告日期：　　年　　月　　日

一、以下由向非居民发包工程作业或劳务项目的境内机构和个人填写

1. 发包方或劳务受让方情况	名称（公章）：	纳税人识别号：
	联系人：　　　　电话：　　　　传真：	
2. 承包商或提供劳务方（非居民）情况	名称：	
	地址：	
	开户银行名称：	账号：
	联系人：　　　　电话：　　　　传真：	
	代理人名称： 联系人：　　　　电话：　　　　传真：	
3. 合同情况	项目名称：	
	项目类型： □承包工程□修理修配□交通运输□仓储租赁□咨询经纪□设计 □文化体育□技术服务□教育培训□娱乐□旅游 □其他（请注明：　　　　）	
	合同名称：合同字号：	
	作业或劳务地点：	在华作业或劳务人数：
	合同期限：	签订合同日期：
	合同金额：	付款次数：
	合同分包或转包情况，如有，填明细。（多项分包或转包，可另附明细）	
	分包商名称：	转包商名称：

3. 合同情况	分包工程项目：	转包金额：
	分包金额：	合同字号：
	合同字号：	
4. 非居民是否已在项目所在地办理税务登记 □是——发包方或劳务受让方提交非居民办理的税务登记证复印件 □否——发包方或劳务受让方提交（中文）合同资料、协议资料复印件		
5. 非居民是否委托境内代理人履行纳税义务 □是——提交非居民税务代理委托书复印件 □否		
6. 非居民是否对有关事项作出书面说明 □是——提交非居民作出的书面说明 □否		

二、以下由税务机关填写

受理人： 联系电话：　　　年　　月　　日	税务机关（盖章） 年　　月　　日

注：1. 在符合情形的□内打“√”。

2. 本表一式两份，一份退给发包方或劳务受让方，一份由税务机关留存归档。

2. 合同发生变更的，发包方或劳务受让方应自变更之日起 10 日内向所在地主管税务机关报送非居民项目合同变更情况报告表（见表 2-2）。

表 2–2　非居民项目合同变更情况报告表

报告日期：　　年　　月　　日

一、以下由向非居民发包工程作业或劳务项目的境内机构和个人填写

1. 基本信息： （1）原境内机构和个人发包工程作业或劳务项目报告表的编号： （2）发包方或劳务受让方名称： （3）发包方或劳务受让方纳税人识别号： （4）承包商或劳务提供方名称：			
2. 合同变更情况：			
变更事项	变更前	变更后	变更原因

是否将变更后的合同复印件报税务机关备案 是☐ 否☐			
经办人： 联系电话：		发包方或劳务受让方（盖章）	
二、以下由税务机关填写			
受理人： 联系电话： 年 月 日		税务机关（盖章） 年 月 日	

注：1. 在符合情形的☐内打"√"。
2. 合同变更事项包括合同执行期限、合同金额、付款条件、作业地点、合同签约方、转包分包情况等合同条款内容或实际执行情况发生变化的情形。
3. 本表一式两份，一份退给发包方或劳务受让方，一份税务机关留存归档。

3. 境内机构和个人向非居民发包工程作业或劳务项目，从境外获取的与项目款项支付有关的发票和其他付款凭证，应在自获取之日起30日内向所在地主管税务机关报送非居民项目合同款项支付情况报告表（见表2-3）及付款凭证复印件。

表2-3 非居民项目合同款项支付情况报告表

报告日期： 年 月 日

一、以下由向非居民发包工程作业或劳务项目的境内机构和个人填写

1. 基本信息 （1）原境内机构和个人发包工程作业或劳务项目报告表的编号： （2）发包方或劳务受让方名称： （3）发包方或劳务受让方纳税人识别号： （4）承包商或劳务提供方名称：				
2. 向承包商或劳务提供方支付款项的情况：（多笔支付可另附明细表）				
序号	支付日期	支付金额（币种）	收款人	款项性质
1				
2				
3				
4				

5				
金额合计				
付款凭证份数		是否将付款凭证复印件全部报税务机关备案　是☐　否☐		
经办人：发包方或劳务受让方（盖章） 联系电话：				

二、以下由税务机关填写

受理人： 联系电话： 年　月　日	税务机关（盖章） 年　月　日

注：1. 在符合情形的☐内打“√”。

2. 本表一式两份，一份退给发包方或劳务受让方，一份税务机关留存归档。

4. 境内机构和个人不向非居民支付工程价款或劳务费的，应当在项目完工开具验收证明前，向其主管税务机关报告非居民在项目所在地的项目执行进度、支付人名称及其支付款项金额、支付日期等相关情况。

5. 境内机构和个人向非居民发包工程作业或劳务项目，与非居民的主管税务机关不一致的，应当自非居民申报期限届满之日起 15 日内向境内机构和个人的主管税务机关报送非居民申报纳税证明资料复印件。

6. 依照规定负有税款扣缴义务的境内机构和个人，应当自扣缴义务发生之日起 30 日内向所在地主管税务机关办理扣缴税款登记手续。

（三）税务机关管理

非居民企业在中国境内承包工程作业或提供劳务的，主管税务机关应当按项目建档、分项管理的原则，建立非居民承包工程作业和提供劳务项目的管理台账和纳税档案，及时准确掌握工程和劳务项目的合同执行、施工进度、价款支付、对外付汇、税款缴纳等情况。对承包方和发包方是否存在关联关系、合同实际执行情况、常设机构判定、境内外劳务收入划分等事项进行重点跟踪核查，对发现的问题，可以实施情报交换、反避税调查或税务稽查。

境内机构和个人从境外获取的付款凭证，主管税务机关对其真实性有疑义的，可要求其提供境外公证机构或注册会计师的确认证明，经税务机关审核认可后，方可作为记账核算的凭证。

扣缴义务人未依法履行扣缴义务或无法履行扣缴义务的，由非居民企业在项目所在地申报缴纳。主管税务机关应自确定未履行扣缴义务之日起15日内通知非居民企业在项目所在地申报纳税。

非居民企业逾期仍未缴纳税款的，项目所在地主管税务机关应自逾期之日起15日内，收集该非居民企业从中国境内获取其他收入项目的信息，包括收入类型，支付人的名称、地址，支付金额、方式和日期等，并向其他收入项目支付人（以下简称其他支付人）发出非居民企业欠税追缴告知书（见表2-4），并依法追缴税款和滞纳金。

表 2-4　非居民企业欠税追缴告知书

税缴〔　　〕号

________________（其他支付人名称）：

________________（纳税人名称）于________年____月____日至________年____月____日在____________（省、市）____________区（县）从事____________________（承包工程或劳务），获取收入元，未依法于________年____月____日前申报缴纳企业所得税，欠税金额为元。对其未按期缴纳的税款，按照税法规定，应从缴纳税款期限届满之日起按日加收滞纳税款万分之五的滞纳金。

依据《中华人民共和国企业所得税法》第三十九、四十条及《非居民承包工程作业和提供劳务税收管理暂行办法》的规定，我局对该非居民的欠缴税款实施追缴，你方应当自收到本告知书后15日内从应付________________（纳税人名称）的____________款项中扣缴上述税款及滞纳金、罚款并划解到我局账户。

开 户 行：

开户单位：

账 户 号：

本告知书涉及的纳税人、扣缴义务人若同我局在纳税上有争议的，必须先依照本告知书的期限缴纳税款及滞纳金或提供相应的担保，然后可自上述款项缴清或提供相应担保被税务机关确认之日起60日内依法向________________申请行政复议。

税务机关（盖章）

年　　月　　日

注：此告知书一式三份，一份送达非居民纳税人，一份送达扣缴税款的其他支付人，一份由税务机关存档。

非居民企业从中国境内获取其他收入项目，包括非居民企业从事其他工程作业或劳务项目所得，以及《企业所得税法》第三条第二、三款规定的其他收入项目。非居民企业有多个其他支付人的，项目所在地主管税务机关应根据信息准确性、收入金额、追缴成本等因素确定追缴顺序。对于付汇前有欠税情形的，税务机关应当及时通知纳税人或扣缴义务人缴纳，必要时可以告知有关外汇管理部门或指定外汇支付银行依法暂停付汇。

欠缴税款的非居民企业法定代表人或非居民个人在出境前未按照规定结清应纳税款、滞纳金又不提供纳税担保的，税务机关可以通知出入境管理机关阻止其出境。

对于非居民工程或劳务项目完毕，未按期结清税款并已离境的，主管税务机关可制作税务事项告知书，通过信函、电子邮件、传真等方式，告知该非居民限期履行纳税义务，同时通知境内发包方或劳务受让者协助追缴税款。

主管税务机关应对非居民参与国家、省、地市级重点建设项目，包括城市基础设施建设、能源建设、企业技术设备引进等项目中涉及的承包工程作业或提供劳务，以及其他有非居民参与的合同金额超过5000万元人民币的，实施重点税源监控管理。省（自治区、直辖市和计划单列市）税务机关应当于年度终了后45日内将非居民承包工程作业和提供劳务重点建设项目统计表，以及项目涉及的企业所得税、增值税、印花税、个人所得税等税收收入和税源变动情况的分析报告报送国家税务总局（国际税务司）。

对承包方和发包方是否存在关联关系、合同实际执行情况、常设机构判定、境内外劳务收入划分等事项进行重点跟踪核查，对发现的问题，可以实施情报交换、反避税调查或税务稽查。

主管税务机关在境内难以获取涉税信息时，可以制作专项情报，由国家税务总局向税收协定缔约国对方提出专项情报请求；非居民在中国境内未依法履行纳税义务的，主管税务机关可制作自动或自发情报，提交国家税务总局依照有关规定将非居民在中国境内的税收违法行为告知协定缔约国对方主管税务当局；对非居民承包工程作业和提供劳务有必要进行境外审计的，可根据税收情报交换有关规定，经国家税务总局批准后组织实施。

二、国际运输

非居民企业应自有关部门批准其经营资格或运输合同、协议签订之日起 30 日内，自行或委托代理人选择向境内一处业务口岸所在地主管税务机关办理税务登记，并同时提供经营资格证书、经营航线资料、相关业务合同，以及境内联系人等相关信息。非居民企业选择境内一处口岸办理税务登记后，应当在其他业务口岸发生业务时向所在地主管税务机关报送税务登记资料、运输合同及其他相关资料的复印件。

三、其他机构场所

1. 外国企业常驻代表机构，是指按照国务院有关规定，在工商行政管理部门登记或经有关部门批准，设立在中国境内的外国企业及其他组织的常驻代表机构。

外国企业常驻代表机构应当自领取工商登记证件（或有关部门批准）之日起 30 日内，持以下资料，向税务机关申报办理税务登记。

（1）工商营业执照副本或主管部门批准文件的原件及复印件。

（2）组织机构代码证书副本原件及复印件。

（3）注册地址及经营地址证明（产权证、租赁协议）原件及其复印件；如为自有房产，应提供产权证或买卖契约等合法的产权证明原件及其复印件；如为租赁的场所，应提供租赁协议原件及其复印件，出租人为自然人的还应提供产权证明的原件及复印件。

（4）首席代表（负责人）护照或其他合法身份证件的原件及复印件。

（5）外国企业设立代表机构的相关决议文件及在中国境内设立的其他代表机构名单（包括名称、地址、联系方式、首席代表姓名等）。

（6）税务机关要求提供的其他资料。

2. 其他从事经营活动的机构场所，也应按照《税收征管法》、《税务登记管理办法》及相关规定办理税务登记。

3. 机构场所税务登记内容发生变化的或驻在期届满、提前终止业务活动的，应当自工商行政管理机关办理变更登记之日起30日内或在向工商行政管理机关申请办理注销登记之前，持有关证件向税务机关申报办理变更或注销税务登记，并就其清算所得向主管税务机关申报并依法缴纳企业所得税。

第二节　常设机构

机构、场所是《企业所得税法》中的概念，常设机构是税收协定中的概念。国内税法对是否构成机构、场所在空间的固定性和时间的持续性上没有明确的要求，而税收协定对是否构成常设机构在空间的固定性和时间的持续性上均有一定的要求。

常设机构可以理解为特殊的机构、场所，即与中国签订税收协定并已生效的国家（地区）的居民企业，通过在中国境内的机构、场所获取利润，需要享受税收协定待遇时，才需要根据税收协定判定该机构、场所是否构成常设机构。也就是说，常设机构一定是机构、场所；机构、场所不一定是常设机构。

非居民企业在中国境内从事生产经营活动构成机构、场所，根据国内税法负有缴纳企业所得税的义务。如果非居民企业的居民国（地区）与中国签订的税收协定已生效，非居民企业可以判断所设机构、场所是否构成常设机构，不构成常设机构的可以向中国税务机关申请享受税收协定待遇不予征税，构成常设机构的仅就归属于该常设机构的利润负有纳税义务。未与中国签订税收协定的国家（地区）的居民企业，或虽与中国签订了税收协定，但该国（地区）居民企业未向中国税务机关申请享受协定待遇的，只要在中国构成机构、场所，主管税务机关即可依据国内税法征税。

【例2-1】新加坡税收居民企业A公司在中国承包某建筑工程，工程持续时间5个月。根据国内税法，A公司的工地构成在中国的“机构、场所”，其获取的工程款应在中国缴纳企业所得税。如果A公司申请享受协定待遇

且符合享受条件，因其工程持续时间不足6个月，不构成“常设机构”，免于在中国缴纳企业所得税。但是，如果A公司未申请享受协定待遇或不符合享受条件，即使其工程持续时间不足6个月，也不能适用税收协定享受免税待遇。

“机构、场所”“常设机构”二者的协调体现在非居民企业享受协定待遇的程序上。如果非居民企业不申请享受协定待遇，或不符合享受协定待遇条件，则适用国内税法的规定纳税。

一、《中新协定》常设机构条款

1.“常设机构”是指企业进行全部或部分营业的固定营业场所。

2.“常设机构”特别包括:管理场所;分支机构;办事处;工厂;作业场所;矿场、油井或气井、采石场或其他开采自然资源的场所。

3.“常设机构”还包括：建筑工地，建筑、装配或安装工程，或相关的监督管理活动，但仅以该工地、工程或活动连续6个月以上的为限；企业通过雇员或雇用的其他人员在缔约国一方提供的劳务活动，包括咨询劳务活动，但仅以该性质的活动（为同一项目或相关联的项目）在任何12个月中连续或累计超过6个月为限。

4.虽有本条上述规定，“常设机构”应认为不包括：专为储存、陈列或交付本企业货物或商品的目的而使用的设施；专为储存、陈列或交付的目的而保存本企业货物或商品的库存；专为另一企业加工的目的而保存本企业货物或商品的库存；专为本企业采购货物或商品，或搜集情报的目的所设的固定营业场所；专为本企业进行其他准备性或辅助性活动的目的所设的固定营业场所；专为以上活动的结合所设的固定营业场所，如果由于这种结合使该固定营业场所的全部活动属于准备性质或辅助性质。

5.虽有第1款和第2款的规定，当一个人（除适用第6款规定的独立代理人以外）在缔约国一方代表缔约国另一方的企业进行活动，有权并经常行使这种权力以该企业的名义签订合同，这个人为该企业进行的任何活动，应认为该企业在首先提及的缔约国一方设有常设机构。除非这个人通过固定营业场所进行的活动限于第4款的规定，按照该款规定，不应认为该固定营业场所是常设机构。

6. 非居民企业仅通过按常规经营本身业务的经纪人、一般佣金代理人或任何其他独立代理人在缔约国另一方进行营业，不应认为在该缔约国另一方设有常设机构。但如果这个代理人的活动全部或几乎全部代表该企业，并且该代理人和该企业之间商业和财务关系的条件不同于独立企业之间关系的条件，不应认为是本款所指的独立代理人。

7. 缔约国一方居民公司，控制或被控制于缔约国另一方居民公司或在该缔约国另一方进行营业的公司（不论是否通过常设机构），此项事实不能据以使任何一方公司构成另一方公司的常设机构。

二、常设机构一般性定义及例外

（一）常设机构一般性定义

1. 常设机构是缔约国对方的居民企业在中国进行全部或部分营业的固定营业场所，具有以下特点。

（1）营业场所是相对固定并实际存在的。

无论是非居民企业自有还是租用，无论规模和范围的大小，只要非居民企业对房屋、场地、设施或设备的全部或部分拥有一定可支配的空间，即可视为具有营业场所。包括非居民企业在中国从事经营活动经登记注册设立的办事处、分支机构等固定场所，也包括为非居民企业提供服务而使用的办公室或其他类似的设施，如在某酒店长期租用的房间。对某些经常在相邻的地点之间移动的营业活动，虽然营业场所看似不固定，但如果这种在一定区域内的移动是该营业活动的固有性质，一般可认定为存在单一固定场所。

（2）营业场所应在时间上具有一定程度的持久性，而不是临时的。同时，营业活动暂时的间断或停顿并不影响场所时间上的持久性。

如果某一营业场所是基于短期使用目的而设立，但实际存在时间却超出了临时性的范围，则可构成固定场所并可追溯性地构成常设机构。反之，一个以持久性为目的的营业场所如果发生特殊情况，例如，投资失败提前清算，即使实际只存在了一段很短的时间，同样可以判定自其设立起就构成常设机构。

（3）全部或部分的营业活动通过该营业场所进行。

非居民企业通过在中国设立的常设机构进行营业活动，是将其全部或部分活动延伸到中国。如果非居民企业通过在中国的常设机构在中国不同地点进行营业活动，则应判定其只有单一常设机构存在，且应将不同地点的营业活动产生的利润归属于该常设机构；如果非居民企业在中国不同地点直接从事营业活动，则该非居民企业有可能构成多个常设机构。

"营业"不仅仅包括生产经营活动，还包括非营利机构从事的业务活动，准备性或辅助性的活动除外。

"通过"该营业场所进行活动应作广义理解，包括非居民企业在其可支配的地点从事活动的任何情形。例如，从事道路修筑的非居民企业应被认为"通过"修筑行为在发生地从事营业活动。当非居民企业与中国不同城市的客户直接订立合同，如果合同是由非居民企业设在中国的营业场所履行的，应认为该非居民企业"通过"该场所从事营业活动。另外，如果该场所为非居民企业与中国企业形成客户关系做出实质贡献，即使合同是两个企业间直接订立的，也应认为该非居民企业"通过"该场所从事营业活动。

2. 不具有法人资格的中外合作办学机构，以及中外合作办学项目中开展教育教学活动的场所，具备常设机构一般性定义的特点，《国家税务总局关于税收协定执行若干问题的公告》（国家税务总局公告 2018 年第 11 号）明确规定，其构成缔约对方居民在中国境内的常设机构。

（二）协定中列举的常设机构

中国与各国（地区）签订的税收协定中列举的常设机构包括但不限于：管理场所；分支机构；办事处（代表机构）；工厂；作业场所；农场；矿场、油井或气井、采石场或其他开采自然资源的场所等。

"管理场所"是指代表非居民企业负有部分管理职责的办事处或事务所等场所，不同于总机构，也不同于作为判定居民企业标准的"实际管理机构"。

“矿场、油井或气井、采石场或其他开采自然资源的场所”是指经过投资，拥有开采经营权或与之相关的合同权益，并从事生产经营的场所。至于为勘探或开发上述矿藏资源的承包工程作业，则应根据作业持续的时间是否超过 6 个月来判断其是否构成常设机构。

（三）准备性或辅助性场所

非居民企业在中国境内仅由于仓储、展览、采购及信息收集等活动的目的设立的具有准备性或辅助性的固定场所，不应被认定为常设机构。该场所不独立从事经营活动，其活动也不构成企业整体活动基本的或重要的组成部分；该场所进行仓储、展览、采购及信息收集等活动时，仅为本企业服务，不为其他企业服务；该场所职责限于事务性服务，且不起直接营利作用。

1. 下列代表机构、办事处不构成常设机构。

（1）专为储存、陈列或交付本企业货物或商品的目的而使用的设施。

（2）专为储存、陈列或交付的目的而保存本企业货物或商品的库存。

（3）专为另一企业加工的目的而保存本企业货物或商品的库存。

（4）专为本企业采购货物或商品，或搜集情报的目的所设的固定营业场所。

（5）专为本企业进行其他准备性或辅助性活动的目的所设的固定营业场所。“其他准备性或辅助性活动”包括的内容，应由税收协定及安排限定的主管当局确定。因此，凡国家税务总局对此未予明确的，各地税务机关不得自行认定“其他准备性或辅助性活动”的内容。

（6）专为第（1）项至第（5）项活动的结合所设的固定营业场所，如果由于这种结合使该固定营业场所全部活动属于准备性质或辅助性质。

2. 代表机构除专门从事第 1 项列举的六项业务活动的以外，均属构成税收协定及安排所说的“常设机构”。

3. 准备性或辅助性场所的例外。

（1）某非居民企业的主营业务是为客户提供采购服务并收取服务费，该企业在中国设立办事处，为其在中国进行采购活动。这种情况下，该中国办事处的采购活动看似属于“专为本企业采购货物或商品”的范围，但由于该办事处业务性质与非居民企业总部的业务性质完全相同，所以该办事处的活动不是准备性或辅助性的。

（2）某非居民企业在中国境内设立固定场所，维修、保养该企业销售给中国客户的机器设备，或专为中国客户提供零配件。这种情况下，因其从事的活动是企业总部为客户服务的基本及重要组成部分，所以该固定场所的活动不是准备性或辅助性的。

（3）某非居民企业在中国设立从事宣传活动的办事处，该办事处不仅为本企业进行业务宣传，同时也为其他企业进行业务宣传。这种情况下，该办事处的活动不是准备性或辅助性的。

（4）某固定场所虽然从事仓储、展览、采购及信息收集等活动不构成常设机构，但因其也从事构成常设机构的活动，也应视其构成常设机构，并对这两项营业活动的所得合并征税。例如，企业用于交付货物的仓库同时也兼营商品销售，应判定为常设机构并征税。

【例 2-2】新加坡 M 公司 2014 年初在北京设立办事处，注册登记内容是为总公司业务开展咨询、联络、服务等工作，该公司认为“为总公司业务开展咨询、联络、服务等工作”属于准备性或辅助性活动，不应构成在中国的常设机构。2017 年初，税务机关在检查中发现，该机构现有员工 30 余人，所有办公经费均由总机构拨付，2014 年 5000 万元，2015 年 3000 万元，2016 年 3500 万元，未缴纳过企业所得税。税务机关就该机构业务是否属于准备性或辅助性活动开展约谈和外围调查。调查发现该机构负责如下事项。

（1）在中国联系原材料供应商并采购原材料，并对原材料的质量进行初步质检，虽然不直接与供应商签订合同，但为合同谈签做前期准备。从中国采购的原材料占总公司原材料的 40% 以上。

（2）在中国市场推广该公司的产品，并为合同谈签做前期准备。

（3）负责接待总公司来华人员。基于以上事实，税务机关认为该机构的活动已超出准备性或辅助性活动，是总公司经营基本及重要的组成部分，构成在中国的常设机构，新加坡 M 公司对此未提出疑义。由于该机构不能准确提供财务和税务资料，税务机关按照经费支出数额换算收入额核定征收。

三、仅以时间为标准的常设机构

（一）承包工程

对于非居民企业在中国境内承担施工责任的建筑工地，建筑、装配或安装工程，或相关的监督管理活动，仅以从实施合同（包括一切准备活动）开始之日起，至作业（包括试运行作业）全部结束交付使用之日止，持续时间为6个月（以具体协定规定为准）以上的活动场所构成常设机构，未达到该规定时间的则不构成常设机构。

【例2-3】新加坡Q公司在北京承建了一个建筑施工项目，从前期准备到施工完成总共花费了8个月。按照协定，Q公司在北京的施工场所构成了在中国的常设机构，应就该场所获取的利润在中国缴纳企业所得税。如果Q公司从前期准备到施工完成总共花费了5个月，同时申请享受税收协定待遇且符合条件，则Q公司无须就该场所获取的利润在中国缴纳企业所得税。

1. 从事上述工程活动，仅以规定的时间标准判定是否构成常设机构。即使因符合“在中国境内进行全部或部分营业的固定营业场所”（常设机构一般性定义）可能构成常设机构，只要未达规定的时间就不构成常设机构。

2. “相关的监督管理活动”是指伴随建筑工地，建筑、装配或安装工程发生的监督管理活动，既包括在项目分包情况时，由分承包商进行作业，总承包商负责指挥监督的活动；也包括独立监理企业从事的监督管理活动。对由总承包商负责的监督管理活动，其时间的计算与整个工地、工程的持续时间一致；对由独立监理企业承包的监督管理活动，应视其为独立项目，并根据其负责监理的工地、工程或项目的持续时间进行活动时间的判定。

3. 非居民企业在中国一个工地或同一工程连续承包两个及两个以上作业项目，应从第一个项目作业开始至最后完成的作业项目止计算其在中国进行工程作业的连续日期，不以每个工程作业项目分别计算。所谓为一个工地或同一工程连续承包两个及两个以上作业项目，是指在商务关系和地理上是同一整体的几份合同项目，不包括该企业承包的或是以前承包的与本工地或工程没有关联的其他作业项目。例如，一个建筑工地在商务关系和地理位置上形成不可分割的整体时，即使分别签订几份合同，该建筑工地仍为单一的整体。再如，一些修建公路、挖掘运河、安装水管、铺设管道等活动，其工程作业地点是随工程进展不断改变或迁移的，虽然在某一特定地点工作时间连续未达到规定时间，但要视整体工程看是否达到构成常设机构的时间。一般来说，同一企业在同一工地上承包的项目可认为是商务关系相关联的项目。

【例 2-4】新加坡 D 公司承包中国 T1 铁路第 13 至第 15 标段和第 20 至第 25 标段的监督管理活动。2016 年 1 月 1 日开始第 13 至第 15 标段的监理，2016 年 3 月 31 日完成。2016 年 11 月 1 日开始第 20 至第 25 标段的监督管理活动，2017 年 3 月 31 日完成。D 公司对 T1 铁路第 13 至第 15 标段持续监理 3 个月；对第 20 至第 25 标段持续监理 5 个月。如果分段来看，均不足 6 个月。但是由于这两项监理项目同属于 T1 铁路工程且在同一合同，应从第一个项目作业开始至最后完成的作业项目止计算其在中国进行工程作业的连续日期，即从 2016 年 1 月 1 日至 2017 年 3 月 31 日，共计 15 个月。所以，新加坡 D 公司构成在中国的常设机构，应当就从上述两个项目获取的利润在中国缴纳企业所得税。

4. 因设备、材料未运到或季节气候等原因中途停顿作业，但工程作业项目并未终止或结束，人员和设备物资等也未全部撤出，应持续计算其连续日期，不得扣除中间停顿作业的日期。

【例 2-5】新加坡 M 公司在北京承包一个建筑装配项目，2015 年 9 月 1 日开始进驻准备，2015 年 11 月 1 日起由于天气寒冷无法施工，持续停工至 2016 年 2 月 29 日。2016 年 3 月 1 日开始恢复施工，2016 年 5 月 31 日完工。M 公司在中国境内实际施工时间为 5 个月，但是按照协定规定因季节气候中途停顿作业，但工程作业项目并未终止或结束，人员和设备物资等也未全部撤出，应持续计算其连续日期，不得扣除中间停顿作业的日期。所以，

M公司在中国境内实际施工时间为7个月，构成在中国的常设机构，应当就该项目获取的利润在中国缴纳企业所得税。

5. 非居民企业将承包工程作业的一部分转包给其他企业，分包商在建筑工地施工的时间应算作总包商在建筑工程上的施工时间。如果分包商实施合同的日期在前，可自分包商开始实施合同之日起计算该企业承包工程作业的连续日期。同时，不影响分包商就其所承担的工程作业单独判定其是否构成常设机构。

【例2-6】新加坡Q公司在北京承建了一个建筑施工项目。由于工程施工需要，Q公司将部分施工任务分包给新加坡的W公司和E公司。2015年7月1日W公司开始施工，到2016年11月30日完工。2016年6月1日E公司开始施工，到2016年10月31日完工。Q公司2016年9月1日开始施工，2017年1月31日完工。Q公司持续施工时间为5个月，W公司持续施工时间为17个月，E公司持续施工时间为5个月。分包商E公司持续施工时间为5个月，所以，在中国不构成常设机构。分包商W公司在中国的持续施工时间为17个月，在中国构成常设机构。承包商Q公司虽然在中国的持续施工时间为5个月，但是按照协定规定应当自2015年7月1日起计算承包工程作业的连续日期，即19个月，所以，Q公司也构成在中国的常设机构。

（二）提供劳务

非居民企业派其雇员或其雇用的其他人员到中国境内提供劳务，仅以任何12个月内这些人员为从事劳务活动在中国停留连续或累计超过183天，构成常设机构。需要注意的是，中国与各国（地区）签订的税收协定中，如约定“在任何12个月中连续或累计超过6个月”的，按照“在任何12个月中连续或累计超过183天”的表述执行。

1. “雇员或雇用的其他人员”是指非居民企业的员工，或受非居民企业雇用在中国提供劳务的其他个人。

2. 劳务指从事工程、技术、管理、设计、培训、咨询等专业服务活动。例如，对工程作业项目的实施提供技术指导、协助、咨询等服务（不负责具体的施工和作业）；对生产技术的使用和改革、经营管理的改进、项目可行性分析以及设计方案的选择等提供的服务；在企业经营、管理等方面提供的专业服务等。

3. 同一非居民企业从事的具有商业相关性或连贯性的若干个项目应视为“同一项目或相关联的项目”。在判断若干个项目是否为关联项目时，应考虑下列因素。

（1）这些项目是否被包含在同一个总合同里。

（2）如果这些项目分属于不同的合同，这些合同是否由同一人或相关联的人所签订，前一项目的实施是否是后一项目实施的必要条件。

（3）这些项目的性质是否相同。

（4）这些项目是否由相同的人员实施。

其他可能形成关联项目的因素。

【例 2-7】北京甲公司从新加坡 A 公司购进 3 个型号的多台机器设备。2021 年甲公司与 A 公司分别签订了 3 份合同，由 A 公司分别对 3 个型号的机器设备进行维护维修，A 公司派遣 2 名员工提供服务。由于这些合同都是 A 公司和甲公司签订的，业务性质相同，并由相同人员提供服务，因此，在判定 A 企业在中国境内是否构成常设机构时，应将 3 份合同提供服务的时间一并考虑。

4. 非居民企业为中国境内某项目提供劳务（包括咨询劳务），以该企业派其雇员为实施服务项目第一次抵达中国之日起至完成并交付服务项目的日期止作为计算期间，计算相关人员在中国境内的停留天数。

具体计算时，应按所有雇员为同一个项目提供劳务活动不同时期在中国境内连续或累计停留的时间来掌握，对同一时间段内的同一批人员的工作不分别计算。例如，新加坡企业派遣 10 名员工为某项目在中国境内工作 3 天，这些员工在中国境内的工作时间为 3 天，而不是按每人 3 天共 30 天来计算。

如果同一个项目历经数年，非居民企业只在某一个“12 个月”期间派雇员来中国境内提供劳务超过 183 天，而在其他期间内派人到中国境内提供劳务未超过 183 天，仍应判定该企业在中国构成常设机构。

【例 2-8】新加坡 Z 企业向北京某居民企业提供劳务服务，其间根据需要派遣员工到居民企业现场。2015 年 6 月 1 日至 10 月 31 日，Z 企业派遣 10 名人员到中国境内提供服务；2016 年 2 月 1 日至 2016 年 6 月 30 日，Z 企业派遣 4 名人员到中国境内提供服务。如果这两次劳务不属于同一项目或相关联的项目。Z 企业在中国提供劳务时间 2015 年为 153 天，2016 年为 151 天，均不足 183 天，不构成在中国的常设机构。

如果这两次劳务属于同一项目或相关联的项目。按照协定规定，应以该企业派其雇员为实施服务项目第一次抵达中国之日起至完成并交付服务项目的日期止作为计算期间，任何 12 个月内这些人员为从事劳务活动停留连续或累计超过 183 天的，构成常设机构。所以，Z 企业的员工在 2015 年 6 月 1 日起连续 12 个月内，从事劳务活动停留的累计时间为 274 天，超过 183 天，构成在中国的常设机构，应就该服务获取利润在中国缴纳企业所得税。

无论是判断工程施工场所是否构成常设机构，还是人员劳务场所是否构成常设机构，都离不开非居民企业员工在华工作时间的判断。在实践中，主要以合同条款为基础，结合其他书面资料确定负责项目的非居民企业具体员工，特别是来华员工，关注这些员工初次来华时间、项目完工时间及这些员工离华时间。在确定具体时间时，通常会以护照的签证有效期和出入境时间为准。签证包括旅游签证和商务签证，一般情况下以商务签证为准，但是也可能存在持旅游签证的人员从事了商务活动。

【例 2-9】防止合同拆分和不当适用例外条款规避常设机构[①]

中国境内 S 公司从日本 X 株式会社进口设备，双方签署两份合同，合同仅约定设备总价款约 1.62 亿元，未约定外方是否需要派员提供安装调试工作。税务机关根据经验判断，认为大型设备采购通常伴有安装劳务。经询问，境内 S 公司向税务机关提供了与日本 X 株式会社签署的合同附件，附件中包含外方派遣人员从事安装、设计和指导等内容，设备于 2014 年 6 月全部运抵厂区，到 2017 年 2 月安装调试完毕。

日本 X 株式会社认为其在中国不构成常设机构，可以享受协定待遇，

① 国家税务总局国际税务司 . 税收协定执行案例集 [M]. 北京：中国税务出版社，2019.

理由如下：一是此次进口的7台设备，分属两份合同，且均为单独运转的涂布装置，应分别按每份合同来计算是否达到常设机构时间标准，不应视为同一合同整体计算。根据中日税收协定第5条第3款规定，咨询劳务“在任何12个月中连续或累计超过6个月的”，应认为在缔约对方设有常设机构，而X株式会社为完成每份合同提供劳务的时间都不到6个月，因此，在中国不构成常设机构；二是其提供的是有关机器设备方面的咨询劳务，可以适用中日税收协定议定书的例外规定。根据议定书第一条规定“虽有协定第五条第五款的规定，缔约国一方企业通过雇员或其他人员在缔约国另一方提供与销售或出租机器设备有关的咨询劳务，应不视为在该缔约国另一方设有常设机构”，按此规定X株式会社同样在中国没有常设机构，不需要缴纳企业所得税等相关税收。

针对日本X株式会社的观点，税务机关从以下三个方面进行了查证。

一、确定日方派员来华提供劳务的天数

税务机关从境内S公司获取外方派员信息以及在华劳务时间，同时向出入境管理部门发函，请求获取相关人员出入境记录。通过对外籍人员在华劳务时间和出入境管理部门的回函信息进行比对，确认日本X株式会社前后派15人来华。两份合同的劳务履行时间分别是165天和167天，均不满6个月。但是为完成两份合同，从第一名派员到完成全部服务最后一名人员离开，X株式会社派员共计在华停留239天。

二、分析两份合同是否具有相关性

如果具有相关性，应将两份合同合并为一份合同判定常设机构。税务机关紧紧围绕相关性判定的五个方面收集和查找相关证据：

一是不同的合同是否由同一个人或相关联的多方签订；

二是与一个人签订的后续合同和之前与该人或相关联多方签订的合同之间是否存在因果关系；

三是如果不进行税收筹划，是否会由单一合同涵盖所有活动；

四是不同合同下的工作内容性质是否相同或相似；

五是是否通过相同的雇员进行不同合同中的活动。

税务机关经过对境内S公司的实地走访、翻阅合同和设备使用说明书、约谈车间管理人员了解到：S公司通过两份合同先后从日本进口7台设备，安装在同一车间，设备使用在工艺流程上存在联动性，设备之间相互配合完成产品生产。车间管理人员同时表示，7台设备的安装工作都由同一批外方人员协助完成，按设备运抵的先后顺序进行施工，施工内容主要都是安装指导。

结合以上有力证据，税务机关判定两份合同满足以上5项因素，具有相关性，即：属于同一方签订、存在因果关系、可以由单一合同涵盖、性质相同及由相同的人员实施。故应将分拆的两份合同还原为一份合同根据日方派员的连续或累计停留时间来判定是否构成常设机构。

三、是否符合中日税收协定议定书的例外条款

中日税收协定议定书第一条规定："缔约国一方企业通过雇员或其他人员在缔约国另一方提供与销售或出租机器设备有关的咨询劳务，应不视为在该缔约国另一方有常设机构"。据此，日本X株式会社认为其提供的劳务是与销售相关的咨询劳务，符合议定书第一条的例外条款规定，即使时间上超过6个月，也不应视为常设机构。

税务机关指出，根据《国家税务总局关于中日税收协定及其议定书有关条文解释的通知》（国税函〔1997〕429号）对议定书第一条作出的解释，与销售相关的咨询劳务仅指对销售设备在缔约国另一方的安装工程不负有指挥权和全面的技术责任的咨询性劳务。如果是成套设备销售且对设备安装提供土建设计、安装调试、试车等全面指导，以保证验收合格正常使用的劳务，应作为监督管理劳务，适用中日税收协定第五条第三款规定，而不适用中日税收协定议定书第一条规定。

根据合同附件列示，劳务内容栏明确注明是安装指导且施工范围中设备所需管道的流程都是由日方负责设计、施工指导，含有大量的技术参数，如果让不通晓技术参数的S公司拿着日方设计的流程去指挥工人安装根本无法实现。而境内企业的管理人员也证实在安装过程中，确实是日方技术人员负责施工指导和相关调试测试。据此，税务机关否定了日本X株式会社关于适用例外条款的主张。

基于以上事实和判定，日本X株式会社认可其在华提供安装和监督管

理劳务构成常设机构，并按照劳务发生成本和核定利润率20%的标准，计算补缴了非居民企业所得税和滞纳金70余万元，非居民个人所得税及滞纳金200余万元。

【例2-10】非居民企业派遣雇员在境内提供劳务构成常设机构[②]

境内A公司主要从事乘用车及其零部件的设计、研制、制造和销售并提供相应的售后服务。Y公司为A公司在德国的母公司。两家公司近年来签订了若干劳务项目合同，Y公司派遣其雇员到A公司为多个项目提供技术指导、售后服务，在中国境内构成常设机构，但常设机构中的雇员未按规定缴纳个人所得税。

税企双方争议的焦点在于Y公司派遣雇员到中国境内提供劳务是否应该在中国缴纳个人所得税。Y公司认为其派遣的每位雇员在华时间均未超过183天，且雇员的工资为境外发放，因此，这些雇员不需要在中国缴纳个人所得税。针对企业所持的观点，税务机关就Y公司向A公司在境内提供劳务事项开展深入核查，重点从以下方面进行了查证和分析。

一、核实提供劳务的天数

经调查，Y公司与A公司共签订10份合同，在2009年至2015年间，派出10批次共1000余人次为A公司提供服务，主要内容均是技术支持和研发指导服务，每份服务合同的履行时间均不超过183天。主管税务机关仔细查阅了劳务合同、雇员出入境信息统计表，并与A公司进行了核实这些雇员每人每年在华时间确实均不足183天，甚至个别技术雇员入境服务只有寥寥数日。

但是税务机关注意到，从第一名派员到完成全部服务最后一名雇员离开，Y公司雇员在华累计停留600余天。其中，2009年至2010年期间为履行前两份合同，Y公司雇员在华停留时间分别为96天和165天。如果这两份合同具有关联性的话，则2009年至2010年期间，这些雇员在华累计停留时间达到261天，已经达到“在任何12个月连续或累计超过183天”的常设机构的认定标准。针对这些合同是否具有关联性，税务机关展开了进一步的调查。

② 国家税务总局国际税务司．税收协定执行案例集[M]. 北京：中国税务出版社，2019.

二、查证合同项目是否具有关联性

根据国税发〔2010〕75号文规定，同一企业从事的有商业相关性或连贯性的若干个项目应视为“同一项目或相关联的项目”。

税务机关重点围绕下列因素对是否具有关联性开展调查：

①这些项目是否被包含在同一个总合同里；

②如果这些项目分属于不同的合同，这些合同是否由同一人或相关联的人所签订，前一项目的实施是否是后一项目实施的必要条件；

③这些项目的性质是否相同；

④这些项目是否由相同的雇员实施。

这10份合同项目的内容主要是为汽车发动机缸体、缸盖、曲轴等分别提供技术支持，看似是各自独立的合同。税务机关经过约谈境内A公司实地走访和分析劳工单了解到：

一是这些服务项目实际上都是为同一条发动机生产线提供技术支持和指导，合同的履行顺序与发动机生产工序一致，流程上密不可分，合同实施地点主要在发动机生产车间。

二是这些合同虽没有包含在同一合同内，但是均与同一人签订，因果联系强，性质相同。

三是由于Y公司专业化分工比较细致，这10个项目虽然不是完全由同一批雇员完成，但是这些人员均隶属于Y公司的技术部门，各份合同执行时存在人员交叉派遣的情况。

综合以上情况，税务机关认为Y公司与A公司签订的10份合同项目，符合75号文件对“同一项目或相关联的项目”的判定规则。在具体计算劳务活动在任何12个月中是否连续或累计超过183天时，应按所有雇员为同一个项目提供劳务活动不同时期在中国境内连续或累计停留的时间来掌握。在整个项目中，Y公司在其中一个“12个月”期间在中国境内提供劳务超过183天，则应认为该企业在中国构成常设机构。

经与Y公司合同项目负责人核实沟通，Y公司认同将10份合同项目认定为“同一项目或相关联的项目”的判定结果，其派员为A公司提供服务在中国构成常设机构。

三、分析确定中国对Y公司所派雇员个人所得税的征税权

德国居民以雇员身份在中国从事活动，只要符合三个条件之一，中国对其获得的报酬有征税权。参考中德税收协定非独立个人劳务条款和75号文件的有关规定，这三个条件分别为：

①在有关历年中在中国停留连续或累计超过183天（不含）；

②该项报酬由中国雇主支付或代表中国雇主支付；

③该项报酬由雇主设在中国的常设机构或指定基地所负担。

虽然Y公司派遣的雇员在中国停留时间均未达到183天，报酬也不是由中国雇主支付，但是由于该企业在中国设有常设机构，这就意味着如果德国个人被派遣到Y公司设在中国的常设机构工作，或Y公司派遣其雇员及雇用的其他人员在中国已构成常设机构的承包工程或服务项目中工作，这些人员不论其在中国工作时间长短，也不论其工资薪金在何处支付，都应认为其在中国的常设机构工作期间取得的所得是由常设机构支付或负担，依法缴纳个人所得税。基于以上事实，Y公司依法补缴个人所得税和滞纳金共计3000余万元。

四、代 理 人

（一）非独立代理人

“非独立代理人”通常是指并不专门从事代理业务，有权并经常以非居民企业的名义签订合同的代理人。

1.“非独立代理人”可以是个人，也可以是办事处、公司或其他任何形式的组织，不一定被非居民企业正式授予代表权，也不一定是非居民企业的雇员或部门。此外，非独立代理人不一定是中国的居民，也不一定在中国境内拥有固定营业场所。

2.“以非居民企业的名义签订合同”包括不是以非居民企业名义签订合同，但其所签合同仍对非居民企业具有约束力的情形。“签订”不仅指合同的签署行为本身，也包括代理人有权代表非居民企业参与合同谈判，商定合同条文等。“合同”是指与非居民企业经营活动本身相关的业务合同。如

果代理人有权签订的是仅涉及非居民企业内部事务的合同，如以非居民企业名义聘用员工协助代理人为企业工作等，则不能仅凭此认定其构成非居民企业的常设机构。

3. 对于“经常”的理解要结合合同性质、非居民企业的业务性质及代理人相关活动的频率等综合判断。在某些情况下，非居民企业的业务性质决定了其交易数量不大，但合同签订的相关工作却要花费大量时间，如飞机、巨型轮船或其他高价值商品的销售。如果代理人为这类非居民企业在境内寻找买商、参与销售谈判等，即使该人仅代表非居民企业签订了一单销售合同，也应认为该代理人满足“经常”标准，构成非居民企业的非独立代理人。

4. 所谓“行使”权力应以实质重于形式的原则来理解。如果代理人在中国境内进行合同细节谈判等各项与合同签订相关的活动，且对非居民企业有约束力，即使该合同最终由其他人在非居民企业所在国或其他国家（地区）签订，也应认为该代理人在该缔约国另一方行使合同签署权力。

5. 如果代理人在中国的活动仅限准备性或辅助性范围，则不构成非居民企业的非独立代理人型常设机构。

6. 判断非居民企业是否通过非独立代理人在中国境内成常设机构时，没有时间标准的限制。

【例 2-11】2016 年初新加坡 A 企业为开拓中国市场，委托某境内工业企业市场部在中国境内联系客户并谈签合同，2016 年全年该工业企业的市场部多次以 A 企业名义谈签合同。由于该居民企业是工业企业，主要从事生产加工而非代理服务，同时受 A 企业委托经常以 A 企业的名义行使合同谈签的权利，所以该工业企业市场部构成 A 公司在中国的常设机构，非居民企业 A 公司应就该市场部获取的利润在中国缴纳企业所得税。

（二）独立代理人

“独立代理人”通常是指专门从事代理业务的，不仅为某一个非居民企业代理业务，也为其他企业提供代理服务的代理人，该代理人在法律上和经济上独立于被代理企业。经纪人、中间商等一般佣金代理人等属于独立代理人。

“独立代理人”不构成被代理非居民企业的常设机构。“独立代理人”不应仅因代理了非居民企业在中国境内的某一事项，就被认定为该非居民企业在中国的常设机构。如果代理人的活动全部或几乎全部代表被代理非居民企业，并且该代理人和非居民企业之间在商业和财务上有密切依附关系，则不应认定该代理人为独立代理人。

1. 该代理人在法律上和经济上独立于被代理企业。在判定独立性时，可考虑如下几个因素。

（1）代理人商务活动的自由度。如果代理人在被代理企业的具体指导和全面控制下为企业进行商务活动，而不是自行决定工作方式，那么该代理人一般不具有独立地位。

（2）代理人商务活动的风险由谁承担。如果由被代理企业承担而非由代理人承担，则该代理人一般不能被认为具有独立地位。

（3）代理人代表的企业的数量。如果在相当长一段经营期或时间内，代理人全部或几乎全部仅为一家企业进行活动，该代理人很可能不是独立代理人。

（4）被代理企业对代理人专业知识的依赖程度。一般来说，独立代理人具备独立从事商务活动的专门知识或技术，不需要依赖被代理企业的帮助。相反，被代理企业通常借助代理人的专门知识或技术扩展自己的业务或推销自己的产品。

2. 独立代理人在代表企业进行活动时，一般按照常规进行自身业务活动，不从事其他经济上归属于被代理企业的活动。例如，某销售代理人以自己的名义出售某企业的货物或商品，这一行为是销售代理人的常规经营业务。如果该销售代理人在从事上述活动的同时，还经常作为被代理企业的有权签约的代理人进行活动，那么因为这些活动已在自身贸易或营业常规之外，代理人将被视为被代理企业的非独立代理人而构成企业的常设机构。

【例 2-12】新加坡 Y 企业从事房地产开发，委托北京某地产中介公司在中国境内销售 Y 公司的房产。该地产中介专门从事地产经纪，除代理 Y 公司进行销售，还代理其他公司和个人的房产买卖交易，与 Y 公司不存在

依附和控制关系，独立开展经营活动。所以，该地产中介不构成Y公司在中国的常设机构。

五、劳务派遣

劳务派遣是非居民企业（派遣企业）向居民企业（接受企业），主要是其关联企业，派遣人员担任居民企业高管或其他技术职务，通常派遣人员与派遣企业的雇佣关系并不解除，并由接受企业向该派遣企业支付派遣人员的工资、薪金及管理费等费用。

（一）构成常设机构

如果派遣企业对被派遣人员工作结果承担部分或全部责任和风险，并考核评估被派遣人员的工作业绩，同时符合下列情况之一，一般而言可以视为派遣企业在中国境内设立机构、场所提供劳务。

1. 接收劳务的接收企业向派遣企业支付管理费、服务费性质的款项。

2. 接收企业向派遣企业支付的款项金额超出派遣企业代垫、代付被派遣人员的工资、薪金、社会保险费及其他费用。

3. 派遣企业并未将接收企业支付的相关费用全部发放给被派遣人员，而是保留了一定数额的款项。

4. 派遣企业负担的被派遣人员的工资、薪金未全额在中国境内缴纳个人所得税。

5. 派遣企业确定被派遣人员的数量、任职资格、薪酬标准及其在中国境内的工作地点。

如果非居民企业属于税收协定缔约对方企业，且提供劳务的机构、场所具有相对的固定性和持久性，该机构、场所构成在中国境内设立的常设机构。

（二）不构成常设机构

1. 派遣企业不具备前述构成机构场所的条件。也就是说，虽然派遣人员未与派遣公司解除雇佣关系，但接收公司对派遣人员的工作有指挥权，派遣人员的工作责任及风险与派遣公司无关，由接收公司承担，同时派遣公司没有从接收公司支付的关于派遣人员的款项中获利。那么，派遣人员的活动不导致派遣公司在中国境内设立机构、场所或常设机构。

接收公司向派遣人员支付的费用，无论是直接支付还是通过派遣公司间接支付，都应视为接收公司内部人员薪酬予以列支。派遣人员应按照中国境内有关个人所得税法相关规定缴纳个人所得税。

2. 如果派遣企业仅为在接收企业行使股东权利、保障其合法股东权益而派遣人员在中国境内提供劳务的，包括被派遣人员为派遣企业提供对接收企业投资的有关建议、代表派遣企业参加接收企业股东大会或董事会会议等活动，均不因为该活动在接收企业营业场所进行而认定为派遣企业在中国境内设立机构、场所或常设机构。但应注意的是，如派遣人员也在履行合同权利、义务则可能构成常设机构。

3. 主管税务机关在对派遣行为进行税收管理时，将重点审核下列与派遣行为有关的资料，以及派遣安排的经济实质和执行情况，确定非居民企业所得税纳税义务。

（1）派遣企业、接收企业和被派遣人员之间的合同协议或约定。

（2）派遣企业或接收企业对被派遣人员的管理规定，包括被派遣人员的工作职责、工作内容、工作考核、风险承担等方面的具体规定。

（3）接收企业向派遣企业支付款项及相关账务处理情况，被派遣人员个人所得税申报缴纳资料。

（4）接收企业是否存在通过抵消交易、放弃债权、关联交易或其他形式隐蔽性支付与派遣行为相关费用的情形。

六、数字经济对常设机构的影响

数字经济使跨国企业依靠互联网就可以为客户提供服务，使交易活动摆脱了对特定物理场所或营业代理人的依赖，互联网构成数字经济的主要营业场所。互联网的非实物性不符合传统常设机构认定标准的“物理实体”要求，例如，已和中国签署税收协定的国家，其电商平台在中国设立的仓库虽然构成机构、场所，但很可能不构成常设机构，根据税收协定免于纳税。

经济合作与发展组织（OECD）发布税基侵蚀和利润转移（BEPS）第

一项行动计划最终成果报告并明确指出，税收公平性原则既要坚持横向和纵向公平，也要兼顾国家（地区）间的公平，使各国（地区）可以公平地获得税收收入。但在具体实践中，跨国数字经济业务收入来源国如何确定，以及来源国如何兼顾维护税收权益和实现效率和公平原则，仍是亟待解决的难题。

随着经济全球化深入发展，跨国企业的营业模式也在发生巨大变化，在实际税收征管过程中，各国（地区）税收政策难免出现“真空”，给跨国企业逃避税创造了条件。为打击人为规避构成常设机构的行为，BEPS 第七项行动计划提出系列修改《OECD 关于避免所得和财产双重征税的协定范本》的建议，包括增加反合同拆分规则、严格特定活动豁免条款的适用和修改代理人的适用范围等。

根据 BEPS 第六项行动计划（防止税收协定优惠的不当授予）的成果建议，采用“主要目的测试条款”来应对非居民企业及其关联企业拆分合同的问题，需从关联企业的全局考虑，综合考量合同签订双方的关系、合同内容和合同性质等。例如，非居民企业在税收协定缔约国境内从事建筑或安装工程活动，当对其工程服务持续时间是否超过 12 个月进行判定时，需要计算其密切关联企业在同一个建筑或安装工程中超过 30 天的时间。

非居民企业专为储存、陈列或交付货物目的而使用的设施，是否符合准备性或辅助性特征进而可以进行特定活动豁免，需要根据该机构、场所的活动在企业整个营业活动中的作用和地位进行准备性或辅助性测试。BEPS 第七项行动计划建议，特定活动豁免条款不适用于非居民企业通过互联网销售商品建立的储存或交付产品的仓库。此外，非居民企业及其关联企业在收入来源国境内开展业务活动所设立的一个或多个固定场所被视为常设机构；同时，该非居民企业及其关联企业在一个或多个固定场所开展活动的组合，使得整体活动不再具备准备性质或辅助性质，则不属于特定活动豁免的情况。

BEPS 第七项行动计划最终成果报告不再要求非独立代理人必须以企业的名义参与商业活动和签订合同，而是可以通过自身的名义对外订立合同。当非独立代理人以自身名义订立合同时，只要所签订合同涉及的被代理人受合同约束需定期供给商品或服务，即说明合同的履行与被代理人有直接关系，此时该非独立代理人在非居民企业收入来源国境内就构成了常设机构。在非独立代理人的活动范围方面，BEPS 第七项行动计划建议将“经常性地订立合同”修改为“非居民企业不对合同的内容有实质性的修改时，非独立代理人在合同的签订中发挥关键作用”。同时，当一个代理人专门或几乎专门代表一个或多个相关联非居民企业订立合同参与业务时，表明代理人与非居民企业存在紧密关联，该代理人不再具备独立代理人的特征，而属于非居民企业的非独立代理人。

在实务中，以国内税法和已生效的双边税收协定、协议（安排）为准。

第三节　申报纳税

非居民企业在中国境内设立机构、场所，除该机构、场所未构成常设机构且符合适用税收协定外，应当就所设机构、场所获取的源于中国境内的所得，和虽然发生在境外但与所设机构、场所有实际联系的所得，在中国境内申报缴纳企业所得税。

一、应纳税额的计算

非居民企业设立在中国境内的机构、场所获取的来源于境内的所得（营业利润），以及发生在境外但与该机构、场所有实际联系的所得，应当按照有关法律、行政法规和国务院财政、税务主管部门的规定设置账簿，根据《企业所得税法》，依据合法、有效凭证记账进行核算。在遵循权责发生制原则的同时，也要遵循收入、成本、费用等与机构、场所实际履行的功能和承担的风险相配比的原则，准确计算其应税收入和应纳税所得额，分季预缴，年终汇算清缴。

（一）营业利润

非居民企业在中国境内设立机构、场所获取的所得，在税收协定中称为营业利润。非居民企业在中国境内构成常设机构的，中国对该常设机构获取的营业利润拥有征税权，但应仅以归属于该常设机构的利润为限。这里所称的“归属于该常设机构的利润”不仅包括该常设机构获取的来源于中国境内的利润，还包括其在中国境内外获取的与该常设机构有实际联系的各类所得，包括股息、利息、租金和特许权使用费等所得。“实际联系”一般是指对股份、债权、工业产权、设备及相关活动等，具有直接拥有关系或实际经营管理等关系。

1.“利润”既包括从事营业活动获取的经营性所得，也包括其他类型的所得，例如，不动产所得、股息、利息等，而对这些其他类型所得的征税原则，协定都有单独的条款规定，企业获取的其他各类所得应按协定各相关条款处理，即其他条款优先。但这一原则仅适用于非居民企业本身获取的所得，如果各类所得由非居民企业设在中国的常设机构获取或与常设机构有实际联系，则无论协定是否对各类所得有单独条款规定，仍应优先执行营业利润条款。

2. 在计算常设机构利润时，对常设机构要作为一个独立的纳税实体对待，常设机构无论是同其总机构的营业往来，还是同该企业的其他常设机构之间的营业往来，都应按公平交易原则，以公平市场价格为依据计算归属于该常设机构的利润。

3. 在计算常设机构利润时，为该常设机构发生的费用，无论发生于何处，都应允许扣除。包括有些不是直接体现为常设机构实际发生的费用，如总机构向常设机构分摊的行政和一般管理费用等。但这些费用必须是因常设机构发生的且分摊比例应在合理范围内。在实际执行中，企业应提供费用汇集范围、费用定额、分配依据和方法等资料，以证明费用的合理性。

4. 常设机构使用专利或其他权利支付给企业总机构或该企业其他办事处的特许权使用费、报酬或其他类似款项，具体服务或管理的佣金，以及向其借款所支付的利息，银行企业除外，都不得作任何扣除（属于偿还代垫实际发生的费用除外）。同样，在确定常设机构的利润时，也不考虑该常设机构从企业总机构或该企业其他办事处获取的专利或其他权利的特许权使用费、报酬或其他类似款项，具体服务或管理的佣金，以及贷款给该企业总机构或该企业其他办事处所获取的利息，银行企业除外（属于偿还代垫实际发生的费用除外）。

5. 常设机构为本企业采购货物和商品，不视为常设机构在采购活动中获取利润，不应按利润归属的方法计算或核定常设机构在采购活动中获得利润。与此相对应，在计算常设机构的应纳税所得时，也不应列支其上述采购活动发生的费用。需要特别注意的是，本款仅适用于既从事其他经营活动，又为本企业从事采购活动的常设机构。如果某一机构仅为本企业采购商品或货物，则根据协定符合准备性、辅助性规定，不应认定该机构为常设机构。

6. 一般情况下，如果常设机构的独立账目可以真实反映其利润水平，应该按照该账目计算归属常设机构的利润。然而，在某些情况下，很难以独立账目为基础确定属于常设机构的利润。当常设机构利润不能通过账目进行核算时，可以依据公式分配企业的总利润，从而确定归属常设机构的利润。这种方法与按独立账目计算的结果会有差异，并且在采用公式及分配方法时都涉及如何计算及确认企业总利润问题。常设机构所在方税务机关难以计算企业总部的利润，或难以确认企业自己或对方税务机关按其国内税法规定计算的结果。因此，协定虽有此规定，但一般适用于长期以来习惯用这种方法的缔约方。

7. 一旦确定使用了某种利润分配方法，就不应该仅因为在某一特定年度其他方法会产生更有利于税收的结果而改变既定方法。该规定是为了确保纳税人税收待遇的连续性和稳定性。

（二）据实计算应纳税所得额

1. 收入总额包括货币形式和非货币形式获取的销售货物收入、提供劳务收入、转让财产收入、股息红利等权益性投资收益、利息收入、租金收入、特许权使用费收入、接受捐赠收入、其他收入。

（1）非居民企业与中国居民企业签订机器设备或货物销售合同，同时提供设备安装、装配、技术培训、指导、监督服务等劳务，其销售货物合同中未列明提供上述劳务服务收费金额，或计价不合理的，主管税务机关可以根据实际情况，参照相同或相近业务的计价标准核定劳务收入。无参照标准的，以不低于销售货物合同总价款的10%为原则，确定非居民企业的劳务收入。

【例2-13】新加坡K公司向北京某公司出口一套大型机械设备，并派员工到北京进行设备的安装、调试及培训，用时持续9个月，合同总金额1000万美元，未就设备的安装、调试及培训费用单独说明。主管税务机关无法确认劳务收入的参照标准，按照销售货物合同总价款的10%确认K公司的劳务收入，并征收企业所得税。

（2）非居民企业为中国境内客户提供劳务获取的收入，凡其提供的服务全部发生在中国境内的，应全额在中国境内申报缴纳企业所得税。凡其提供的服务同时发生在中国境内外的，应以劳务发生地为原则划分其境内外收入，并就其在中国境内获取的劳务收入申报缴纳企业所得税。在划分境内外劳务的过程中，非居民企业负有举证责任，应当向税务机关提供资料证明划分的合理性和真实性。税务机关对其境内外收入划分的合理性和真实性有疑义的，可以要求非居民企业提供真实有效的证明，并根据工作量、工作时间、成本费用等因素合理划分其境内外收入；如非居民企业不能提供真实有效的证明，税务机关可视同其提供的服务全部发生在中国境内，确定其劳务收入并据以征收企业所得税。

（3）《企业所得税法》及其实施条例要求，收入总额中列为不征税收入的有：财政拨款；依法收取并纳入财政管理的行政事业性收费、政府性基金；国务院规定的其他不征税收入。

财政拨款：是指各级人民政府对纳入预算管理的事业单位、社会团体等组织拨付的财政资金，但国务院和国务院财政、税务主管部门另有规定的除外。

行政事业性收费：是指依照法律法规等有关规定，按照国务院规定程序批准，在实施社会公共管理，以及在向公民、法人或其他组织提供特定公共服务过程中，向特定对象收取并纳入财政管理的费用。

政府性基金：是指企业依照法律、行政法规等有关规定，代政府收取的具有专项用途的财政资金。

其他不征税收入：是指企业取得的，由国务院财政、税务主管部门规定专项用途并经国务院批准的财政性资金。

（4）免税收入包括符合一定条件的国债利息收入；从居民企业获取与该机构、场所有实际联系的股息、红利；非营利组织的收入；地方政府债券利息所得或收入等。

（5）非居民企业从事国际运输业务获取的收入总额是指非居民企业运载旅客、货物或邮件等进出中国境内口岸所获取的客运收入、货运收入的总和。客运收入包括客票收入及逾重行李运费、餐费、保险费、服务费和娱乐费等；货运收入包括基本运费及各项附加费等。

2. 机构、场所实际发生的与获取收入直接相关的，符合生产经营活动常规，应当计入当期损益或有关资产成本的必要和正常的支出，包括成本、费用、税金、损失和其他支出，准予在计算应纳税所得额时扣除。

（1）非居民企业在中国境内设立的机构、场所，就其中国境外总机构发生的与该机构、场所生产经营有关的费用，能够提供总机构出具的费用汇集范围、定额、分配依据和方法等证明文件，并合理分摊的，准予扣除。这是收入与支出配比原则的体现，在中国境内设立机构、场所的非居民企业在中国负有有限纳税义务，和其获取收入相关的合理支出可以税前扣除。

（2）从中国境外获取的与纳税有关的发票或凭证，税务机关在纳税审查时有疑义的，可以要求其提供境外公证机构或注册会计师的确认证明，经税务机关审核认可后，方可作为记账核算的凭证。

3. 应纳税所得额为机构、场所每一纳税年度的收入总额，减除不征税收入、免税收入、各项扣除及允许弥补的以前年度亏损后的余额，见图 2-1。

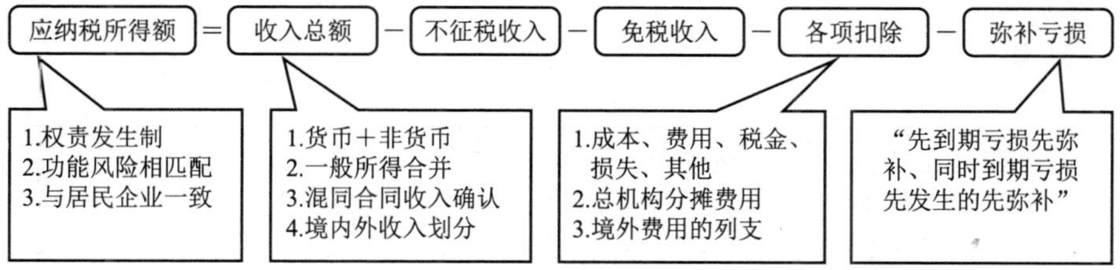

图 2-1 应纳税所得额计算公式

（三）核定计算应纳税所得额

非居民企业因会计账簿不健全，资料残缺难以查账，或其他原因不能准确计算并据实申报其应纳税所得额的，税务机关有权采取核定征收。

主管税务机关应及时向非居民企业送达非居民企业所得税征收方式鉴定表（见表2-5），非居民企业应在收到后10个工作日内，完成填写并送达主管税务机关，主管税务机关在受理后20个工作日内，完成该项征收方式的确认工作。

表2–5　非居民企业所得税征收方式鉴定表

编号：

中文名称：		纳税人识别号：
英文名称：		
从事的行业：□承包工程作业、设计和咨询劳务□管理服务□其他劳务或劳务以外经营活动		
行次	项目	情况
1	账簿设置情况	
2	收入核算情况	
3	成本费用核算情况	
4	纳税申报情况	
5	履行纳税义务情况	
6	其他情况	
以下由税务机关填写		
核定征收方式	□按收入总额□按成本费用□按经费支出换算收入	
核定利润率		
纳税人对征收方式的意见： 经办人： 负责人签章： 年　月　日	税务机关经办部门意见： 经办人： 负责人签章： 年　月　日	分管局领导意见： （公章） 年　月　日

注：1. 非居民企业从事的行业，请在符合情形的□内打“√”；

2. 非居民企业自收到本表10个工作日内填好并送达主管税务机关；

3. 主管税务机关在受理后20个工作日内完成征收方式的确认。

税务机关发现非居民企业采用核定征收方式计算申报的应纳税所得额不真实，或明显与其承担的功能风险不相匹配的，有权予以调整。同时，采取核定征收到的非居民企业如能建立健全会计账簿，准确计算其应税收入和应纳税所得额，报主管税务机关备案，可调整为据实申报方式。

1. 外国企业常驻代表机构。对账簿不健全，不能准确核算收入或成本费用，无法按规定据实申报的代表机构，税务机关有权采取按经费支出换算收入或按收入总额核定应纳税所得额。

（1）按经费支出换算收入：适用于能够准确反映经费支出但不能准确反映收入或成本费用的代表机构。

应纳税所得额 = 本期经费支出额 ÷（1− 核定利润率）× 核定利润率

代表机构的经费支出额包括：在中国境内、外支付给工作人员的工资薪金、奖金、津贴、福利费、物品采购费（包括汽车、办公设备等固定资产）、通信费、差旅费、房租、设备租赁费、交通费、交际费、其他费用等。

①购置固定资产所发生的支出，以及代表机构设立时或搬迁等原因所发生的装修费支出，应在发生时一次性作为经费支出额换算收入计税。

②利息收入不得冲抵经费支出额。

③发生的交际应酬费，以实际发生数额计入经费支出额。

④以货币形式用于中国境内的公益、救济性质的捐赠、滞纳金、罚款，以及为其总机构垫付的不属于其自身业务活动所发生的费用，不应作为代表机构的经费支出额。

⑤为总机构从中国境内购买样品所支付的样品费和运输费用；国外样品运往中国发生的中国境内的仓储费用、报关费用；总机构人员来华访问聘用翻译的费用；总机构为中国境内某个项目投标由代表机构支付的购买标书的费用，应作为经费支出额。

（2）按收入总额核定应纳税所得额：适用于可以准确反映收入但不能准确反映成本费用的代表机构。

应纳税所得额 = 收入总额 × 核定利润率

（3）代表机构的核定利润率不应低于 15%。

2. 其他机构、场所。对账簿不健全，不能准确核算收入或成本费用，无法按规定据实申报的其他机构、场所，税务机关有权采取按收入总额、成本费用、经费支出换算收入核定应纳税所得额。

（1）核定应纳税所得额的方法。

①按收入总额核定应纳税所得额：适用于能够正确核算收入或通过合理方法推定收入总额，但不能正确核算成本费用的非居民企业。

应纳税所得额 = 收入总额 × 核定利润率

②按成本费用核定应纳税所得额：适用于能够正确核算成本费用，但不能正确核算收入总额的非居民企业。

应纳税所得额 = 成本费用总额 ÷（1– 核定利润率）× 核定利润率

③按经费支出换算收入核定应纳税所得额：适用于能够正确核算经费支出总额，但不能正确核算收入总额和成本费用的非居民企业。

应纳税所得额 = 本期经费支出额 ÷（1– 核定利润率）× 核定利润率

（2）利润率的标准。

从事承包工程作业、设计和咨询劳务的，利润率为 15% ～ 30%；从事管理服务的，利润率为 30% ～ 50%；从事其他劳务或劳务以外经营活动的，利润率不低于 15%。税务机关有根据认为非居民企业的实际利润率明显高于上述标准的，可以按照比上述标准更高的利润率核定其应纳税所得额。

采取核定征收方式征收企业所得税的非居民企业，在中国境内从事适用不同核定利润率的经营活动，并获取应税所得的，应分别核算并适用相应的利润率计算缴纳企业所得税；凡不能分别核算的，应从高适用利润率，计算缴纳企业所得税。

（四）应纳税额计算

应纳税额为应纳税所得额乘以适用税率，减除按规定减免和抵免的税额后的余额。

1. 在中国境内设立机构、场所的非居民企业所得税的适用税率为 25%。设立在西部地区、横琴新区、平潭综合实验区和前海深港现代服务业合作区等地的鼓励类产业企业减按 15% 税率征收企业所得税，符合条件的非居民企业也可以申请享受。

2. 如图 2-2 所示，非居民企业在中国境内设立机构、场所，获取发生在中国境外但与该机构、场所有实际联系的应税所得已在境外缴纳的所得税税额，可以从其当期应纳税额中抵免，抵免限额为该项所得依照《企业所得税法》及其实施条例计算的应纳税额；超过抵免限额的部分，可以在以后 5 个年度内，用每年度抵免限额抵免当年应抵税额后的余额进行抵补。

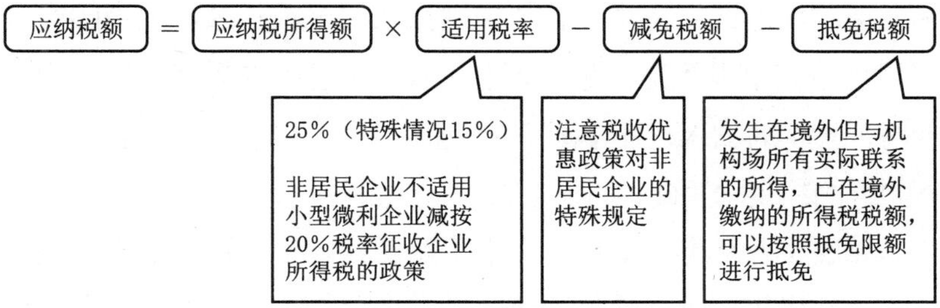

图 2-2 应纳税额计算公式

3.《国家税务总局关于非居民企业不享受小型微利企业所得税优惠的通知》（国税函〔2008〕650 号）规定：“《企业所得税法》第二十八条规定的小型微利企业是指企业的全部生产经营活动产生的所得均负有中国居民企业所得税纳税义务的企业。因此，仅就来源于中国所得负有中国纳税义务的非居民企业，不适用该条规定的对符合条件的小型微利企业减按 20% 税率征收企业所得税的政策。”

（五）国际运输收入协定不予征税

非居民企业除经营运输的航程仅在中国境内各地之间以外，其余应作为国际运输。作为国际运输同一航程的一部分，非居民企业在中国境内各地间的运输部分也属于国际运输，例如，新加坡航空公司的飞机从新加坡转场广州飞抵北京，广州至北京部分仍属于国际运输。

非居民企业以船舶或飞机从事国际运输业务从中国获取的收入，享受税收协定待遇不予征税，也适用于参加合伙经营、联合经营或参加国际经营机构获取的收入。对于多家公司联合经营国际运输业务的税务处理，应由各参股或合作企业就其分得利润分别在其所属居民国（地区）纳税。

1. 从事国际运输业务获取的收入，是指企业经营客运或货运获取的收入，以及以程租、期租形式出租船舶或以湿租形式出租飞机（包括所有设备、人员及供应）获取的租赁收入。非专门从事国际运输业务的企业，以其拥有的船舶或飞机经营国际运输业务获取的收入属于国际运输收入。

2. 中新税收协定第八条第三款中“缔约国一方企业从附属于以船舶或飞机经营国际运输业务有关的存款中获取的利息收入”，是指新加坡从事国际运输业务的海运或空运企业，从中国获取的运输收入存于中国产生的利息。该利息不适用中新税收协定第十一条（利息）的规定，应视为国际运输业务附带发生的收入，在中国不予征税。中国与其他国家签订的协定中，如果有同样的约定均照此执行。

3. 非居民企业从事以光租形式出租船舶或以干租形式出租飞机，以及使用、保存或出租用于运输货物或商品的集装箱（包括拖车和运输集装箱的有关设备）等租赁业务获取的收入不属于国际运输收入，属于《企业所得税法》第三条第三款中的所得。但是，附属于国际运输业务的上述租赁业务收入应视同国际运输收入处理。“附属”是指与国际运输业务有关且服务于国际运输业务，属于支持和附带性质。企业就其从事附属于国际运输业务的上述租赁业务获取的收入享受海运和空运条款协定待遇，应满足以下三个条件。

（1）企业工商登记及相关凭证资料能够证明企业主营业务为国际运输。

（2）企业从事的附属业务是其在经营国际运输业务时，从事的对主营业务贡献较小但与主营业务联系非常紧密、不能作为一项单独业务或所得来源的活动。

（3）在一个会计年度内，企业从事附属业务获取的收入占其国际运输业务总收入的比例原则上不超过10%。

4. 下列与国际运输业务紧密相关的收入应作为国际运输收入的一部分。

（1）为其他国际运输企业代售客票获取的收入。

（2）从市区至机场运送旅客获取的收入。

（3）通过货车从事货仓至机场、码头或后者至购货者间的运输，以及直接将货物发送至购货者获取的运输收入。

（4）企业仅为其承运旅客提供中转住宿而设置的旅馆获取的收入。

二、非居民企业自行申报

在中国境内设立机构、场所的非居民企业，无论盈利或亏损，应在季度终了之日起 15 日内向主管税务机关申报缴纳企业所得税；应自年度终了之日起 5 个月内向税务机关报送年度企业所得税纳税申报表，并汇算清缴，结清应缴应退税款；年度中间终止经营活动的，应当自实际经营终止之日起 60 日内，向税务机关办理当期企业所得税汇算清缴。非居民企业在中国境内设立两个或两个以上机构、场所的，符合规定条件的，可以选择由其主要机构、场所汇总缴纳企业所得税。

（一）汇总纳税

汇总纳税的各机构、场所实行“统一计算、分级管理、就地预缴、汇总清算、财政调库”的企业所得税征收管理办法。除另有规定外，相关税款计算、税款分摊、缴库或退库地点、缴库或退库比例、征管流程等事项，适用于居民企业汇总缴纳企业所得税的规定；主要机构、场所比照居民企业总机构就地分摊缴纳企业所得税；被汇总机构、场所比照居民企业分支机构就地分摊缴纳企业所得税。

1. 汇总纳税的非居民企业应在汇总纳税的年度中持续符合下列所有条件。

（1）汇总纳税的各机构、场所已在所在地主管税务机关办理税务登记，并获取纳税人识别号。

（2）主要机构、场所，应当同时符合对其他各机构、场所的生产经营活动负有监督管理责任；设有完整的账簿、凭证，能够准确反映各机构、场所的收入、成本、费用和盈亏情况。

（3）汇总纳税的各机构、场所不得采用核定方式计算缴纳企业所得税。

（4）汇总纳税的各机构、场所能够按照规定准确计算本机构、场所的税款分摊额，并按要求向所在地主管税务机关办理纳税申报。

2. 分摊税款计算公式：

主要机构场所分摊税款 = 汇总纳税机构场所当期应纳所得税额 ×50%

主体生产经营业务的机构场所分摊税款总额 = 汇总纳税机构场所当期应纳所得税额 ×50%

某主体生产经营业务的机构场所分摊比例 =（该机构场所营业收入 ÷ 各机构场所营业收入之和）×0.35+（该机构场所职工薪酬 ÷ 各机构场所职工薪酬之和）×0.35+（该机构场所资产总额 ÷ 各机构场所资产总额之和）×0.30

【例 2-14】非居民企业 A 公司，分别在北京、上海、深圳设有甲、乙、丙机构场所，其中甲为主要机构场所，各机构场所均符合汇总纳税的条件。2022 年汇总纳税机构场所当期应纳税所得额 60 万元，2021 年甲营业收入 100 万元，职工薪酬 30 万元，资产总额 50 万元；乙营业收入 80 万元，职工薪酬 30 万元，资产总额 40 万元；丙营业收入 100 万元，职工薪酬 40 万元，资产总额 50 万元。（保留 2 位小数点，适用税率 25%）2022 年度，丙应就地分摊缴纳企业所得税金额是多少？

主要机构场所(甲)分摊税款 = 汇总纳税机构场所当期应纳所得税额 ×50% =60×50% =30（万元）

主体生产经营业务的机构场所（乙和丙）分摊税款总额 = 汇总纳税机构场所当期应纳所得税额 ×50% =60×50%=30（万元）。

丙分摊比例 =(丙营业收入 ÷ 乙和丙营业收入之和)×0.35+(丙职工薪酬 ÷ 乙和丙职工薪酬之和）×0.35+（丙资产总额 ÷ 乙和丙资产总额之和）×0.30=（100÷180）×0.35+（40÷70）×0.35+（50÷90）×0.30=0.56s=56%

丙应就地分摊缴纳企业所得税 =30×0.56×25%=4.2（万元）。

3. 持续符合条件的机构、场所不具有主体生产经营职能，不从纳入汇总缴纳企业所得税的其他机构、场所之外获取营业收入，仅具有内部辅助管理或服务职能的，可以纳入汇总计算缴纳企业所得税的范围，但不就地分摊缴纳企业所得税。

【例 2-15】非居民企业 A 公司，分别在北京、上海、深圳设有甲、乙、丙机构场所，其中甲为主要机构场所，乙不从纳入汇总缴纳企业所得税的其他机构、场所之外获取营业收入，仅具有内部辅助管理或服务职能，各机构场所均符合汇总纳税的条件。2022 年汇总纳税机构场所当期应纳税所得额 60 万元，2021 年甲营业收入 100 万元，职工薪酬 30 万元，资产总额 50 万元，营业利润 20 万元；乙营业收入 80 万元，职工薪酬 30 万元，资产总额 40 万元，营业利润 13 万元；丙营业收入 100 万元，职工薪酬 40 万元，资产总额 50 万元，营业利润 10 万元。2022 年度，丙应就地分摊缴纳企业所得税金额是多少？（保留 2 位小数点，适用税率 25%）

主要机构场所（甲）分摊税款 = 汇总纳税机构场所当期应纳所得税额 ×50% =60×50% =30（万元）；主体生产经营业务的机构场所（乙和丙）分摊税款总额 = 汇总纳税机构场所当期应纳所得税额 ×50% =60×50% = 30 万元。

乙不从纳入汇总缴纳企业所得税的其他机构、场所之外获取营业收入，仅具有内部辅助管理或服务职能的，可以纳入汇总计算缴纳企业所得税的范围，但不就地分摊缴纳企业所得税。所以

丙应就地分摊缴纳企业所得税 =30×25%=7.5（万元）

4. 汇总纳税的各机构、场所应在首次办理汇总缴纳企业所得税申报时，向所在地主管税务机关报送以下信息资料：

（1）主要机构、场所名称及纳税人识别号。

（2）全部被汇总机构、场所名称及纳税人识别号。

（3）符合汇总缴纳企业所得税条件的财务会计核算制度安排。

已按上款规定报送的信息资料发生变更的，汇总纳税的各机构、场所应在发生变更后首次办理汇总缴纳企业所得税申报时，向所在地主管税务机关报告变化情况。

5. 在办理季度预缴申报时，汇总纳税的各机构、场所应向所在地主管税务机关报送以下资料。

（1）中华人民共和国非居民企业所得税预缴申报表（2019 年版）（表 F100）及非居民企业机构、场所汇总缴纳所得税税款分配表（表 F300）。

（2）季度财务报表（限于按实际利润预缴企业所得税的情形）。

6. 在办理年度汇算清缴申报时，汇总纳税的各机构、场所应向所在地主管税务机关报送以下资料。

（1）中华人民共和国非居民企业所得税年度纳税申报表（2019 年版）

（表 F200）及非居民企业机构、场所汇总缴纳所得税税款分配表（表 F300）。

（2）年度财务报表。

7. 实行汇总纳税的非居民企业机构、场所（含主要机构、场所和其他机构、场所）在办理季度预缴申报和年度汇算清缴申报时，应如实填报非居民企业机构、场所汇总缴纳所得税税款分配表（表 F300），见表 2-6。

表 2-6 非居民企业机构、场所汇总缴纳所得税税款分配表（表 F300）

税款所属期间：　　年　月　日至　　年　月　日

主要机构、场所名称：

主要机构、场所纳税人识别号（统一社会信用代码）：　　　　金额单位：元（列至角分）

<table>
<tr><td colspan="2">可分摊所得税额</td><td>主要机构、场所直接分摊所得税额</td><td colspan="3">主要机构、场所财政集中分配所得税额</td><td colspan="2">主体生产经营业务分摊所得税额</td></tr>
<tr><td rowspan="13">主体生产经营业务分摊所得税情况</td><td rowspan="2">从事主体生产经营业务的机构、场所统一社会信用代码（纳税人识别号）</td><td rowspan="2">从事主体生产经营业务的机构、场所名称</td><td colspan="3">三项因素</td><td rowspan="2">分配比例</td><td rowspan="2">分配所得税额</td></tr>
<tr><td>营业收入</td><td>职工薪酬</td><td>资产总额</td></tr>
<tr><td></td><td></td><td></td><td></td><td></td><td></td><td></td></tr>
<tr><td></td><td></td><td></td><td></td><td></td><td></td><td></td></tr>
<tr><td></td><td></td><td></td><td></td><td></td><td></td><td></td></tr>
<tr><td></td><td></td><td></td><td></td><td></td><td></td><td></td></tr>
<tr><td></td><td></td><td></td><td></td><td></td><td></td><td></td></tr>
<tr><td></td><td></td><td></td><td></td><td></td><td></td><td></td></tr>
<tr><td></td><td></td><td></td><td></td><td></td><td></td><td></td></tr>
<tr><td></td><td></td><td></td><td></td><td></td><td></td><td></td></tr>
<tr><td></td><td></td><td></td><td></td><td></td><td></td><td></td></tr>
<tr><td></td><td></td><td></td><td></td><td></td><td></td><td></td></tr>
<tr><td>合计</td><td>—</td><td></td><td></td><td></td><td></td><td></td></tr>
<tr><td rowspan="3">汇总纳税但未分摊所得税机构、场所情况</td><td colspan="2">汇总纳税但未分摊所得税的机构、场所统一社会信用代码（纳税人识别号）</td><td colspan="3">汇总纳税但未分摊所得税的机构、场所名称</td><td>成本费用额</td><td>资产额</td></tr>
<tr><td colspan="2"></td><td colspan="3"></td><td></td><td></td></tr>
<tr><td colspan="2"></td><td colspan="3"></td><td></td><td></td></tr>
</table>

国家税务总局监制

填报说明

一、适用范围

本表为中华人民共和国非居民企业所得税预缴申报表（2019 年版）（表 F100）和中华人民共和国非居民企业所得税年度纳税申报表（2019 年版）（表 F200）的附表，由实行汇总纳税的非居民企业机构、场所（含主要机构、场所和其他机构、场所）填报。

二、具体项目填报说明

1.“税款所属期间”：填报税款所属年度或季度的起止日期。年度纳税申报时，纳税人当年实际经营期间不足一个纳税年度的，填报当年实际经营期间的起止日期。

2.“主要机构、场所名称”“从事主体生产经营业务的机构、场所名称”“汇总纳税但未分摊所得税的机构、场所名称”：填报营业执照、税务登记证等证件载明的纳税人名称。汇总纳税但未分摊所得税的机构、场所是指符合相关规定条件可以纳入汇总计算缴纳企业所得税范围，但不就地分摊缴纳企业所得税的仅具有内部辅助管理或服务职能的机构、场所。

3.“主要机构、场所纳税人识别号（统一社会信用代码）”“从事主体生产经营业务的机构、场所纳税人识别号（统一社会信用代码）”“未分摊所得税的机构、场所统一社会信用代码（纳税人识别号）”：填报税务机关核发的纳税人识别号或有关部门核发的统一社会信用代码。

4.“可分摊所得税额”：预缴申报时，填报中华人民共和国非居民企业所得税预缴申报表（2019 年版）（表 F100）第 21 行“本期应补（退）所得税额”的本年累计金额。年度纳税申报时，填报中华人民共和国非居民企业所得税年度纳税申报表（2019 年版）（表 F200）中第 32 行“实际应纳所得税额”的申报金额。

5.“主要机构、场所直接分摊所得税额”：填报按主要机构、场所直接分摊比例计算的数额。预缴申报时，计算公式为“本期应补（退）所得税额”× 主要机构、场所直接分摊比例。年度纳税申报时，计算公式为“实际应纳所得税额”× 主要机构、场所直接分摊比例。主要机构、场所直接分摊比例由国务院财政、税务主管部门或省税务机关规定。

6.“主要机构、场所财政集中分配所得税额”：填报按主要机构、场所财政集中分配比例计算的数额。预缴申报时，计算公式为“本期应补（退）所得税额”× 主要机构、场所财政集中分配比例。年度纳税申报时，计算公式为“实际应纳所得税额”× 主要机构、场所财政集中分配比例。主要机构、场所财政集中分配比例由国务院财政、税务主管部门或省税务机关规定。

7.“主体生产经营业务分摊所得税额”：预缴申报时，填报按“本期应补（退）所得税额”－“主要机构、场所直接分摊所得税额”－“主要机构、场所财政集中分配所得税额”公式计算的数额。年度纳税申报时，填报按“实际应纳所得税额”－“主要机构、场所直接分摊所得税额”－“主要机构、场所财政集中分配所得税额”公式计算的数额。

8.“营业收入”：预缴申报时，填报参与“主体生产经营业务分摊所得税额”分配的各机构、场所上一年度销售商品、提供劳务、让渡资产使用权等日常经营活动实现的全部收入的合计额。年度纳税申报时，填报参与“主体生产经营业务分摊所得税额”分配的各机构、场所本年度销售商品、提供劳务、让渡资产使用权等日常经营活动实现的全部收入的合计额。

9.“职工薪酬”：预缴申报时，填报参与“主体生产经营业务分摊所得税额”分配的各机构、场所上一年度为获得职工提供的服务而给予各种形式的报酬以及其他相关支出的合计额。年度纳税申报时，填报参与“主体生产经营业务分摊所得税额”分配的各机构、场所本年度为获得职工提供的服务而给予各种形式的报酬及其他相关支出的合计额。

10.“资产总额”：预缴申报时，填报参与“主体生产经营业务分摊所得税额”分配的各机构、场所上一年度在经营活动中实际使用资产的合计额。年度纳税申报时，填报参与“主体生产经营业务分摊所得税额”分配的各机构、场所本年度实际使用资产的合计额。

11.“分配比例”：填报按照国务院财政、税务主管部门或省税务机关规定确定的分配比例，分配比例应保留小数点后十位。

12.“分配所得税额”:填报参与“主体生产经营业务分摊所得税额”分配的各机构、场所按照分配比例计算的结果（“主体生产经营业务分摊所得税额”×“分配比例”）。

13.“合计”：预缴申报时，填报参与“主体生产经营业务分摊所得税额”分配的各机构、场所上一年度的营业收入总额、职工薪酬总额和资产总额三项因素的合计数及当期各机构、场所分配比例和分配税额的合计数。年度纳税申报时，填报参与“主体生产经营业务分摊所得税额”分配的各机构、场所本年度的营业收入总额、职工薪酬总额和资产总额三项因素的合计数及当期各机构、场所分配比例和分配税额的合计数。

14. “成本费用额”：填报汇总纳税但未分摊所得税的机构、场所当期发生的成本费用额。

15. “资产额”：填报汇总纳税但未分摊所得税的机构、场所当期期末拥有的资产额。

三、表内、表间关系

（一）表内关系

1. “可分摊所得税额” = “主要机构、场所直接分摊所得税额” + “主要机构、场所财政集中分配所得税额” + “主体生产经营业务分摊所得税额”

2. “主体生产经营业务分摊所得税额” = “主体生产经营业务分摊所得税情况”栏“分配所得税额”列“合计”行

（二）表间关系

1. 预缴申报时，“可分摊所得税额”栏 = 表 F100 第 21 行的本年累计金额。年度纳税申报时，“可分摊所得税额”栏 = 表 F200 第 32 行的申报金额。

2. 预缴申报时，“主要机构、场所直接分摊所得税额”栏 = 表 F100 第 23 行。年度纳税申报时，“主要机构、场所直接分摊所得税额”栏 = 表 F200 第 36 行。

3. 预缴申报时，“主要机构、场所财政集中分配所得税额”栏 = 表 F100 第 24 行。年度纳税申报时，“主要机构、场所财政集中分配所得税额”栏 = 表 F200 第 37 行。

4. 预缴申报时，“主体生产经营业务分摊所得税情况”栏对应主要机构、场所行次的“分配所得税额”列 = 表 F100 第 25 行。年度纳税申报时，“主体生产经营业务分摊所得税情况”栏对应主要机构、场所行次的“分配所得税额”列 = 表 F200 第 38 行。

5. 预缴申报时，“主体生产经营业务分摊所得税情况”栏对应本机构、场所行次的“分配比列”列 = 表 F100 第 26 行。

6. 预缴申报时，“主体生产经营业务分摊所得税情况”栏对应本机构、场所的“分配所得税额”列 = 表 F100 第 27 行。年度纳税申报时，“主体生产经营业务分摊所得税情况”栏对应本机构、场所的“分配所得税额”列 = 表 F200 第 41 行。

8. 汇总纳税的各机构、场所主管税务机关对管理的机构、场所负有日常管理和监督检查责任，各主管税务机关之间应及时沟通信息，协调管理。

主要机构、场所主管税务机关应在每季度终了和年度汇算清缴期满后30日内，将主要机构、场所申报信息传递给各被汇总机构、场所主管税务机关。各被汇总机构、场所主管税务机关应在每季度终了和年度汇算清缴期满后30日内，将本地被汇总纳税机构、场所申报信息传递给主要机构、场所主管税务机关。

汇总纳税的各机构、场所主管税务机关不得对汇总纳税的各机构、场所同一税务处理事项作出不一致的处理决定。相关主管税务机关就有关处理事项不能达成一致的，报共同上级税务机关决定。

主要机构、场所主管税务机关发现主要机构、场所不具备规定条件的，在征得各被汇总机构、场所主管税务机关同意后，责令其限期改正，逾期不改正的，取消该非居民企业所有机构、场所相关年度企业所得税汇总缴纳方式，并通知各被汇总机构、场所主管税务机关。

被汇总机构、场所主管税务机关发现被汇总机构、场所不具备规定条件的，在征得主要机构、场所主管税务机关同意后，责令其限期改正，逾期不改正的，取消该被汇总机构、场所相关年度企业所得税汇总缴纳方式，并通知主要机构、场所及其他被汇总机构、场所主管税务机关。

汇总纳税的各机构、场所全部处于同一省、自治区、直辖市或计划单列市税务机关（以下称省税务机关）管辖区域内的，该省税务机关在不改变汇总纳税适用条件的前提下，可以按照不增加纳税义务，不减少办税便利的原则规定管理办法。

（二）分季预缴

在中国境内设立机构、场所的非居民企业，应在季度终了之日起15日内向主管税务机关申报缴纳企业所得税，按照规定报送中华人民共和国非居民企业所得税预缴申报表（2019年版）及其附表和相关资料（见表2-7和表2-8）。

表 2–7 中华人民共和国非居民企业所得税预缴申报表（表 F100）

（2019 年版）

税款所属期间： 年 月 日至 年 月 日

纳税人识别号（统一社会信用代码）：□□□□□□□□□□□□□□□□□□□□

纳税人境内名称：　　　　　　　　　　　　金额单位：人民币元（列至角分）

境外成立地代码		在境外成立地法定名称		境外成立地纳税人识别号	
预缴方式	□按照实际利润额预缴　□按照上一纳税年度应纳税所得额平均额预缴 □按照税务机关确定的其他方法预缴				
企业类型	□单独纳税机构、场所　□汇总纳税主要机构、场所　□汇总纳税其他机构、场所				
计税方式	□据实计算　　□核定征收				
预缴税款计算					
行次	项目			据实计算本年累计金额	核定征收本年累计金额
1	利润总额				
2	加：特定业务计算的应纳税所得额				
3	减：不征税收入				
4	减：免税、减计收入、加计扣除及所得减免优惠金额				
5	其中：项目①__（减免性质代码）				
6	项目②__（减免性质代码）				
7	项目③__（减免性质代码）				
8	减：固定资产加速折旧（扣除）调减额				
9	其中：项目（减免性质代码）				
10	减：弥补以前年度亏损				
11	实际利润额 / 按上一纳税年度应纳税所得额平均额确定的应纳税所得额				
12	税率（25%）				
13	应纳所得税额（11 × 12）				
14	减：减免所得税额				
15	其中：项目①__（减免性质代码）				
16	项目②__（减免性质代码）				
17	项目③__（减免性质代码）				
18	减：享受协定待遇减免税额				

19	减：本年实际已预缴所得税额		
20	减：特定业务预缴（征）所得税额		
21	本期应补（退）所得税额 / 税务机关确定的本期应纳所得税额		
汇总纳税税款分配			
22	主要机构、场所填报	主要机构、场所应补（退）所得税额（23+24+25）	
23		其中：主要机构、场所直接分摊所得税额	
24		主要机构、场所财政集中分配所得税额	
25		主要机构、场所从事主体生产经营业务分摊所得税额	
26	其他机构、场所填报	分配比例	
27		应补（退）所得税额	
声明：此表是根据国家税收法律法规及相关规定填写的，对填报内容（及附带资料）的真实性、可靠性、完整性负责。 纳税人（签章）：　　年　　月　　日			
经办人签字： 经办人身份证件号码： 代理机构签章： 代理机构统一社会信用代码：		受理人： 受理税务机关（章）： 受理日期：　　年　　月　　日	

国家税务总局监制

填报说明

一、适用范围

本表及附表由办理季度预缴企业所得税申报的非居民企业机构、场所（以下简称“纳税人”）填报。在经营季度内无论盈利或亏损，都应当按照有关规定报送本表和相关资料。

二、表头项目

1.“税款所属期间”：填报税款所属季度的起止日期。

2.“纳税人识别号（统一社会信用代码）”：填报税务机关核发的纳税人识别号或有关部门核发的统一社会信用代码。

3.“纳税人境内名称”：填报营业执照、税务登记证等证件载明的纳税人名称。

三、有关项目填报说明

（一）基本信息

1.“境外成立地代码”：填报纳税人成立地国家（地区）三字母代码（ISO 3166-1 标准）。

2.“在境外成立地法定名称”：填报纳税人在其成立地国家（地区）的法定名称。

3.“境外成立地纳税人识别号”:填报纳税人在其成立地国家(地区)的纳税人识别号。

4.“预缴方式”:纳税人根据实际情况勾选。“按照上一纳税年度应纳税所得额平均额预缴”和“按照税务机关确定的其他方法预缴”是行政许可事项，在税务机关办理相关手续后方可勾选。

5.“企业类型”:纳税人根据情况勾选，填报人为单独申报纳税的非居民企业机构、场所的，勾选“单独纳税机构、场所”;填报人为汇总纳税非居民企业机构、场所中的主要机构、场所的，勾选“汇总纳税主要机构、场所”;填报人为汇总纳税非居民企业机构、场所中除主要机构、场所以外的其他机构、场所的，勾选“汇总纳税其他机构、场所”。

6.“计税方式”:纳税人根据情况勾选，据实申报纳税的填报人，勾选“据实计算”;采取核定征收方式申报纳税的填报人,勾选“核定征收”。已经勾选“核定征收”的填报人，需要填报本表附表非居民企业机构、场所核定计算明细表(表F400)。

(二)各列次的填报

1.“据实计算本年累计金额”列由采取据实计算方式的纳税人填报。

2.“核定征收本年累计金额”列由采取核定方式的纳税人填报。本列部分项目数额来自非居民企业机构、场所核定计算明细表(表F400)相应行次数额,不适用表内关系。

(三)各行次的填报

1.第1行至第21行反映预缴税款计算情况。纳税人根据其预缴申报方式分别填报。实行“按照实际利润额预缴”的纳税人填报第1行至第21行。实行“按照上一纳税年度应纳税所得额平均额预缴”的纳税人填报第11行至第21行。实行“按照税务机关确定的其他方法预缴”的纳税人根据实际情况填报相应行次。汇总纳税其他机构、场所可不填报第1行至第20行，直接填报第21行。

2.第22行至第27行反映汇总纳税税款分配情况。分别汇总纳税主要机构、场所和其他机构、场所填报。其中:汇总纳税主要机构、场所在填报第1行至第21行基础上，填报第22行至第25行。汇总纳税其他机构、场所在填报第21行基础上，填报第26和27行。

(四)行次说明

1.第1行“利润总额”:填报申报所属期末本年财务会计报表中累计利润总额。

2.第2行“加:特定业务计算的应纳税所得额”:从事房地产开发等特定业务的纳

税人，填报按照税收规定计算的特定业务的应纳税所得额。房地产开发企业销售未完工开发产品获取的预售收入，按照税收规定的预计计税毛利率计算的预计毛利额填入此行。本行填报数额不得小于同年上期预缴申报表数额。

3. 第 3 行“减：不征税收入”：填报计入利润总额并属于税法规定的不征税收入的本年累计数额。

4. 第 4 行“减：免税、减计收入、加计扣除及所得减免优惠金额”：填报属于税法规定的免税收入、减计收入、所得减免等申报所属期末本年累计数额。

5. 第 5-7 行“项目① – 项目③”：填报第 4 行下属各明细项目金额。并在各明细项目列下画线上填报该项目对应的减免性质代码。减免性质代码按照国家税务总局制定或更新的“减免税政策代码目录”填列。免税、减计收入、加计扣除及所得减免等项目多于三项的，附页填报。

6. 第 8 行“减：固定资产加速折旧（扣除）调减额”：填报按照税法、相关税收规定，固定资产税收上采取加速折旧后，大于同期会计折旧产生纳税调减的累计数额。

7. 第 9 行“项目”：填报第 8 行下属明细项目金额。并在明细项目列下画线上填报该项目对应的减免性质代码。减免性质代码按照国家税务总局制定或更新的“减免税政策代码目录”填列。减免项目多于一项的，附页填报。

8. 第 10 行“减：弥补以前年度亏损”：填报申报所属期期末，按照税收规定可在企业所得税前弥补的以前年度亏损本年累计数额。当 1+2−3−4−8 行≤ 0 时，本行 =0。

9. 第 11 行“实际利润额 / 按上一纳税年度应纳税所得额平均额确定的应纳税所得额”：本行按照预缴方式不同，分情况填报：

预缴方式选择“按照实际利润额预缴的”：根据本表相关行次计算结果填报。第 11 行 = 第 1+2−3−4−8−10 行；

预缴方式选择“按照上一纳税年度应纳税所得额平均额预缴的”：填报按上一纳税年度应纳税所得额平均额确定的本年累计应纳税所得额。

预缴方式选择“按照税务机关确定的其他方法预缴的”：按照实际情况填写。

核定应纳税所得额的核定征收纳税人填报非居民企业机构、场所核定计算明细表（表 F400）中核定的应纳税所得额数额。

10. 第 12 行“税率（25%）”：填报《企业所得税法》规定税率 25%。

11. 第 13 行“应纳所得税额”：根据相关行次计算结果填报。第 13 行 = 第 11×12 行，且第 13 行≥ 0。核定应纳税额的核定征收纳税人填报《非居民企业机构、场所核定计算明细表》（表 F400）第 21 行“应纳税额”的数额。

12. 第 14 行“减：减免所得税额”：填报按照税收规定实际享受的减免所得税额的申报所属期末本年累计数额。

13. 第 15-17 行“项目① – 项目③”：填报第 14 行下属各明细项目金额。并在各明细项目列下画线上填报该项目对应的减免性质代码。减免性质代码按照国家税务总局制定或更新的“减免税政策代码目录”填列。减免所得税项目多于三项的，附页填报。

14. 第 18 行“减：享受协定待遇减免税额”：填报纳税人享受税收协定待遇的减免税总额。税收协定含中华人民共和国政府签署的避免双重征税协定，内地与香港、澳门特别行政区签署的税收安排以及含有税收待遇条款的其他协定（如海运协定、航空协定等）。因享受税收协定待遇而获取减免税优惠的，应同时报送非居民纳税人享受税收协定待遇的相关信息报告表。

15. 第 19 行“减：本年实际已预缴所得税额”：填报纳税人申报所属期末本年累计按季已经预缴的企业所得税额，不包含第 20 行的特定业务预缴（征）所得税额。

16. 第 20 行“减：特定业务预缴（征）所得税额”：填报建筑企业申报所属期末本年按相关规定已预缴的企业所得税额。

17. 第 21 行“应补（退）所得税额 / 税务机关确定的本期应纳所得税额”：按照不同预缴方式，分情况填报：

预缴方式选择“按照实际利润额预缴”以及“按照上一纳税年度应纳税所得额平均额预缴”的纳税人根据本表相关行次计算填报。单独纳税机构、场所和汇总纳税主要机构、场所，按照第 13−14−18−19−20 行公式计算结果填报，当第 13−14−18−19−20 行≤ 0 时，填 0；汇总纳税其他机构、场所填报其主要机构、场所相同申报所属期间第 21 行数额。

预缴方式选择“按照税务机关确定的其他方法预缴”的纳税人填报本期应纳企业所得税的金额。

18. 第 22 行“主要机构、场所应补（退）所得税额”：根据相关行次计算结果填报，第 22 行 = 第 23+24+25 行。

19. 第 23 行“其中：主要机构、场所直接分摊所得税额”：填报本表附表非居民企业机构、场所汇总缴纳所得税税款分配表（表 F300）中“主要机构、场所直接分摊所得税额”栏数额。

20. 第 24 行“主要机构、场所财政集中分配所得税额”：填报本表附表非居民企业机构、场所汇总缴纳所得税税款分配表（表 F300）中“主要机构、场所财政集中分配所得税额”栏数额。

21. 第 25 行“主要机构、场所从事主体生产经营业务分摊所得税额”：填报本表附表非居民企业机构、场所汇总缴纳所得税税款分配表（表 F300）中“分配所得税额”列对应主要机构、场所的数额。

22. 第 26 行“分配比例”：填报本表附表非居民企业机构、场所汇总缴纳所得税税款分配表（表 F300）中“分配比例”列对应本机构、场所的比例。

23. 第 27 行“应补（退）所得税额”：填报本表附表非居民企业机构、场所汇总缴纳所得税税款分配表（表 F300）中“分配所得税额”列对应本机构、场所的数额。

24. 纳税人聘请中介机构代理申报的，加盖代理机构公章。

四、表内表间关系

（一）表内各行间关系

1. 第 11 行 = 第 1+2−3−4−8−10 行。

2. 第 13 行 = 第 11×12 行。

3. 第 22 行 = 第 23+24+25 行。

（二）表间关系

1. 第 21 行 = 表 F300“可分摊所得税额”。

2. 第 23 行 = 表 F300“主要机构、场所直接分摊所得税额”。

3. 第 24 行 = 表 F300“主要机构、场所财政集中分配所得税额”。

4. 第 25 行 = 表 F300“主体生产经营业务分摊所得税情况”栏对应主要机构、场所行次的“分配所得税额”列。

5. 第 26 行 = 表 F300“主体生产经营业务分摊所得税情况”栏对应本机构、场所行次的“分配比例”列。

6. 第 27 行 = 表 F300“主体生产经营业务分摊所得税情况”栏对应本机构、场所行次的“分配所得税额”列。

7. 各行“核定征收本年累计金额”列等于表 F400 对应核定项目的金额。

表 2-8　非居民企业机构、场所核定计算明细表（表 F400）

<table>
<tr><th>核定方法</th><th>行次</th><th colspan="3">申　报　项　目</th><th>累计金额</th></tr>
<tr><td rowspan="11">按收入总额核定应纳税所得额</td><td>1</td><td rowspan="3">项目 1 名称</td><td rowspan="3"></td><td>收入额</td><td></td></tr>
<tr><td>2</td><td>经税务机关确认的核定利润率（%）</td><td></td></tr>
<tr><td>3</td><td>应纳税所得额（1×2）</td><td></td></tr>
<tr><td>4</td><td rowspan="3">项目 2 名称</td><td rowspan="3"></td><td>收入额</td><td></td></tr>
<tr><td>5</td><td>经税务机关确认的核定利润率（%）</td><td></td></tr>
<tr><td>6</td><td>应纳税所得额（4×5）</td><td></td></tr>
<tr><td>7</td><td rowspan="3">项目 3 名称</td><td rowspan="3"></td><td>收入额</td><td></td></tr>
<tr><td>8</td><td>经税务机关确认的核定利润率（%）</td><td></td></tr>
<tr><td>9</td><td>应纳税所得额（7×8）</td><td></td></tr>
<tr><td>10</td><td colspan="3">收入总额（1+4+7）</td><td></td></tr>
<tr><td>11</td><td colspan="3">应纳税所得额合计（3+6+9）</td><td></td></tr>
<tr><td rowspan="4">按经费支出换算应纳税所得额</td><td>12</td><td colspan="3">经费支出总额</td><td></td></tr>
<tr><td>13</td><td colspan="3">换算的收入额</td><td></td></tr>
<tr><td>14</td><td colspan="3">经税务机关确认的核定利润率（%）</td><td></td></tr>
<tr><td>15</td><td colspan="3">应纳税所得额（13×14）</td><td></td></tr>
<tr><td rowspan="4">按成本费用核定应纳税所得额</td><td>16</td><td colspan="3">成本费用总额</td><td></td></tr>
<tr><td>17</td><td colspan="3">换算的收入额</td><td></td></tr>
<tr><td>18</td><td colspan="3">经税务机关确认的核定利润率（%）</td><td></td></tr>
<tr><td>19</td><td colspan="3">应纳税所得额（17×18）</td><td></td></tr>
<tr><td rowspan="2">税务机关认可的其他合理方法</td><td>20</td><td colspan="3">应纳税所得额</td><td></td></tr>
<tr><td>21</td><td colspan="3">应纳税额</td><td></td></tr>
</table>

国家税务总局监制

填报说明

一、适用范围

本表为中华人民共和国非居民企业所得税预缴申报表（2019 年版）（表 F100）和中华人民共和国非居民企业所得税年度纳税申报表（2019 年版）（表 F200）的附表，由按照有关规定适用核定征收到的非居民企业机构、场所填报。

二、具体项目填报说明

1. 第 1 至 11 行填报核定方法为“按收入总额核定应纳税所得额”的申报项目情况。

第 1 至 9 行的填报：纳税人从事适用不同核定利润率的经营活动，并获取应税所得的，应分别核算并适用相应的利润率计算应纳税所得额。在“项目名称”栏填写具体的项目名称、合同号。多于三个项目，附页填报。

第 10 行“收入总额”填报所有“按收入总额核定应纳税所得额”的申报项目的收入总额。

第 11 行“应纳税所得额合计”填报所有“按收入总额核定应纳税所得额”的申报项目的应纳税所得额合计数额。

2. 第 12 至 15 行填报核定方法为“按经费支出换算应纳税所得额”的申报项目情况。

第 12 行“经费支出总额”填报纳税人本纳税年度实际支出的经费总额。

第 13 行“换算的收入额”填报根据税法、相关税收规定用经费支出总额换算的收入额。换算的收入额 = 经费支出总额 ÷（1− 经税务机关确认的核定利润率）。

第 14 行“经税务机关确认的核定利润率(%)”填报经税务机关确认的核定利润率。

第 15 行“应纳税所得额”填报按经费支出换算的应纳税所得额，第 15 行 = 第 13 行 × 第 14 行。

3. 第 16 至第 19 行填报核定方法为“按成本费用核定应纳税所得额”的申报项目情况。

第 16 行“成本费用总额”填报纳税人本期实际支出的成本费用总额。

第 17 行“换算的收入额”填报根据税法、相关税收规定用成本费用总额换算的收入额。换算的收入额 = 成本费用总额 ÷（1− 经税务机关确认的核定利润率）。

第 18 行“经税务机关确认的核定利润率(%)”填报经税务机关确认的核定利润率。

第 19 行“应纳税所得额”填报按成本费用换算的应纳税所得额，第 19 行 = 第 17 行 × 第 18 行。

4. 第 20 至 21 行填报按照“税务机关认可的其他合理方法”进行核定的申报项目情况。

按照税务机关认可的其他合理方法核定应纳税所得额的填报第 20 行，并附页说明具体核定方法、计算过程等。

按照税务机关认可的其他合理方法核定应纳税额的填报第 21 行，并附页说明具体核定方法、计算过程等。已填报第 21 行的，不填报其他行次对应纳税所得额的核定。其他行次已填报核定的应纳税所得额的，不填报第 21 行。

三、表内、表间关系

（一）表内关系

1. 第 3 行 = 第 1 行 × 第 2 行。

2. 第 6 行 = 第 4 行 × 第 5 行。

3. 第 9 行 = 第 7 行 × 第 8 行。

4. 第 10 行 = 第 1 行 + 第 4 行 + 第 7 行。

5. 第 11 行 = 第 3 行 + 第 6 行 + 第 9 行。

6. 第 15 行 = 第 13 行 × 第 14 行。

7. 第 19 行 = 第 17 行 × 第 18 行。

（二）表间关系

1. 预缴申报时，本表核定的应纳税所得额 =F100 第 11 行“实际利润额 / 按上一纳税年度应纳税所得额平均额确定的应纳税所得额”的“核定征收本年累计金额”列。年度纳税申报时，本表核定的应纳税所得额 = 表 F200 第 19 行“应纳税所得额”的“核定征收申报金额”列。

2. 预缴申报时，第 21 行“应纳税额”= 表 F100 第 13 行“应纳所得税额”的“核定征收本年累计金额”列。年度纳税申报时，第 21 行“应纳税额”= 表 F200 第 21 行“应纳所得税额”的“核定征收申报金额”列。

1. 在中国境内承包工程作业和提供劳务的非居民企业，进行企业所得税纳税申报时，应当如实报送纳税申报表，并附送下列资料，实践中（1）（2）（3）属于容缺办理涉税费事项资料。

（1）工程作业（劳务）决算（结算）报告或其他说明材料。

（2）参与工程作业或劳务项目外籍人员姓名、国籍、出入境时间、在华工作时间、地点、内容、报酬标准、支付方式、相关费用等情况的书面报告。

（3）财务会计报告或财务情况说明。

（4）非居民企业依据税收协定在中国境内未构成常设机构，需要享受税收协定待遇的，应提交非居民企业承包工程作业和提供劳务享受税收协定待遇报告表，并附送居民身份证明及税务机关要求提交的其他证明资料。

非居民企业未按上述规定提交报告表及有关证明资料，或因项目执行发生变更等情形不符合享受税收协定待遇条件的，不得享受税收协定待遇，应依照《企业所得税法》规定缴纳税款。

2. 企业所得以人民币以外的货币计算的，预缴企业所得税时，应当按照季度最后一日的人民币汇率中间价，折合成人民币计算应纳税所得额。

（三）年终汇算清缴

1. 具有下列情形之一的，可不参加当年度的所得税汇算清缴：

临时来华承包工程和提供劳务不足 1 年，在年度中间终止经营活动，且已经结清税款；

汇算清缴期内已办理注销；

其他经主管税务机关批准可不参加当年度所得税汇算清缴。

2. 企业因特殊原因，不能在规定期限内办理年度所得税申报，应当在年度终了之日起 5 个月内向主管税务机关提出延期申报申请。主管税务机关批准后，可以适当延长申报期限。

3. 企业所得以人民币以外的货币计算的，年度终了汇算清缴时，对已经按照月度或季度预缴税款的，不再重新折合计算，只就该纳税年度内未缴纳企业所得税的部分，按照纳税年度最后一日的人民币汇率中间价，折合成人民币计算应纳税所得额。

经税务机关检查确认，企业少计或多计前款规定所得的，应当按照检查确认补税或退税时的上一个月最后一日的人民币汇率中间价，将少计或多计的所得折合成人民币计算应纳税所得额，再计算应补缴或应退的税款。

4. 在中国境内设立机构、场所的非居民企业，向税务机关办理企业所得税汇算清缴，应按照规定报送中华人民共和国非居民企业所得税年度纳税申报表（2019 年版）（见表 2-9）及其附表和相关资料（见表 2-10、表 2-11）。

表 2-9 中华人民共和国非居民企业所得税年度纳税申报表（表 F200）

（2019 年版）

税款所属期间：　　年　月　日至　　年　月　日

纳税人识别号（统一社会信用代码）：□□□□□□□□□□□□□□□□□□□□

纳税人境内名称：　　　　金额单位：人民币元（列至角分）

境外成立地代码		在境外成立地法定名称		境外成立地纳税人识别号	
企业类型	□单独纳税机构、场所 □汇总纳税主要机构、场所 □汇总纳税其他机构、场所				
计税方式	□据实计算□核定征收				

年度税款计算			
行次	项目	据实计算申报金额	核定征收申报金额
1	一、利润总额		
2	减：境外所得		
3	加：纳税调整增加额（填报 F210）		
4	减：纳税调整减少额（填报 F210）		
5	减：免税、减计收入及加计扣除		
6	其中：项目①__（减免性质代码）		
7	项目②__（减免性质代码）		
8	项目③__（减免性质代码）		
9	项目④__（减免性质代码）		
10	项目⑤__（减免性质代码）		
11	加：境外应税所得抵减境内亏损		
12	二、纳税调整后所得（1-2+3-4-5+11）		
13	减：所得减免		
14	其中：项目①__（减免性质代码）		
15	项目②__（减免性质代码）		
16	减：弥补以前年度亏损（填报 F220）		
17	减：抵扣应纳税所得额		
18	其中：项目（减免性质代码）		
19	三、应纳税所得额（12-13-16-17）		
20	税率（25%）		

21	四、应纳所得税额（19×20）		
22	减：减免所得税额		
23	其中：项目①　（减免性质代码）		
24	项目②__（减免性质代码）		
25	减：抵免所得税额		
26	其中：项目①__（减免性质代码）		
27	项目②__（减免性质代码）		
28	五、应纳税额（21−22−25）		
29	加：境外所得应纳所得税额		
30	减：境外所得抵免所得税额		
31	减：享受协定待遇减免税额		
32	六、实际应纳所得税额（28+29−30−31）		
33	减：本年累计实际已缴纳的所得税额		
34	七、本年应补（退）所得税额（32−33）		
汇总纳税税款分配			
35	主要机构、场所填报	本机构、场所本年应分摊所得税额（36+37+38）	
36	主要机构、场所填报	其中：主要机构、场所直接分摊所得税额	
37	主要机构、场所填报	主要机构、场所财政集中分配所得税额	
38	主要机构、场所填报	主要机构、场所从事主体生产经营业务分摊所得税额	
39	主要机构、场所填报	减：本机构、场所本年累计实际已缴纳的所得税额	
40	主要机构、场所填报	本机构、场所本年应补（退）所得税额（35−39）	
41	其他机构、场所填报	本机构、场所本年应分摊所得税额	
42	其他机构、场所填报	减：本机构、场所本年累计实际已缴纳的所得税额	
43	其他机构、场所填报	本机构、场所本年应补（退）所得税额（41−42）	

声明：此表是根据国家税收法律法规及相关规定填写的，对填报内容（及附带资料）的真实性、可靠性、完整性负责。

纳税人（签章）：　　　　年　　月　　日

经办人签字： 经办人身份证件号码： 代理机构签章： 代理机构统一社会信用代码：	受理人： 受理税务机关（章）： 受理日期：　　　年　　月　　日

国家税务总局监制

填报说明

一、适用范围

本表及附表由办理年终汇算清缴所得税申报的非居民企业机构、场所(以下简称“纳税人”)填报。在经营年度内无论盈利或亏损,都应当按照有关规定报送本表和相关资料。

二、表头项目

1.“税款所属期间”:填报税款所属年度的起止日期。纳税人当年实际经营期间不足一个纳税年度的,填报当年实际经营期间的起止日期。

2.“纳税人识别号(统一社会信用代码)”:填报税务机关核发的纳税人识别号或有关部门核发的统一社会信用代码。

3.“纳税人境内名称”:填报营业执照、税务登记证等证件载明的纳税人名称。

三、有关项目填报说明

(一)基本信息

1.“境外成立地代码”:填报纳税人成立地国家(地区)三字母代码(ISO 3166-1 标准)。

2.“在境外成立地法定名称”:填报纳税人在其成立地国家(地区)的法定名称。

3.“境外成立地纳税人识别号”:填报纳税人在其成立地国家(地区)的纳税人识别号。

4.“企业类型”:纳税人根据情况勾选,填报人为单独申报纳税的非居民企业机构、场所的,勾选“单独纳税机构、场所”;填报人为汇总纳税非居民企业机构、场所中的主要机构、场所的,勾选“汇总纳税主要机构、场所”;填报人为汇总纳税非居民企业机构、场所中除主要机构、场所以外的其他机构、场所的,勾选“汇总纳税其他机构、场所”。

5.“计税方式”:纳税人根据情况勾选,据实申报纳税的填报人,勾选“据实计算”;采取核定征收方式申报纳税的填报人,勾选“核定征收”。已经勾选“核定征收”的填报人,需要填报本表附表非居民企业机构、场所核定计算明细表(表 F400)。

(二)各列次的填报

1.“据实计算申报金额”列由采取据实计算方式的纳税人填报。

2.“核定征收申报金额”列由采取核定方式的纳税人填报。本列部分项目数额来自非居民企业机构、场所核定计算明细表(表 F400)相应行次数额,不适用表内关系。

(三)年度税款计算的填报

1. 单独纳税机构、场所逐行填报第 1 行至第 34 行。汇总纳税主要机构、场所在汇总后逐行填报第 1 行至第 32 行。汇总纳税其他机构、场所可不填报第 1 行至第 31 行，直接填报第 32 行。

2. 第 1 行“利润总额”：填报当期财务会计报表中的利润总额。

3. 第 2 行“境外所得”：填报纳税人当期获取的发生在境外但与境内机构、场所有实际联系的所得数额。当期为境外盈利的，以正数表示；当期为境外亏损的，以负数表示。

4. 第 3 行“纳税调整增加额”：填报纳税人会计处理与税收规定不一致，进行纳税调整增加的数额。本行根据纳税调整项目明细表（表 F210）“调增数额”列填报。

5. 第 4 行“纳税调整减少额”：填报纳税人会计处理与税收规定不一致，进行纳税调整减少的数额。本行根据纳税调整项目明细表（表 F210）“调减数额”列填报。

6. 第 5 行“免税、减计收入及加计扣除”：填报符合规定的免税、减计收入、加计扣除数额。第 6 至 10 行填报第 5 行下属各明细项目的优惠数额。在各明细项目列下画线上填报该项目对应的减免性质代码。减免性质代码按照国家税务总局制定或更新的“减免税政策代码目录”填列。免税、减计收入、加计扣除项目多于五项的，附页填报。

7. 第 11 行“境外应税所得抵减境内亏损”：当纳税人选择不用境外所得抵减境内亏损时，填报 0；当纳税人选择用境外所得抵减境内亏损时，填报境外所得抵减当年度境内亏损的金额。

8. 第 12 行“纳税调整后所得”：填报按照第 1−2+3−4−5+11 行公式计算的结果。

9. 第 13 行“所得减免”：填报符合规定的所得减免数额。第 14 和 15 行填报第 13 行下属各明细项目的优惠数额。在各明细项目列下画线上填报该项目对应的减免性质代码。减免性质代码按照国家税务总局制定或更新的“减免税政策代码目录”填列。所得减免项目多于两项的，附页填报。

10. 第 16 行“弥补以前年度亏损”：填报纳税人按照税收规定可在税前弥补的以前年度亏损数额，等于本表附表企业所得税弥补亏损明细表（表 F220）第 11 行第 9 列数额的绝对值。

11. 第 17 行“抵扣应纳税所得额”：填报本年度发生的创业投资企业抵扣应纳税所得额的数额。第 18 行填报第 17 行下属明细项目金额。并在明细项目列下画线上填报该项目对应的减免性质代码。减免性质代码按照国家税务总局制定或更新的“减免税政策代码目录”填列。减免项目多于一项的，附页填报。

12. 第 19 行“应纳税所得额”：填报按照本表第 12−13−16−17 行公式计算的结果。本行不得为负数。按照上述行次顺序计算结果本行为负数，本行数额填零。核定应纳税所得额的核定征收纳税人填报非居民企业机构、场所核定计算明细表（表 F400）中核定的应纳税所得额数额。

13. 第 20 行“税率”：填报法定税率 25%。

14. 第 21 行“应纳所得税额”：填报按照本表第 19×20 行公式计算的结果。核定应纳税额的核定征收纳税人填报非居民企业机构、场所核定计算明细表（表 F400）第 21 行“应纳税额”的数额。

15. 第 22 行“减免所得税额”：填报符合规定的减免企业所得税数额。第 23 至 24 行填报第 22 行下属各明细项目的优惠数额。在各明细项目列下画线上填报该项目对应的减免性质代码。减免性质代码按照国家税务总局制定或更新的“减免税政策代码目录”填列。减免所得税项目多于两项的，附页填报。

16. 第 25 行“抵免所得税额”：填报符合规定的当年抵免所得税数额。第 26 至 27 行填报第 25 行下属各明细项目的优惠数额。在各明细项目列下画线上填报该项目对应的减免性质代码。减免性质代码按照国家税务总局制定或更新的“减免税政策代码目录”填列。抵免所得税项目多于两项的，附页填报。

17. 第 28 行“应纳税额”：填报按照本表第 21−22−25 行公式计算的结果。

18. 第 29 行“境外所得应纳所得税额”：填报本表第 2 行境外所得弥补当年度及以前年度境内亏损后按照中国税收规定计算的应纳所得税额。

19. 第 30 行“境外所得抵免所得税额”：填报纳税人来源于中国境外所得依照中国境外税收法律及相关规定应缴纳并实际缴纳（包括视同已实际缴纳）的企业所得税性质税款（准予抵免税款）。

20. 第 31 行“享受协定待遇减免税额”：填报纳税人享受税收协定待遇的减免税总额。税收协定含中华人民共和国政府签署的避免双重征税协定，内地与香港、澳门特别行政区签署的税收安排，以及含有税收待遇条款的其他协定（如海运协定、航空协定等）。因享受税收协定待遇而获取减免税优惠的，应同时报送非居民纳税人享受税收协定待遇的相关信息报告表。

21. 第 32 行“实际应纳所得税额”：单独纳税机构、场所和汇总纳税主要机构、场所填报按照本表第 28+29−30−31 行公式计算的结果；汇总纳税其他机构、场所填报其主要机构、场所相同申报所属期间第32行数额。

22. 第33行“本年累计实际已缴纳的所得税额”：填报纳税人按照税收规定本纳税年度已在各季度累计预缴的所得税额，包括按照税收规定的特定业务已预缴（征）的所得税额。本行仅由单独纳税机构、场所填报。

23. 第34行“本年应补(退)的所得税额”:填报按照本表第32-33行公式计算的结果。本行仅由单独纳税机构、场所填报。

（四）汇总纳税税款分配

1. 第35行“本机构、场所本年应分摊所得税额”，填报按照本表第36+37+38行公式计算的结果。

2. 第36行“主要机构、场所直接分摊所得税额”：填报非居民企业机构、场所汇总缴纳所得税税款分配表（表F300）中“主要机构、场所直接分摊所得税额”栏的数额。

3. 第37行“主要机构、场所财政集中分配所得税额”：填报非居民企业机构、场所汇总缴纳所得税税款分配表（表F300）中“主要机构、场所财政集中分配所得税额”栏的数额。

4. 第38行“主要机构、场所从事主体生产经营业务分摊所得税额”：填报非居民企业机构、场所汇总缴纳所得税税款分配表（表F300）中“主体生产经营业务分摊所得税情况”栏目对应主要机构、场所的“分配所得税额”列的数额。

5. 第39行“本机构、场所本年累计实际已缴纳的所得税额”，填报主要机构、场所本纳税年度已在各季度累计预缴的所得税额，包括按照税收规定的特定业务已预缴（征）的所得税额。

6. 第40行“本机构、场所本年应补（退）的所得税额”，填报按照本表第35−39行公式计算的结果。

7. 第41行“本机构、场所本年应分摊所得税额”，填报非居民企业机构、场所汇总缴纳所得税税款分配表（表F300）中“主体生产经营业务分摊所得税情况”栏对应本机构、场所的“分配所得税额”列的数额。

8. 第42行“本机构、场所本年累计实际已缴纳的所得税额”，填报本机构、场所本纳税年度已在各季度累计预缴的所得税额，包括按照税收规定的特定业务已预缴（征）的所得税额。

9. 第 43 行“本机构、场所本年应补（退）的所得税额”，填报按照本表第 41−42 行公式计算的结果。

（五）其他

纳税人聘请中介机构代理申报的，加盖代理机构公章。

四、表内、表间关系

（一）表内各行间关系

1. 第 12 行 = 第 1−2+3−4−5+11 行。

2. 第 19 行 = 第 12−13−16−17 行。

3. 第 21 行 = 第 19×20 行。

4. 第 28 行 = 第 21−22−25 行。

5. 第 32 行 = 第 28+29−30−31 行。

6. 第 34 行 = 第 32−33 行。

7. 第 35 行 = 第 36+37+38 行。

8. 第 40 行 = 第 35−39 行。

9. 第 43 行 = 第 41−42 行。

（二）表间关系

1. 第 3 行 = 表 F210 第 46 行第 3 列。

2. 第 4 行 = 表 F210 第 46 行第 4 列。

3. 第 16 行 = 表 F220 第 11 行第 9 列的绝对值。

4. 第 32 行 = 表 F300“可分摊所得税额”栏。

5. 第 36 行 = 表 F300“主要机构、场所直接分摊所得税额”栏。

6. 第 37 行 = 表 F300“主要机构、场所财政集中分配所得税额”栏。

7. 第 38 行 = 表 F300“主体生产经营业务分摊所得税情况”栏对应主要机构、场所行次的“分配所得税额”列。

8. 第 41 行 = 表 F300“主体生产经营业务分摊所得税情况”栏对应本机构、场所行次的“分配所得税额”列。

9. 各行“核定征收申报金额”列等于表 F400 对应核定项目的金额。

表 2-10　纳税调整项目明细表（表 F210）

行次	项目	账载数额	税收数额	调增数额	调减数额
		1	2	3	4
1	一、收入类调整项目（2+…+10）	×	×		
2	（一）视同销售收入	×			×
3	（二）未按权责发生制原则确认的收入				
4	（三）投资收益				
5	（四）按权益法核算长期股权投资对初始投资成本调整确认收益	×	×	×	
6	（五）交易性金融资产初始投资调整	×	×		×
7	（六）公允价值变动净损益		×		
8	（七）不征税收入	×	×		
9	（八）销售折扣、折让和退回				
10	（九）其他				
11	二、扣除类调整项目（12+…+30）	×	×		
12	（一）视同销售成本	×		×	
13	（二）职工薪酬				
14	（三）业务招待费支出				×
15	（四）广告费和业务宣传费支出				
16	（五）捐赠支出				
17	（六）利息支出				
18	（七）罚金、罚款和被没收财物的损失		×		×
19	（八）税收滞纳金、加收利息		×		×
20	（九）赞助支出		×		×
21	（十）与未实现融资收益相关在当期确认的财务费用				
22	（十一）佣金和手续费支出				×
23	（十二）不征税收入用于支出所形成的费用	×	×		×
24	（十三）跨期扣除项目				
25	（十四）与获取收入无关的支出		×		×
26	（十五）境外所得分摊的共同支出	×	×		×
27	（十六）分摊境外总机构费用				×

续上表

行次	项目	账载数额	税收数额	调增数额	调减数额
		1	2	3	4
28	（十七）向其他机构、场所分摊费用				×
29	（十八）分摊资源勘探开发费用	×		×	
30	（十九）其他				
31	三、资产类调整项目（32+34+35+36）	×	×		
32	（一）资产折旧、摊销				
33	其中：固定资产加速折旧（扣除）调减额〔项目____（减免性质代码）〕	×	×	×	
34	（二）资产减值准备金		×		
35	（三）资产损失				
36	（四）其他				
37	四、特殊事项调整项目（38+⋯+43）	×	×		
38	（一）企业重组及递延纳税事项				
39	（二）政策性搬迁	×	×		
40	（三）特殊行业准备金				
41	（四）房地产开发企业特定业务计算的纳税调整额	×			
42	（五）合伙企业法人合伙人应分得的应纳税所得额				
43	（六）其他	×	×		
44	五、特别纳税调整应税所得	×	×		
45	六、其他	×	×		
46	合计（1+11+31+37+44+45）	×	×		

国家税务总局监制

填报说明

一、适用范围

本表为中华人民共和国非居民企业所得税年度纳税申报表（2019 年版）（表 F200）的附表，由纳税人根据税法、相关税收规定及国家统一会计制度的规定，填报企业所得税涉税事项的会计处理与税务处理的差异及纳税调整情况。

二、有关项目填报说明

本表纳税调整项目按照“收入类调整项目”“扣除类调整项目”“资产类调整项目”“特

殊事项调整项目”“特别纳税调整应税所得”“其他”六大项分类填报汇总，并计算出纳税“调增数额”和“调减数额”的合计数额。

数据栏分别设置“账载数额”“税收数额”“调增数额”“调减数额”四个栏次。“账载数额”是指纳税人按照国家统一会计制度规定核算的项目数额。“税收数额”是指纳税人按照税收规定（含有关以前年度金额结转的规定）计算的项目数额。

（一）收入类调整项目

1. 第1行“一、收入类调整项目”：根据第2行至第10行进行填报。

2. 第2行“（一）视同销售收入”：填报会计处理不确认销售收入，而税收规定确认为应税收入的数额。第2列“税收数额”填报税收确认的应税收入数额；第3列“调增数额”等于第2列“税收数额”。

3. 第3行“（二）未按权责发生制原则确认的收入”：填报会计上按照权责发生制原则确认收入，计税时按照收付实现制确认的收入，若第2列≥第1列，将第2−1列的余额填入本行第3列“调增数额”；若第2列＜第1列，将第2−1列余额的绝对值填入本行第4列“调减数额”。

4. 第4行“（三）投资收益”：根据税法、相关税收规定及国家统一企业会计制度，填报纳税调整情况。若第2列≥第1列，将第2−1列的余额填入本行第3列“调增数额”；若第2列＜第1列，将第2−1列余额的绝对值填入本行第4列“调减数额”。

5. 第5行“（四）按权益法核算长期股权投资对初始投资成本调整确认收益”：第4列“调减数额”填报纳税人采取权益法核算，初始投资成本小于获取投资时应享有被投资单位可辨认净资产公允价值份额的差额计入获取投资当期的营业外收入的数额。

6. 第6行“（五）交易性金融资产初始投资调整”：第3列“调增数额”填报纳税人根据税收规定确认交易性金融资产初始投资数额与会计核算的交易性金融资产初始投资账面价值的差额。

7. 第7行“（六）公允价值变动净损益”：第1列“账载数额”填报纳税人会计核算的以公允价值计量的金融资产、金融负债及投资性房地产类项目，计入当期损益的公允价值变动数额；第1列≤0，将绝对值填入第3列“调增数额”；若第1列＞0，填入第4列“调减数额”。

8. 第8行“（七）不征税收入”：填报纳税人计入收入总额但属于税收规定不征税的财政拨款、依法收取并纳入财政管理的行政事业性收费及政府性基金和国务院规定的其他不征税收入。第3列“调增数额”填报纳税人以前年度获取财政性资金且已作为不征税收入处理，在5年（60个月）内未发生支出且未缴回财政部门或其他拨付资金的政府部门，应计入应税收入额的数额。第4列“调减数额”填报符合税收规定不征税收入条件并作为不征税收入处理，且已计入当期损益的数额。

9. 第9行“（八）销售折扣、折让和退回”：填报不符合税收规定的销售折扣和折让应进行纳税调整的数额，和发生的销售退回因会计处理与税收规定有差异需纳税调整的数额。第1列“账载数额”填报纳税人会计核算的销售折扣和折让数额及销货退回的追溯处理的净调整额。第2列“税收数额”填报根据税收规定可以税前扣除的折扣和折让的数额及销货退回业务影响当期损益的数额。第1列减第2列，若余额≥0，填入第3列“调增数额”；若余额＜0，将绝对值填入第4列“调减数额”，第4列仅为销货退回影响损益的跨期时间性差异。

10. 第10行“（九）其他”：填报其他因会计处理与税收规定有差异需纳税调整的收入类项目数额。若第2列≥第1列，将第2−1列的余额填入第3列“调增数额”；若第2列＜第1列，将第2−1列余额的绝对值填入第4列“调减数额”。

（二）扣除类调整项目

1. 第11行“二、扣除类调整项目”：根据第12行至第30行填报。

2. 第12行“（一）视同销售成本”：填报会计处理不作为销售核算，税收规定作为应税收入对应的销售成本数额。第2列“税收数额”填报税收确认的销售成本数额；第4列“调减数额”等于第2列“税收数额”。

3. 第13行“（二）职工薪酬”：根据税法、相关税收规定及国家统一企业会计制度，填报纳税人本年度支付给在本企业任职或受雇的员工的所有现金形式或非现金形式的劳动报酬的会计处理、税法规定，以及纳税调整情况。若第1列≥第2列，将第1−2列的余额填入本行第3列“调增数额”；若第1列＜第2列，将第1−2列余额的绝对值填入本行第4列“调减数额”。

4. 第14行“（三）业务招待费支出”：第1列“账载数额”填报纳税人会计核算计入当期损益的业务招待费数额。第2列“税收数额”填报按照税收规定允许税前扣除的业务招待费支出的数额。第3列“调增数额”为第1−2列数额。

5. 第15行“（四）广告费和业务宣传费支出”：根据税法、相关税收规定以及国家统一企业会计制度，填报广告费和业务宣传费会计处理、税法规定，以及跨年度纳税调整情况。若第 1 列≥第 2 列，将第 1–2 列的余额填入本行第 3 列“调增数额”；若第 1 列＜第 2 列，将第 1–2 列余额的绝对值填入本行第 4 列“调减数额”。

6. 第 16 行“（五）捐赠支出”：根据税法、相关税收规定及国家统一企业会计制度，第 1 列“账载数额”填报企业实际发生的所有捐赠。第 2 列“税收数额”填报按税收规定可以税前扣除的捐赠支出。若第 1 列≥第 2 列，将第 1–2 列的余额填入第 3 列“调增数额”；若第 1 列＜第 2 列，将第 1–2 列余额的绝对值填入第 4 列“调减数额”。

7. 第 17 行“（六）利息支出”：第 1 列“账载数额”填报纳税人向非金融企业借款，会计核算计入当期损益的利息支出的数额。第 2 列“税收数额”填报按照税收规定允许税前扣除的利息支出的数额。若第 1 列≥第 2 列，将第 1–2 列的余额填入第 3 列“调增数额”；若第 1 列＜第 2 列，将第 1–2 列余额的绝对值填入第 4 列“调减数额”。

8. 第 18 行“（七）罚金、罚款和被没收财物的损失”：第 1 列“账载数额”填报纳税人会计核算计入当期损益的罚金、罚款和被罚没财物的损失，不包括纳税人按照经济合同规定支付的违约金（包括银行罚息）、罚款和诉讼费。第 3 列“调增数额”等于第 1 列数额。

9. 第 19 行“（八）税收滞纳金、加收利息”：第 1 列“账载数额”填报纳税人会计核算计入当期损益的税收滞纳金、加收利息。第 3 列“调增数额”等于第 1 列数额。

10. 第 20 行“（九）赞助支出”：第 1 列“账载数额”填报纳税人会计核算计入当期损益的不符合税收规定的公益性捐赠的赞助支出的数额，包括直接向受赠人的捐赠、赞助支出等（不含广告性的赞助支出，广告性的赞助支出在第 15 行“广告费和业务宣传费支出”中调整）。第 3 列“调增数额”等于第 1 列数额。

11. 第 21 行“（十）与未实现融资收益相关在当期确认的财务费用”：第 1 列“账载数额”填报纳税人会计核算的与未实现融资收益相关并在当期确认的财务费用的数额。第 2 列“税收数额”填报按照税收规定允许税前扣除的数额。若第 1 列≥第 2 列，将第 1–2 列的余额填入第 3 列“调增数额”；若第 1 列＜第 2 列，将第 1–2 列余额的绝对值填入第 4 列“调减数额”。

12. 第 22 行“（十一）佣金和手续费支出”：第 1 列“账载数额”填报纳税人会计核算计入当期损益的佣金和手续费数额。第 2 列“税收数额”填报按照税收规定允许税前扣除的佣金和手续费支出数额。第 3 列“调增数额”为第 1–2 列的余额。

13. 第23行“（十二）不征税收入用于支出所形成的费用”：第3列“调增数额”填报符合条件的不征税收入用于支出所形成的计入当期损益的费用化支出数额。

14. 第24行“（十三）跨期扣除项目”：填报维简费、安全生产费用、预提费用、预计负债等跨期扣除项目调整情况。第1列“账载数额”填报纳税人会计核算计入当期损益的跨期扣除项目数额。第2列“税收数额”填报按照税收规定允许税前扣除的数额。若第1列≥第2列，将第1-2列的余额填入第3列“调增数额”；若第1列＜第2列，将第1-2列余额的绝对值填入第4列“调减数额”。

15. 第25行“（十四）与获取收入无关的支出”：第1列“账载数额”填报纳税人会计核算计入当期损益的与获取收入无关的支出的数额。第3列“调增数额”等于第1列数额。

16. 第26行“（十五）境外所得分摊的共同支出”：根据税法、相关税收规定，第3列“调增数额”填报本年按照税法规定计算的纳税人实际发生与获取境外所得有关但未直接计入境外所得应纳税所得的成本费用支出。

17. 第27行“（十六）分摊境外总机构费用”：第1列“账载数额”填报因分摊境外总机构费用而实际列入纳税人会计账目的数额。第2列“税收数额”填报按照税收规定可以分摊扣除的境外总机构费用数额。若第1列≥第2列，将第1-2列的余额填入第3列“调增数额”；若第1列＜第2列，则第3列“调增数额”为零。

18. 第28行“（十七）向其他机构、场所分摊的费用”：第1列“账载数额”填报因向其他机构、场所分摊费用而实际列入纳税人会计账目的数额。第2列“税收数额”填报按照税收规定应向其他机构、场所分摊的费用数额。若第2列≥第1列，将第2-1列的余额填入第3列“调增数额”；若第2列＜第1列，则第3列“调增数额”为零。

19. 第29行“（十八）分摊资源勘探开发费用”：填报可分摊的其他境内机构、场所资源勘探开发费用。将本年度可分摊的境内机构、场所资源勘探开发费用数额填入第2列，以第2列数额填入第4列“调减数额”。

20. 第30行“（十九）其他”：填报其他因会计处理与税收规定有差异需纳税调整的扣除类项目数额。若第1列≥第2列，将第1-2列的余额填入第3列“调增数额”；若第1列＜第2列，将第1-2列余额的绝对值填入第4列“调减数额”。

（三）资产类调整项目

1. 第31行“三、资产类调整项目”：填报资产类调整项目第32、34、35、36行的合计数额。

2. 第 32 行“(一)资产折旧、摊销”：根据税法、相关税收规定及国家统一企业会计制度，填报资产折旧、摊销的会计处理、税法规定，以及纳税调整情况。若第 1 列≥第 2 列，将第 1–2 列的余额填入本行第 3 列“调增数额”；若第 1 列＜第 2 列，将第 1–2 列余额的绝对值填入本行第 4 列“调减数额”。

3. 第 33 行“其中：固定资产加速折旧（扣除）调减额”：填报纳税人享受各类固定资产加速折旧政策的优惠金额，即享受加速折旧政策的税法折旧额大于按税收一般规定计算的折旧额的差额。同时填报该固定资产加速折旧项目对应的减免性质代码。减免性质代码按照国家税务总局制定或更新的“减免税政策代码目录”填列。减免项目多于一项的，附页填报。

4. 第 34 行“(二)资产减值准备金”：填报坏账准备、存货跌价准备、理赔费用准备金等不允许税前扣除的各类资产减值准备金纳税调整情况。第 1 列“账载数额”填报纳税人会计核算计入当期损益的资产减值准备金数额（因价值恢复等原因转回的资产减值准备金应予以冲回）。第 1 列，若≥ 0，填入第 3 列“调增数额”；若＜ 0，将绝对值填入第 4 列“调减数额”。

5. 第 35 行“(三)资产损失”：根据税法、相关税收规定及国家统一企业会计制度，填报资产损失的会计处理、税法规定，以及纳税调整情况。第 1 列“账载数额”填报本纳税年度实际发生的需报税务机关审批的财产损失数额，以及固定资产、无形资产转让、处置所得（损失）和金融资产转让、处置所得等损失数额；第 2 列“税收数额”填报税务机关审批的本纳税年度财产损失数额，以及按照税收规定计算的固定资产、无形资产转让、处置所得（损失）和金融资产转让、处置所得等损失数额，长期股权投资除外；若第 1 列≥第 2 列，将第 1–2 列的余额填入本行第 3 列“调增数额”；若第 1 列＜第 2 列，将第 1–2 列余额的绝对值填入本行第 4 列“调减数额”。

6. 第 36 行“(四)其他”：填报其他因会计处理与税收规定有差异需纳税调整的资产类项目数额。若第 1 列≥第 2 列，将第 1–2 列余额填入第 3 列“调增数额”；若第 1 列＜第 2 列，将第 1–2 列余额的绝对值填入第 4 列“调减数额”。

（四）特殊事项调整项目

1. 第 37 行“四、特殊事项调整项目”：填报特殊事项调整项目第 38 行至第 43 行的合计数额。

2. 第 38 行“(一)企业重组及递延纳税事项”：根据税法、相关税收规定及国家统一企业会计制度，填报企业重组的会计核算及税法规定，以及纳税调整情况。若第 1 列≥第 2 列，将第 1–2 列的余额填入本行第 3 列“调增数额”;若第 1 列＜第 2 列，将第 1–2 列余额的绝对值填入本行第 4 列“调减数额”。

3. 第 39 行“(二)政策性搬迁”:根据税法、相关税收规定以及国家统一企业会计制度，填报企业政策性搬迁项目的相关会计处理、税法规定及纳税调整情况。若≥ 0，填入第 3 列“调增数额”；若＜ 0，将绝对值填入第 4 列“调减数额”。

4. 第 40 行“(三)特殊行业准备金”：根据税法、相关税收规定及国家统一企业会计制度，填报特殊行业准备金会计处理、税法规定及纳税调整情况。若第 1 列≥第 2 列，将第 1–2 列的余额填入本行第 3 列“调增数额”；若第 1 列＜第 2 列，将第 1–2 列余额的绝对值填入本行第 4 列“调减数额”。

5. 第 41 行“(四)房地产开发企业特定业务计算的纳税调整额”：根据税法、相关税收规定及国家统一企业会计制度，填报房地产企业销售未完工产品、未完工产品转完工产品特定业务的税法规定及纳税调整情况。将按照税法规定计算的数额填入本行第 2 列，若≥ 0，填入第 3 列“调增数额”；若＜ 0，将绝对值填入第 4 列“调减数额”。

6. 第 42 行“(五)合伙企业法人合伙人应分得的应纳税所得额”:第 1 列“账载数额”填报合伙企业法人合伙人本年会计核算上确认的对合伙企业的投资所得；第 2 列“税收数额”填报纳税人按照“先分后税”原则和相关税收规定计算的从合伙企业分得的法人合伙方应纳税所得额；若第 1 列≤第 2 列，将第 2–1 列的余额填入第 3 列“调增数额”，若第 1 列＞第 2 列，将第 2–1 列余额的绝对值填入第 4 列“调减数额”。

7. 第 43 行“(六)其他”：填报其他因会计处理与税收规定有差异需纳税调整的特殊事项数额。

(五)特别纳税调整所得项目

第 44 行“五、特别纳税调整应税所得”：第 3 列“调增数额”填报纳税人按特别纳税调整规定自行调增的当年应税所得。第 4 列“调减数额”填报纳税人依据双边预约定价安排或转让定价相应调整磋商结果的通知，需要调减当年的应税所得。

(六)其他

1. 第 45 行“六、其他”:其他会计处理与税收规定存在差异需纳税调整的项目数额。

2. 第 46 行“合计”：填报第 1+11+31+37+44+45 行的合计数额。

三、表内、表间关系

（一）表内关系

1. 第 1 行 = 第 2+3+4+5+6+7+8+9+10 行。

2. 第 11 行 = 第 12+13+14+…+29+30 行。

3. 第 31 行 = 第 32+34+35+36 行。

4. 第 37 行 = 第 38+39+40+41+42+43 行。

5. 第 46 行 = 第 1+11+31+37+44+45 行。

（二）表间关系

1. 第 46 行第 3 列 = 表 F200 第 3 行。

2. 第 46 行第 4 列 = 表 F200 第 4 行。

表 2–11　企业所得税弥补亏损明细表（表 F220）

行次	项目	年度	当年境内所得额	分立转出的亏损额	合并、分立转入的亏损额		弥补亏损企业类型	上年及本年结转的可弥补亏损额	当年待弥补的亏损额	用本年度所得额弥补的以前年度亏损额		当年可结转以后年度弥补的亏损额
					可弥补年限 5 年	可弥补年限 10 年				使用境内所得弥补	使用境外所得弥补	
		1	2	3	4	5	6	7	8	9	10	11
1	前十年度											×
2	前九年度											
3	前八年度											
4	前七年度											
5	前六年度											
6	前五年度											
7	前四年度											
8	前三年度											
9	前二年度											
10	前一年度											
11	本年度											
12	可结转以后年度弥补的亏损额合计											

国家税务总局监制

填报说明

一、适用范围

本表为中华人民共和国非居民企业所得税年度纳税申报表（2019 年版）（表 F200）的附表，按照税法、相关税收规定填报纳税人年度亏损结转和弥补情况。

二、有关项目填报说明

纳税人弥补以前年度亏损时，应按照“先到期亏损先弥补、同时到期亏损先发生的先弥补”的原则处理。

1. 第 1 列“年度”：填报公历年度。纳税人应首先填报第 11 行“本年度”对应的公历年度，再依次从第 10 行往第 1 行倒推填报以前年度。纳税人发生政策性搬迁事项，如停止生产经营活动年度可以从法定亏损结转弥补年限中减除，则按可弥补亏损年度进行填报。本年度是指申报所属期年度，如：纳税人在 2019 年 5 月 10 日进行 2018 年度企业所得税年度纳税申报时，本年度（申报所属期年度）为 2018 年。

2. 第 2 列“当年境内所得额”：第 11 行填报本年度表 F200 第 12-13 行金额。第 1 行至第 10 行填报前一年度表 F220 第 11 行第 2 列对应年度的金额（亏损以“—”号填列）。需要在首次使用本版申报表年度填报所属年度为首次使用本版申报表年度以前年度本项数额的，填报当年度经过纳税调整后的境内所得额。发生查补以前年度应纳税所得额、追补以前年度未能税前扣除的实际资产损失等情况的，按照相应调整后的金额填报。

3. 第 3 列“分立转出的亏损额”：填报本年度企业分立按照企业重组特殊性税务处理规定转出的符合条件的亏损额。分立转出的亏损额按亏损所属年度填报，转出亏损的亏损额以正数表示。

4. 第 4 列“合并、分立转入的亏损额－可弥补年限 5 年”：填报企业符合企业重组特殊性税务处理规定，因合并或分立本年度转入的不超过 5 年亏损弥补年限规定的亏损额。合并、分立转入的亏损额按亏损所属年度填报，转入亏损以负数表示。

5. 第 5 列“合并、分立转入的亏损额－可弥补年限 10 年”：填报企业符合企业重组特殊性税务处理规定，因合并或分立本年度转入的不超过 10 年亏损弥补年限规定的亏损额。合并、分立转入的亏损额按亏损所属年度填报，转入亏损以负数表示。

6. 第 6 列“弥补亏损企业类型”：纳税人根据不同年度情况从弥补亏损企业类型代码表中选择相应的代码填入本项。不同类型纳税人的亏损结转年限不同，纳税人选择“一般企业”是指亏损结转年限为 5 年的纳税人；“符合条件的高新技术企业”

“符合条件的科技型中小企业”是指符合《财政部　税务总局关于延长高新技术企业和科技型中小企业亏损结转年限的通知》(财税〔2018〕76号)、《国家税务总局关于延长高新技术企业和科技型中小企业亏损结转弥补年限有关企业所得税处理问题的公告》(国家税务总局公告2018年第45号)等文件规定的，亏损结转年限为10年的纳税人。

弥补亏损企业类型代码表

代码	类型
100	一般企业
200	符合条件的高新技术企业
300	符合条件的科技型中小企业

7. 第7列“上年及本年结转的可弥补亏损额”：第1行至第10行填报由上年结转至本年度(申报所属期年度)可用于本年度(申报所属期年度)及以后年度弥补的当年度亏损额。当第2列第11行＜0时，本列第11行填报第2列第11行的数额；当第2列第11行≥0时，本列第11行填0。

8. 第8列“当年待弥补的亏损额”：填报在用本年度(申报所属期年度)所得额弥补亏损前，当年度尚未被弥补的亏损额，亏损额以负数表示，等于第3列+4列+5列+7列的数额。

9. 第9列“用本年度所得额弥补的以前年度亏损额－使用境内所得弥补”：第1行至第10行，当第11行第2列本年度(申报所属期年度)的“当年境内所得额”＞0时，填报各年度被本年度(申报所属期年度)境内所得依次弥补的亏损额，以负数表示。本列第11行，填报本列第1行至第10行的合计金额，表F200第16行填报本项金额的绝对值。

10. 第10列“用本年度所得额弥补的以前年度亏损额－使用境外所得弥补”：第1行至第10行，当纳税人选择用境外所得弥补境内以前年度亏损的，填报各年度被本年度(申报所属期年度)境外所得依次弥补的亏损额，以负数表示。本列第11行，填报本列第1行至第10行的合计金额。

11. 第11列“当年可结转以后年度弥补的亏损额”：第2行至第11行，填报各年度尚未弥补完的且按照有关规定准予结转以后年度弥补的亏损额。本列第12行，填报本列第2行至第11行的合计金额。

三、表内、表间关系

（一）表内关系

1. 当第 2 列＜ 0 且第 3 列＞ 0 时，第 3 列＜第 2 列的绝对值；当第 2 列≥ 0 时，则第 3 列 =0。

2. 当第 2 列第 11 行＜ 0 时，第 7 列第 11 行 = 第 2 列第 11 行；当第 2 列第 11 行≥ 0 时，第 7 列第 11 行 =0。

3. 第 9 列第 11 行 = 第 9 列第 1+2+3+4+5+6+7+8+9+10 行；当第 2 列第 11 行≤ 0 时，第 9 列第 1 行至第 11 行 =0；当第 2 列第 11 行＞ 0 时，第 9 列第 11 行≤第 2 列第 11 行。

4. 第 10 列第 11 行 = 第 10 列第 1+2+3+4+5+6+7+8+9+10 行。

5. 第 11 列第 12 行 = 第 11 列第 2+3+4+5+6+7+8+9+10+11 行。

6. 第 2 至 10 行第 11 列 = 第 8−9−10 列，当年亏损按照有关规定不准予结转以后年度弥补的，相应年度第 11 列 =0；第 11 行第 11 列 = 第 11 行第 8 列。

7. 第 8 列 = 第 3+4+5+7 列。

（二）表间关系

1. 第 11 行第 2 列 = 表 F200 第 12−13 行。

2. 第 11 行第 9 列的绝对值 = 表 F200 第 16 行。

5. 企业在所得税汇算清缴期限内，发现当年度所得税申报有误的，应当在年度终了之日起 5 个月内向主管税务机关重新办理年度所得税申报。

6. 主管税务机关受理非居民企业年度纳税申报后，应当在年度终了之日起 6 个月内完成申报数据逻辑关系和申报内容一致性审核工作，汇总纳税的各机构、场所主管税务机关应当及时沟通联络、交换信息，做好协同管理。主管税务机关在完成审核工作后，及时办理补（退）税款等事项；对纳税人未按期申报纳税、不缴或少缴应纳税款，以及违反税收规定的其他行为，按照《税收征管法》及其实施细则的有关规定处理。企业所得税汇算清缴期结束后，主管税务机关应当按照税收风险管理规定开展后续风险管理。

7. 企业申报年度所得税后，经主管税务机关审核，需补缴或退还所得税的，应在收到主管税务机关送达的非居民企业所得税汇算清缴涉税事宜通知书（分为适用据实申报企业和适用核定征收企业）后，按规定时限将税款补缴入库，或按照主管税务机关的要求办理退税手续。企业补缴税款确因特殊困难需延期缴纳的，按《税收征管法》及其实施细则的有关规定办理。

8. 经税务机关检查确认，企业少计或多计前款规定所得的，应当按照检查确认补税或退税时的上一个月最后一日的人民币汇率中间价，将少计或多计的所得折合成人民币计算应纳税所得额，再计算应补缴或应退的税款。

三、扣缴义务人代扣代缴

（一）适用条件

1. 非居民企业在中国境内获取工程作业和劳务所得，如果出现如下情形，工程价款或劳务费的支付人（包括通过其境外关联方或有特殊利益关系的第三方支付款项的单位或个人）所在地县级以上税务机关可以指定工程价款或劳务费的支付人为扣缴义务人，并将非居民企业承包工程作业和提供劳务企业所得税扣缴义务通知书（见表 2-12）送达被指定方，同时告知扣缴义务人所扣税款的计算依据、计算方法、扣缴期限和扣缴方式。

（1）预计工程作业或提供劳务期限不足一个纳税年度，且有证据表明不履行纳税义务的。

（2）没有办理税务登记或临时税务登记，且未委托中国境内的代理人履行纳税义务的。

（3）未按照规定期限办理企业所得税纳税申报或预缴申报的。

2. 非居民企业从事国际运输业务符合《企业所得税法》指定扣缴情形的，支付人所在地主管税务机关应指定支付人为扣缴义务人。支付人包括：

（1）向非居民企业或其境内子公司、分公司或代表机构，或有权代表非居民企业收取款项的境内外代理人支付款项的单位或个人。

（2）通过其境外关联方或有特殊利益关系的第三方支付款项的单位或

个人。

（3）其他符合《企业所得税法》规定的单位或个人。

表 2-12　非居民企业承包工程作业和提供劳务企业所得税扣缴义务通知书

税扣〔　　〕号

______________公司（个人）：

根据《中华人民共和国企业所得税法》第三十八条“对非居民企业在中国境内获取工程作业和劳务所得应缴纳的所得税，税务机关可以指定工程价款或劳务费的支付人为扣缴义务人。”的规定，我局现指定你方作为下表中工程作业和劳务项目应纳企业所得税的扣缴义务人，在向表中所列非居民企业支付工程价款或劳务费时，代扣代缴企业所得税。

具体扣缴事项如下：

项目名称			
非居民名称		国别	
		国别	
		国别	
征收方式	□据实征收　□核定征收		
计算依据	□收入总额（核定利润率________）　□应纳税所得额		
扣除项目	分包支出、代扣款项		
税率	□ 25% □其他________		
计算方法	应纳税所得额 × 适用税率		
扣缴方式	在支付工程价款或劳务费时，按次扣缴所得税		
扣缴期限	扣缴后 7 日内向主管税务机关申报缴纳		

税务机关（盖章）

年　　月　　日

（二）代扣代缴

扣缴义务人应当自扣缴义务发生之日起 30 日内向所在地主管税务机关办理扣缴税款登记手续。扣缴义务人每次代扣的税款，应当自代扣之日起 7 日内缴入国库，并向所在地的税务机关报送扣缴企业所得税报告表。

【例 2-16】税务机关指定境内企业履行扣缴义务的开始时间为 2023 年 1 月 1 日，境内企业于 2023 年 1 月 10 日代扣了非居民企业应缴纳的企业所得税，境内企业应于 2023 年 1 月 17 日前向所在地主管税务机关办理扣缴税款登记手续，而非 2023 年 1 月 31 日前。

扣缴义务人每次代扣代缴税款时，应向其主管税务机关报送中华人民共和国扣缴企业所得税申报表（见表 2-13）及相关资料。

表 2-13　中华人民共和国扣缴企业所得税报告表（表 F500）

（2019 年版）

○法定源泉扣缴申报　　○指定扣缴申报　　○自行申报　　金额单位：人民币元（列至角分）

<table>
<tr><td colspan="8">扣缴义务人基本信息</td></tr>
<tr><td colspan="8">纳税人识别号（统一社会信用代码）：□□□□□□□□□□□□□□□□□□□□□□</td></tr>
<tr><td colspan="2">名　称</td><td colspan="3">中文：</td><td colspan="3">外文：</td></tr>
<tr><td colspan="2">地　址</td><td colspan="3">中文：</td><td colspan="3">外文：</td></tr>
<tr><td>联系人</td><td></td><td>联系方式</td><td colspan="2"></td><td>邮政编码</td><td colspan="2"></td></tr>
<tr><td colspan="8">纳税人基本信息</td></tr>
<tr><td colspan="8">纳税人识别号（统一社会信用代码）：□□□□□□□□□□□□□□□□□□□□□□</td></tr>
<tr><td colspan="2">境外成立地代码</td><td colspan="2"></td><td colspan="2">境外成立地纳税人识别号</td><td colspan="2"></td></tr>
<tr><td colspan="2">境内名称</td><td colspan="4">中文：</td><td colspan="2">外文：</td></tr>
<tr><td colspan="2">在境外成立地法定名称</td><td colspan="4">中文：</td><td colspan="2">外文：</td></tr>
<tr><td colspan="2">在境外成立地地址</td><td colspan="4">中文：</td><td colspan="2">外文：</td></tr>
<tr><td colspan="2">申报所得类型及代码</td><td colspan="6"></td></tr>
<tr><td>联系人</td><td></td><td>联系方式</td><td colspan="2"></td><td>邮政编码</td><td colspan="2"></td></tr>
<tr><td colspan="8">法定源泉扣缴和自行申报情况</td></tr>
<tr><td>合同名称</td><td colspan="4"></td><td>合同编号</td><td colspan="2"></td></tr>
<tr><td>合同执行起始时间</td><td></td><td>合同执行终止时间</td><td></td><td>合同总金额</td><td></td><td>币种</td><td></td></tr>
<tr><td colspan="8">扣缴义务发生时间：○支付，支付日期：　　年　　月　　日　○到期应支付</td></tr>
<tr><td>行次</td><td colspan="5">项目</td><td colspan="2">依法申报数据</td></tr>
</table>

1	本次申报收入	人民币金额		
2		外　币	名称	
3			金额	
4			汇率	
5			折算人民币金额 5=3×4	
6		收入合计 6=1+5		
7	应纳税所得额的计算	扣除额		
8		应纳税所得额 8=6−7		
9	应纳企业所得税额的计算	适用税率（10%）		
10		应缴纳的企业所得税额 10=8×9		
11		减免企业所得税额 11=12+13		
12		其中：享受协定待遇	项目□（减免性质代码）	
13		享受国内税收优惠	项目□（减免性质代码）	
14		实际应缴纳的企业所得税额 14=10−11		

主管税务机关指定扣缴情况		
指定扣缴文书编号		税款计算方法：○按核定利润率计算，核定利润率水平：% ○其他
扣缴义务发生时间：○支付　支付日期：　年　月　日　支付金额（人民币）：　元　○其他		
本次扣缴税款金额（人民币）		
声明：此表是根据国家税收法律法规及相关规定填写的，对填报内容（及附带资料）的真实性、可靠性、完整性负责。 纳税人或扣缴义务人（签章）：　年　月　日		
经办人签字： 经办人身份证件号码： 代理机构签章： 代理机构统一社会信用代码：		受理人： 受理税务机关（章）： 受理日期：　年　月　日

国家税务总局监制

填报说明

一、适用范围

本表由代扣代缴或申报缴纳下列企业所得税税款的扣缴义务人或纳税人填报：

1. 在中国境内未设立机构、场所的非居民企业获取来源于中国境内所得所应缴纳的企业所得税。

2. 在中国境内设立机构、场所的非居民企业获取与其所设机构、场所没有实际联系，但来源于中国境内所得所应缴纳的企业所得税。

3. 主管税务机关按照《中华人民共和国企业所得税法》规定指定扣缴的企业所得税。

扣缴义务人申报缴纳上述前两项税款的，勾选表头项目“法定源泉扣缴申报”；扣缴义务人申报缴纳上述第三项税款的，勾选表头项目“指定扣缴申报”；纳税人申报缴纳上述前两项税款的，勾选表头项目“自行申报”。

二、有关项目填报说明

（一）扣缴义务人基本信息

1. “纳税人识别号（统一社会信用代码）”：填报税务机关核发给扣缴义务人的纳税人识别号或有关部门核发给扣缴义务人的统一社会信用代码。扣缴义务人未获取纳税人识别号（统一社会信用代码）的，可以为空。

2. “名称”：填报扣缴义务人法定名称全称。法定名称为外文的，同时填报中文译文。

3. “地址”：填报扣缴义务人有效联系地址。有效联系地址为外文的，同时填报中文译文。

4. “联系人”“联系方式”“邮政编码”：填报扣缴义务人的经办人名称及其联系电话、电子邮箱和邮政编码。

5. 获取统一社会信用代码的扣缴义务人可以不填写“地址”“联系人”“联系方式”“邮政编码”。

（二）纳税人基本信息

1. “纳税人识别号（统一社会信用代码）”：填报税务机关核发给纳税人的纳税人识别号或有关部门核发给纳税人的统一社会信用代码。纳税人未获取纳税人识别号（统一社会信用代码）的，可以为空。

2.“境外成立地代码”：填报纳税人成立地国家（地区）三字母代码（ISO 3166-1 标准）。

3.“境外成立地纳税人识别号”：填报纳税人在其成立地国家（地区）的纳税人识别号。

4. “境内名称”：填报纳税人在中国境内的名称全称。境内名称为外文的，同时填报中文译文。

5. “在境外成立地法定名称”：填报纳税人在境外成立地法定名称的全称。法定名称为外文的，同时填报中文译文。

6. “在境外成立地地址”：填报纳税人有效联系地址。有效联系地址为外文的，同时填报中文译文。

7.“申报所得类型及代码”：分别如后的类型及代码填报，股息红利所得—1，利息所得—2，特许权使用费所得—3，转让财产所得—4，租金—5，承包工程、提供劳务所得—6，国际运输—7，担保费所得—8，其他所得—9。

8.“联系人”“联系方式”“邮政编码”：填报纳税人的经办人名称及其联系电话、电子邮箱和邮政编码。

9. 属于法定源泉扣缴申报和自行申报的，同一纳税人在同一主管税务机关进行非首次申报时，除相关信息发生变更需填写变更信息以外，可以只填报纳税人基本信息中的“纳税人识别号（统一社会信用代码）”“境内名称”“申报所得类型及代码”。属于指定扣缴申报的，可以不填报纳税人基本信息。

（三）法定源泉扣缴和自行申报情况填报

1.“合同名称”：填写与本次申报所得相关的合同名称。

2.“合同编号”：填写与本次申报所得相关的合同编号。

3.“合同执行起始时间”：填写与本次申报所得相关的合同开始执行的年月日。

4.“合同执行终止时间”：填写与本次申报所得相关的合同执行完毕或终止执行的年月日。

5.“合同总金额和币种”：填写与本次申报所得相关的合同总金额，币种为合同注明的币种。

6.“扣缴义务发生时间”:在《中华人民共和国企业所得税法》规定的“支付”与“到期应支付”两种情形中择一勾选。勾选“支付”项的，填报款项实际或预计支付日期。

7.“人民币金额”（第1行）：填报申报收入直接以人民币计算的数额。

8.“外币名称”（第2行）、“金额”（第3行）、“汇率”（第4行）、“折算人民币金额”（第5行）：填报申报收入以外币计算的数额及折合成人民币数额的计算过程。申报收入采用多种外币计算的，附页分外币币种填报金额、汇率、折合成人民币金额，将外币收入折合成人民币金额汇总合计数额填入第5行，不填报第2行、第3行和第4行。

9.“收入合计”（第6行）：填报直接以人民币计算的收入（第1行）和以外币计算的收入（第5行）的合计数。

10.“扣除额”（第7行）：填报转让财产所得类型中允许扣除的金额及其他允许扣除项目的金额。扣除项目需要进行外币折算的，填报折算成人民币后的数额。

11.“应纳税所得额”（第 8 行）：填报人民币收入合计数减除扣除额后的数额。

12.“适用税率”（第 9 行）：填报《企业所得税法》实施条例第九十一条规定的10% 税率。

13.“应缴纳的企业所得税额”（第 10 行）：填报应纳税所得额（第 8 行）按照适用税率（第 9 行）计算的企业所得税数额。

14.“减免企业所得税额”（第 11 行）：填报享受各项税收协定待遇及国内减免税优惠的金额。

15.“享受协定待遇”（第 12 行）：填报纳税人享受税收协定待遇的减免税总额。税收协定含中华人民共和国政府签署的避免双重征税协定，内地与香港、澳门特别行政区签署的税收安排及含有税收待遇条款的其他协定（如海运协定、航空协定等）。因享受税收协定待遇而获取减免税优惠的，应同时报送非居民纳税人享受税收协定待遇的相关信息报告表。在本行项目列下画线上填报该项目对应的减免性质代码。减免性质代码按照国家税务总局制定或更新的“减免税政策代码目录”填列。

16.“享受国内税收优惠”（第 13 行）：填报符合国内税收规定的减免税优惠数额。在本行项目列下画线上填报该项目对应的减免性质代码。减免性质代码按照国家税务总局制定或更新的“减免税政策代码目录”填列。

17.“实际应缴纳的企业所得税额”（第 14 行）：填报按应缴纳的企业所得税额（第 10 行）减除减免企业所得税额（第 11 行）后的余额。

（四）主管税务机关指定扣缴情况填报

1.“指定扣缴文书编号”：填报扣缴义务人据以执行扣缴义务的主管税务机关税务文书编号。

2.“税款计算方法”：填报指定扣缴税务文书指定的税款计算方法。在“按核定利润率计算”和“其他”两项中勾选。已勾选“按核定利润率计算”的，填报指定扣缴税务文书指定的核定利润率水平。

3.“扣缴义务发生时间”：填报指定扣缴税务文书指定的扣缴义务发生时间。在“支付”和“其他”两项中勾选。已勾选“支付”的，填报支付日期及支付金额。

4.“本次扣缴税款金额（人民币）”：填报本次扣缴的税款数额。

（五）其他

1.“纳税人或扣缴义务人（签章）”：扣缴义务人为自然人的，由扣缴义务人本人签章，扣缴义务人为非自然人的，由非自然人扣缴义务人加盖公章。

2. 纳税人聘请中介机构代理申报的，加盖代理机构公章。

3. 本表一式二份，一份由企业留存，一份由主管税务机关备查。

第四节 阶段检测

一、单选题

1. 非居民企业在中国境内承包工程作业或提供劳务的，应当自项目合同或协议签订之日起（　　）内向项目所在地主管税务机关办理税务登记手续。

A. 25 日　　B. 30 日　　C. 35 日　　D. 40 日

参考答案：B

2. 外国企业常驻代表机构，应当自领取工商登记证件（或有关部门批准）之日起（　　）日内，持相关资料向其所在地税务机关申报办理税务登记。

A. 7　　B. 15　　C. 30　　D. 60

参考答案：C

3. 在中国境内设立机构、场所的非居民企业在年度中间终止经营活动的，应当自实际经营终止之日起（　　）内向税务机关办理当期企业所得税汇算清缴。

A. 45 日　　B. 50 日　　C. 55 日　　D. 60 日

参考答案：D

4. 非居民企业在中国境内承包工程作业和提供劳务，扣缴义务人未依法履行扣缴义务或无法履行扣缴义务的，由非居民企业在项目所在地申报缴纳。主管税务机关应自确定未履行扣缴义务之日起（　　）内通知非居民企业在项目所在地申报纳税。

A. 10 日　　B. 15 日　　C. 20 日　　D. 30 日

参考答案：B

5. 非居民企业在中国境内承包工程作业。如果境内机构不向非居民企业支付工程价款，应向其主管税务机关报告非居民企业在项目所在地的项目执行进度、支付人名称及其支付款项金额、支付日期等相关情况，报告时间是（　　）。

A. 项目完工开具完工证明前　　B. 项目完工开具验收证明前

C. 项目完工后 10 日内　　D. 项目完工后 15 日内

参考答案：B

6. 根据《中华人民共和国企业所得税法实施条例》，《企业所得税法》第三十八条规定的可以指定扣缴义务人的情形，不包括（　　）。

A. 预计工程作业或提供劳务期限不足一个纳税年度，且有证据表明不履行纳税义务的

B. 纳税人获取《企业所得税法》第三条第三款规定的所得，扣缴义务人未依法扣缴或无法履行扣缴义务的

C. 没有办理税务登记或临时税务登记，且未委托中国境内的代理人履行纳税义务的

D. 未按照规定期限办理企业所得税纳税申报或预缴申报的

参考答案：B

7. 2021 年 1 月境外某公司在中国境内设立一代表处，该代表处 2021 年因会计账簿不健全，不能正确核算收入总额和成本费用，但经费支出总额 36 万元核算是正确的。因此，税务机关对其采取了核定征收方式征收企业所得税，税务机关核定的利润率是 20%，则该代表处的应纳税所得额为（　　）万元。

A. 45　　B. 9　　C. 7.2　　D. 2.25

参考答案：B

8. 甲公司为中国居民企业，从西班牙 A 公司进口一批设备，价款折合人民币 5000 万元，购买合同约定，A 公司为甲公司提供设备安装与技术指导服务，甲公司仅承担 A 公司技术人员仅往返差旅费折合人民币 80 万元。2022 年 7 月 A 公司委派人员前往甲公司从事安装与指导。上述业务应确定

A 公司归属于中国境内的劳务收入不应低于（　　）。

A. 80 万元　　B. 64 万元　　C. 500 万元　　D. 300 万元

参考答案：C

9. 关于境内机构或个人向非居民企业发包工程作业或劳务项目的税务管理，以下表述错误的是（　　）。

A. 境内机构和个人向非居民发包工程作业或劳务项目，仅应当自项目合同签订之日起 30 日内向主管税务机关报送《境内机构和个人发包工程作业或劳务项目报告表》

B. 境内机构和个人发包工程作业或劳务项目变更的，应于项目合同变更之日起 10 日内向主管税务机关报送《非居民项目合同变更情况报告表》

C. 境内机构和个人向非居民发包工程作业或劳务项目，从境外获取的与项目款项支付有关的发票和其他付款凭证，应在自获取之日起 30 日内向所在地主管税务机关报送《非居民项目合同款项支付情况报告表》及付款凭证复印件

D. 境内机构和个人向非居民发包工程作业或劳务项目，与非居民的主管税务机关不一致的，应当自非居民申报期限届满之日起 15 日内向境内机构和个人的主管税务机关报送非居民申报纳税证明资料复印件

参考答案：A

10. 新加坡 A 公司 2023 年 5 月向中国境内甲公司销售一批医疗设备，合同约定 A 公司聘请中国境内乙公司为甲公司提供安装服务，乙公司主营业务是承接境内外各种设备安装，合同总金额 2000 万元。则 A 公司在中国至少应缴纳的企业所得税是（　　）。（不考虑协定）

A. 0 元　　B. 7.5 万元　　C. 25 万元　　D. 50 万元

参考答案：B

11. 新加坡 A 公司主营业务为国际运输，为满足客户需要附带经营租赁业务。2022 年全年收入情况如下：运输业务获取收入 10000 万元，其中从中国境内获取收入 3000 万元；并应客户要求以光租形式出租船舶获取租赁收入 600 万元，其中从中国境内获取收入 200 万元；出租集装箱获取收入 300 万元，其中从中国境内获取收入 100 万元。A 公司符合享受税收协定待

遇的条件，2022 年度在中国可免于征税的国际运输收入合计（　　）。

A. 0 元　　B. 3000 万元　　C. 3200 万元　　D. 3300 万元

参考答案：D

12. 新加坡 A 企业 2022 年 10 月 10 日派员工到中国境内代表其开展经营活动，并以其名义对外签订合同，该员工于 2023 年 3 月 10 日回国，下列判定正确的是（　　）。

A. 该员工不构成 A 企业的非独立代理人，也不构成 A 企业的常设机构

B. 该员工构成 A 企业的非独立代理人，不构成 A 企业的常设机构

C. 该员工不构成 A 企业的非独立代理人，可能构成 A 企业的常设机构

D. 该员工构成 A 企业的非独立代理人，也构成 A 企业的常设机构

参考答案：C

13. 新加坡 H 公司 2021 年 2 月投标中国境内工程项目成功，当月签订合同，次月将项目全部分包给新加坡税收居民 M 公司，M 公司于 2021 年 4 月入境开始进行施工规划，2021 年 6 月开展工程活动。2023 年 2 月工程完工，2023 年 3 月试运行作业结束交付使用，2023 年 4 月 M 公司人员离境。H 公司工程活动的起止时间是（　　）。

A. 2021 年 2 月至 2023 年 2 月

B. 2021 年 3 月至 2023 年 3 月

C. 2021 年 4 月至 2023 年 3 月

D. 2021 年 6 月至 2023 年 4 月

参考答案：C

14. 非居民企业 A 公司在中国境内设立代表处，无法按规定据实申报企业所得税，税务机关采取按经费支出核定应纳税所得额的方式，核定利润率是 20%。2023 年 2 季度支出如下：在境内、外分别支付工作人员工资 120 万元、60 万元；2 月份购买的小轿车本季摊销 1 万元；利息支出 20 万元（已冲减利息收入 2 万元），A 公司为中国某项目投标由代表处支付购买标书费用 5 万元。该代表处 2023 年 2 季度应纳企业所得税是（　　）。

A. 8.94 万元　　B. 12.5 万元

C. 12.81 万元　　D. 12.94 万元

参考答案：D

15. 汇总纳税的非居民企业各机构、场所在首次办理汇总缴纳企业所得税申报时，不属于应向所在地主管税务机关报送的信息资料是（　　）。

A. 主要机构、场所名称及纳税人识别号

B. 全部被汇总机构、场所名称及纳税人识别号

C. 非居民企业主要股东的名称及纳税人识别号

D. 符合汇总缴纳企业所得税条件的财务会计核算制度安排

参考答案：C

16. 按《非居民企业所得税核定征收管理办法》，从事承包工程作业、设计和咨询劳务的非居民企业的利润率确定范围为（　　），税务机关有根据认为非居民企业的实际利润率明显高于上述标准的，可以按照比上述标准更高的利润率核定其应纳税所得额。

A. 5% ～ 10%　　B. 10% ～ 30%　C. 15% ～ 30%　D. 30% ～ 50%

参考答案：C

17. 依据企业所得税管理规定，关于外国企业常驻代表机构经费支出范围及税务处理，以下表述错误的是（　　）。

A. 经费支出包括在中国境内、外支付给工作人员的工资薪金、奖金、津贴、福利费、物品采购费（包括汽车、办公设备等固定资产）

B. 经费支出包括在中国境内、外支付给工作人员的通信费、差旅费、房租、设备租赁费、交通费、交际费等相关费用

C. 利息收入可以冲抵经费支出额；发生的交际应酬费，以实际发生数额计入经费支出额

D. 以货币形式用于中国境内的公益、救济性质的捐赠、滞纳金、罚款，以及为其总机构垫付的不属于其自身业务活动所发生的费用，不应作为代表机构的经费支出额

参考答案：C

18. 下列不能视为机构场所的是（　　）。

A. 非居民企业委托营业代理人在中国境内从事生产经营活动

B. 委托个人经常代非居民企业交付货物

C. 非居民企业委派人员在中国境内对位于中国境内的不动产进行日常管理

D. 非居民企业派遣人员在中国境内提供劳务，但对派遣人员工作不承担责任和风险

参考答案：D

19. 依据非居民企业汇总纳税后续管理规定，表述错误的是（　　）。

A. 汇总纳税的各机构、场所主管税务机关对管理的机构、场所负有日常管理和监督检查责任，各主管税务机关之间应及时沟通信息，协调管理

B. 汇总纳税的各机构、场所主管税务机关可以对汇总纳税的各机构、场所同一税务处理事项作出不一致的处理决定

C. 主要机构、场所主管税务机关发现主要机构、场所不具备汇总纳税规定条件的。在征得各被汇总机构、场所主管税务机关同意后，责令其限期改正，逾期不改正的，取消该非居民企业所有机构、场所相关年度企业所得税汇总缴纳方式，并通知各被汇总机构、场所主管税务机关

D. 汇总纳税的各机构、场所全部处于同一省、自治区、直辖市或计划单列市税务机关管辖区域内的，该省税务机关在不改变法律法规规定汇总纳税适用条件的前提下，可以按照不增加纳税义务，不减少办税便利的原则规定管理办法

参考答案：B

20. 境内机构或个人发包工程作业或劳务项目，未按《非居民承包工程作业和提供劳务税收管理暂行办法》（国家税务总局令第 19 号）相关规定向主管税务机关办理登记或报告有关事项的，由税务机关责令限期改正，可处以（　　）元以下的罚款；情节严重的，处以（　　）元以上（　　）元以下的罚款。

A. 2000；2000，5000　　B. 2000；2000，10000

C. 10000；10000，20000　　D. 10000；10000，50000

参考答案：B

21. 下列机构场所，构成“常设机构”的是（　　）。

A. 境外企业派其雇员到中国境内提供劳务，在 12 个月内停留累计不超

过6个月

B. 既用于储存货物同时也兼营商品销售的设施

C. 持续建设3个月的建筑工地

D. 专为本企业进行其他准备性或辅助性活动的目的所设的临时性营业场所

参考答案：B

22. 下列构成常设机构的情形是（　　）。

A. 专为本企业采购货物或商品所设定的固定营业场所

B. 专为企业管理所设置的办事处

C. 专为本企业进行其他准备性或辅助性活动的目的所设的固定营业场所

D. 专为另一企业加工的目的而保存本企业货物或商品的库存

参考答案：B

23. 符合中国和新加坡税收协定关于“常设机构”条款的表述有（　　）。

A. 常设机构是非居民企业具有所有权的营业场所

B. 营业活动暂时的间断不影响常设机构时间上的持久性

C. 常设机构的“营业”活动不包括非营利机构的业务活动

D. 独立监理企业承包的监督管理活动，其时间的计算与整个工程的持续时间一致

参考答案：B

二、多选题

1. 非居民企业在中国境内承包工程或提供劳务，税务机关可以指定工程价款或劳务费的支付人为扣缴义务人的情形，包括（　　）。

A. 预计工程作业或提供劳务期限不足一个纳税年度，且有证据表明不履行纳税义务的

B. 预计工程作业或提供劳务期限超过一个纳税年度，且有证据表明不履行纳税义务的

C. 没有办理税务登记或临时税务登记，且未委托中国境内的代理人履

行纳税义务的

D. 未按照规定期限办理企业所得税纳税申报或预缴申报的

参考答案：ACD

2. 非居民企业参与的下列项目，主管税务机关应实施重点税源监控管理的有（　　）。

A 国家级城市基础设施建设重点项目涉及的承包工程作业

B. 省级能源建设重点项目涉及的承包工程作业

C. 地市级企业技术设备引进重点项目涉及的提供劳务

D. 合同金额超过 2000 万元人民币的

E. 投资总额超过 5000 万元人民币的

参考答案：ABC

3. 按照中国税收协定现行执行口径，下列收入中属于国际运输收入的有（　　）。

A. 以程租形式出租船舶获取的租赁收入

B. 以湿租形式出租飞机获取的租赁收入

C. 附属于国际运输业务的集装箱出租收入

D. 非专门从事国际运输业务的企业以其拥有的船舶经营国际运输业务获取的收入

E. 独立于国际运输业务的船舶光租租赁收入

参考答案：ABCD

4. 对于所得税汇总纳税的非居民企业，在下列表述中正确的有（　　）。

A. 统一计算　　B. 分级管理　　C. 就地预缴　　D. 汇总清算

参考答案：ABCD

5. 主管税务机关对非居民企业 A 公司在中国境内的常驻代表机构按经费支出换算收入核定其应纳税所得额。对下列关于该代表机构经费支出的表述中，错误的是（　　）。

A. 购置固定资产所发生的支出应按年度分摊计入经费支出额

B. 发生的交际应酬费按实际发生数额的 60% 计入经费支出额

C. 以货币形式用于中国境内的公益性捐赠不应作为经费支出额

D. 总机构人员来华访问聘用翻译的费用不计入经费支出额

参考答案：ABD

6. 以下属于外国常驻代表机构经费支出的有（ ）。

A. 工作人员的工资薪金　　B. 房屋租赁费

C. 购置固定资产所发生的支出　　D. 交际应酬费

E. 滞纳金、罚款

参考答案：ABCD

7. 关于外国企业常驻代表机构按经费支出换算收入说法中错误的是（ ）。

A. 购置固定资产所发生的支出，以及代表机构设立时或搬迁等原因所发生的装修费支出，应在发生时一次性作为经费支出额换算收入计税

B. 利息收入不得冲抵经费支出额

C. 发生的交际应酬费，以实际发生数额计入经费支出额

D. 以货币形式用于中国境内的公益、救济性质的捐赠、滞纳金、罚款，应作为代表机构的经费支出额

E. 为其总机构垫付的不属于其自身业务活动所发生的费用，应作为代表机构的经费支出额

参考答案：DE

8. 关于非居民提供劳务，下列说法正确的有（ ）。

A. 非居民企业为中国境内客户提供劳务获取的收入，凡其提供的服务全部发生在中国境内的，应全额在中国境内申报缴纳企业所得税

B. 凡其提供的服务同时发生在中国境内外的，应以机构所在地为原则划分其境内外收入，并就其在中国境内获取的劳务收入申报缴纳企业所得税

C. 税务机关对其境内外收入划分的合理性和真实性有疑义的，可以要求非居民企业提供真实有效的证明，并根据工作量、工作时间、成本费用等因素合理划分其境内外收入

D. 如非居民企业不能提供真实有效的证明，税务机关可视同其提供的服务全部发生在中国境内，确定其劳务收入并予以征收企业所得税

参考答案：ACD

9. 根据《非居民承包工程作业和提供劳务税收管理暂行办法》的规定，境内机构和个人从境外获取的付款凭证，主管税务机关对其真实性有疑义的，可要求其提供（　　）的确认证明，经税务机关审核认可后，方可作为记账凭证。

A. 境外公证机构　　B. 注册会计师

C. 境外企业财务负责人　　D. 境外企业法人

参考答案：AB

10. 不需要参与当年度的非居民企业所得税汇算清缴的是（　　）。

A. 当年度亏损的非居民企业

B. 临时来华承包工程和提供劳务不足 1 年，在年度中间终止经营活动，且已经结清税款的

C. 汇算清缴期内已办理注销的

D. 其他经主管税务机关批准可不参加当年度所得税汇算清缴的

参考答案：BCD

11. 非居民企业在中国境内设立两个或两个以上机构、场所，选择汇总缴纳企业所得税的，应在汇总纳税的年度中持续符合下列哪些条件（　　）。

A. 汇总纳税的各机构、场所已在所在地主管税务机关办理税务登记并获取纳税人识别号

B. 主要机构、场所对其他各机构、场所的生产经营活动负有监督管理责任，且设有完整的账簿、凭证，能够准确反映各机构、场所的收入、成本、费用和盈亏情况

C. 汇总纳税的各机构、场所可以采用核定方式计算缴纳企业所得税

D. 汇总纳税的各机构、场所应在每次预缴申报及汇算清缴申报时报送符合汇总缴纳企业所得税条件的财务会计核算制度安排

E. 汇总纳税的各机构、场所能够准确计算本机构、场所的税款分摊额，并按要求向所在地主管税务机关办理纳税申报

参考答案：ABE

12. 依据《企业所得税法》的相关规定，对于不能准确计算应纳税所得额的外国企业常驻代表机构，不属于其主管税务机关有权采取的核定方式

的有（ ）。

A. 按经费支出换算收入核定　　B. 按成本费用核定

C. 按收入总额核定　　D. 按会计利润核定

E. 按税务机关认同的其他方法

参考答案：BDE

13. 非居民企业派遣人员在中国境内提供劳务，应综合下列（ ）因素判定视其派遣企业在中国境内设立机构、场所提供劳务。

A. 接收企业向派遣企业支付管理费、服务费性质的款项

B. 接收企业向派遣企业支付的款项金额超出派遣企业代垫、代付被派遣人员的工资、薪金、社会保险费及其他费用

C. 派遣企业为行使股东权利、保障其合法股东权益而派遣人员对接收企业提供投资建议、代表派遣企业参加接收企业股东大会或董事会议等活动

D. 派遣企业负担的被派遣人员的工资、薪金未全额在中国缴纳个人所得税

参考答案：ABD

14. 非居民企业 W 公司分别在中国境内甲市、乙市设立经营性分支机构 W1、W2。对两个分支机构 2019 年度的企业所得税，W 公司拟选择 W1 作为主要机构汇总计算缴纳，则下列说法正确的有（ ）。

A. W1、W2 汇总缴纳企业所得税属于行政审批事项

B. W1 应对 W2 的生产经营活动负有监督管理责任

C. W2 不需在所在地乙市就地分摊缴纳企业所得税

D. W1 和 W2 不得采用核定方式计算缴纳企业所得税

E. W2 无须向所在地乙市主管税务机关办理纳税申报

参考答案：BD

15. 非居民企业为中国境内客户提供劳务获取的收入，税务机关对其境内外收入划分的合理性和真实性有疑义的，可以要求非居民企业提供真实有效的证明，并根据（ ）等因素合理划分其境内外收入。

A. 获取收入　　B. 工作量

C. 工作时间　　　　　　　　　　D. 成本费用

E. 信息准确性

参考答案：BCD

16. 关于外国企业常驻代表机构的所得税处理，不正确的是（　　）。

A. 代表机构的核定利润率不应低于 10%

B. 代表机构应当在季度终了之日起 30 日内向主管税务机关据实申报缴纳企业所得税

C. 对于无法据实申报的代表机构，税务机关只能按收入总额核定其应纳税所得额

D. 代表机构在设立时的装修费支出，应在发生时一次性作为经费支出额换算收入计税

E. 代表机构发生的交际应酬费，以实际发生数额计入经费支出额

参考答案：ABC

17. 非居民企业 M 公司向中国居民企业甲公司的某项大型设备安装提供监理服务，合同约定服务时间为 2019 年 2 月 1 日至 2020 年 2 月 28 日。M 公司已于 2020 年 3 月 7 日终止经营活动，已经结清税款并注销。按照 M 公司居民国与中国签订的避免双重征税协定，建筑工地，建筑、装配或安装工程，或相关的监督管理活动，仅以连续 12 个月以上的，构成常设机构，则下列说法正确的有（　　）。

A. M 公司在中国构成常设机构

B. 甲公司应办理企业所得税扣缴税款登记手续

C. M 公司应向税务机关办理税务登记手续

D. M 公司可不参加 2019 年度的汇算清缴

E. M 公司应按月预缴 2019 年度企业所得税

参考答案：ACD

18. 非居民企业甲公司在境内设立多个机构、场所，下列税务处理正确的有（　　）。

A. 主要机构、场所上年度被认定为小型微利企业，则汇总纳税的各机构场所不就地分摊缴纳企业所得税

B. 主要机构、场所采用核定方式计算缴纳企业所得税，则汇总纳税的各机构场所不就地分摊缴纳企业所得税

C. 汇总纳税的各机构、场所应已在所在地主管税务机关办理税务登记，并获取纳税人识别号

D. 主要机构、场所主管税务机关发现其不具备规定条件，应责令其限期改正，逾期不改正的，可以取消其汇总缴纳企业所得税的资格

E. 主要机构、场所主管税务机关应在每季度终了和年度汇算清缴期满后 30 日内，将主要机构、场所申报信息传递给各被汇总机构、场所主管税务机关

参考答案：CE

19. 下列与国际运输业务紧密相关的收入应该作为国际运输收入的一部分的有（　　）。

A. 为其他国际运输企业代售客票获取的收入

B. 从市区至机场运送旅客获取的收入

C. 通过货车从事货仓至机场、码头的运输

D. 企业仅为其承运旅客提供中转住宿而设置的旅馆获取的收入

E. 以光租形式出租船舶获取的租赁收入

参考答案：ABCD

20. 美国某航空公司经营中美国际客运业务，其中一个航线是公司飞机从美国纽约飞芝加哥再飞抵上海，然后作为同一航程的一部分，继续飞行至北京，以下各段航程属于“国际运输”范围的有（　　）。

A. 美国纽约飞芝加哥航程　　B. 美国芝加哥飞上海航程

C. 中国上海飞北京航程　　D. 美国纽约至北京全部航程

参考答案：BC

21. 根据《国家税务总局关于印发〈非居民企业所得税汇算清缴管理办法〉的通知》（国税发〔2009〕6 号）规定，下列各项需要年度汇算清缴的非居民企业是（　　）。

A. 依照外国（地区）法律成立且实际管理机构不在中国境内，但在中国境内设立机构、场所，且有盈利的企业

B. 依照外国（地区）法律成立且实际管理机构不在中国境内，但在中国境内设立机构、场所，但是该年度亏损的企业

C. 依照外国（地区）法律成立且在中国境内未设立机构、场所，但有来源于中国境内的所得的企业

D. 依照中国法律成立，但实际管理机构不在中国境内的企业

E. 依照外国（地区）法律成立，但实际管理机构在中国境内的企业

参考答案：AB

22. 下列可能构成常设机构的有（　　）。

A. 管理场所　　B 分支机构

C. 作业场所　　D. 独立代理人

参考答案：ABC

23. 下列各项中，可能成为常设机构的有（　　）。

A. 市场中的一个摊位　　B. 宾馆中的一个房间

C. 生产车间的一台设备　　D. 互联网平台在某地的用户群体

参考答案：ABC

24. 新加坡 L 食品公司 2022 年 2 月在中国境内甲市开立 A 分店，2022 年 10 月在中国境内乙市开立 B 分店。B 分店经营 3 个月后，因经营不善关闭。2023 年 1 月 A 分店临时在丙市经营 C 店铺销售 L 公司食品。2023 年 5 月，L 公司在甲市设立 D 办事处专门为其提供市场调研服务。下列关于常设机构的判定正确的有（　　）。

A. A 分店构成常设机构　　B. B 分店构成常设机构

C. C 店铺构成常设机构　　D. D 办事处构成常设机构

参考答案：AB

25. 非居民企业 A 公司（属于税收协定缔约对方企业）派遣人员向中国境内居民企业 B 公司提供劳务。在下列因素中，有利于判断 A 公司在中国构成常设机构的有（　　）。

A. B 公司向 A 公司支付管理费、服务费性质的款项

B. B 公司向 A 公司支付的款项金额超出 A 公司代垫、代付被派遣人员的工资、薪金、社会保险费及其他费用

C. A 公司并未将 B 公司支付的相关费用全部发放给被派遣人员，而是保留了一定数额的款项

D. A 公司负担的被派遣人员的工资、薪金全额在中国缴纳个人所得税

E. A 公司确定被派遣人员的数量、任职资格、薪酬标准及其在中国境内的工作地点

参考答案：ABCE

26. 非居民企业在缔约国另一方从事“准备性辅助性”活动的固定场所不应被认定为常设机构。此类场所通常具备的特点包括（　　）。

A. 该场所不独立从事经营活动，其活动也不构成企业整体活动基本的或重要的组成部分

B. 该场所进行仓储、展览、采购及信息收集等活动时，仅为本企业服务，不为其他企业服务

C. 该场所专为企业总部进行采购活动。且企业的主营业务就是为客户提供采购服务并收取服务费

D. 该场所的职责限于事务性服务，且不起直接营利作用

E. 该场所专门维修、保养企业销售给缔约国另一方企业的机器设备

参考答案：ABD

27. 下列属于法规规定的独立代理人应当符合的条件有（　　）。

A. 代理人在被代理企业的具体指导和全面控制下为企业进行商务活动

B. 商务活动的风险由代理人承担

C. 在代表企业进行活动时，一般按照常规进行自身业务活动，不从事其他经济上归属于被代理企业的活动

D. 在相当长一段经营期或时间内，代理人不仅仅只为一家企业进行活动

E. 代理人需要企业帮助一起从事商务活动的专门知识或技术

参考答案：BCD

三、综 合 题

1. 新加坡 L 公司主要从事生物制药，2023 年在中国境内发生下列业务：

（一）2023 年 1 月在境内设立 A 机构和 B 机构。A 机构负责 L 公司产品在中国境内的销售业务，同时为 L 公司采购甲原材料，2023 年销售产品获取收入 5000 万元，成本 4200 万元，费用 400 万元；为 L 公司采购甲原材料获取收入 4000 万元，成本 3500 万元，费用 200 万元。B 机构专门为 L 公司采购乙原材料，2023 年为 L 公司采购甲原材料获取收入 5200 万元，成本 4600 万元，费用 420 万元。

（二）2021 年 5 月与中国 C 公司签订合同为其提供技术培训服务；2021 年 5 月 1 日 L 公司派员工甲到中国工作 7 月 31 日回国，7 月 1 日派员工乙到中国工作 9 月 30 日回国，10 月 1 日派员工丙到中国工作 11 月 30 日回国；2023 年 2 月 1 日，L 公司派员工丁到中国工作，2 月 28 日回国。

（1）下列关于业务（一）的表述正确的有（　　）。

A. A 机构在中国境内构成常设机构

B. B 机构在中国境内构成常设机构

C. A 机构和 B 机构在中国境内均构成机构、场所

D. A 机构 2023 年度应纳税所得额是 700 万元

E. B 机构 2023 年度应纳税所得额是 180 万元

参考答案：AC

答案解析：

A 机构 2023 年度，应纳税所得额 =5000−4200−400=400（万元）

常设机构为本企业采购货物和商品，不视为常设机构在采购活动中获取利润，不应按利润归属的方法计算或核定常设机构在采购活动中获得利润，与此相对应在计算常设机构的应纳税所得时，也不应列支其上述采购活动发生的费用。

（2）下列关于业务（二）的判定正确的有（　　）。

A. L 公司员工 2021 年在中国工作时间是 7 个月

B. L 公司员工 12 个月内在中国工作时间已超过 183 天

C. L 公司 2022 年虽未派员工，但不影响常设机构判定

D. L 公司员工 2023 年在中国工作时间不超过 183 天，不构成常设机构

参考答案：ABC

2. 甲国A公司是化妆品生产公司，在中国境内设有B、C、D、E四个分公司，其中B、C、D分公司主要负责A公司化妆品的销售，E分公司负责经营管理A公司在中国境内的房产，从B、C、D分公司收取房租。A公司在境内的分支机构按季申报企业所得税，由B分公司汇总缴纳。

2021年度各分公司财务数据如下： （单位：万元）

	营业收入	职工薪酬	资产总额
B分公司	2600	300	4800
C分公司	1800	200	3000
D分公司	2200	280	3500
E分公司	1600	80	2000

2022年各分公司经营情况如下：

B分公司获取化妆品销售收入3200万元，销售成本2200万元，管理费用250万元（其中业务招待费30万元），销售费用620万元（其中广告费600万元）；

C分公司获取化妆品销售收入2500万元，销售成本1500万元，管理费用150万元（其中业务招待费20万元），销售费用500万元（其中业务宣传费480万元）；

D分公司获取化妆品销售收入2800万元，销售成本2000万元，管理费用280万元（其中业务招待费60万元），销售费用560万元（其中广告费550万元）；

E.分公司获取房租收入500万元，管理费用150万元，营业外支出100万元（通过红十字会向学校捐款）；

（1）B分公司2022年度汇总缴纳企业所得税的利润总额是（ ）。

A. 190万元 B. 440万元 C. 690万元 D. 790万元

参考答案：C

答案解析：

B分公司2022年度汇总纳税时利润总额=3200−2200−250−620+2500−1500−150−500+2800−2000−280−560+500−150−100=690（万元）

（2）B分公司2022年度汇总缴纳企业所得税时纳税调整额是（ ）。

A. 82.2 万元　　B. 84.7 万元　　C. 362.2 万元　　D. 522.5 万元

参考答案：A

答案解析：B 分公司 2022 年度汇总纳税时纳税调整额计算：

收入总额 =3200+2500+2800+500=9000（万元）

业务招待费扣除限额 =9000×0.005=45（万元）

已扣除业务招待费 =30+20+60=110（万元）

60% 的比例 =110×60%=66（万元）

业务招待费调增 =110−45=65（万元）

广告宣传费扣除限额 =9000×30%=2700（万元）

已扣除广告宣传费 =600+480+550=1630（万元）

捐赠扣除限额 =690×12%=82.8（万元）

调增所得额 =100−82.8=17.2（万元）

纳税调整额 =65+17.2=82.2（万元）

（3）B 分公司 2022 年度汇总纳税时应纳所得税额是（　　）。

A. 178.13 万元　　B. 193.05 万元　　C. 193.68 万元　　D. 263.13 万元

参考答案：B

答案解析：

B 分公司 2022 年度汇总纳税时应纳税所得额 =690+82.2 =772.2（万元）

应纳所得税额 =772.2×25%=193.05（万元）

（4）B 分公司 2022 年度应分摊缴纳的企业所得税是（　　）。

A. 96.53 万元　　B. 97.43 万元

C. 131.57 万元　　D. 132.8 万元

参考答案：A

答案解析：

B 分公司 2022 年度分摊缴纳的企业所得税 =193.05×50% =96.53（万元）

（5）C 分公司 2022 年度企业所得税分配比例是（　　）。

A. 22.59%　　B. 34.33%　　C. 44.18%　　D. 44.23%

参考答案：C

答案解析：C 分公司 2022 年度分配比例：

营业收入总额 =1800+2200=4000（万元）

职工薪酬总额 =200+280=480（万元）

资产总额 =3000+3500=6500（万元）

分配比例 =1800 ÷ 4000 × 0.35 × 100%+200 ÷ 480 × 0.35 × 100%+3000 ÷ 6500 × 0.3 × 100%=44.18%。

（6）D 分公司 2022 年度应缴纳的企业所得税是（　　）。

A. 42.08 万元　B. 49.65 万元　C. 53.88 万元　D. 55.37 万元

参考答案：C

答案解析：

D 分公司 2022 年度分配比例 =100%−44.18%=55.82%

应缴纳的企业所得税 =193.05 × 50% × 55.82%=53.88（万元）

3. 某非居民企业代表机构在 2021 年所得税申报时，无法提供准确的收入总额和成本费用核算等资料。但该公司发生支付各项费用，其中支付员工工资及福利费用 55 万元，物品采购费用 80 万元，汽车费用 8 万元，中国境内的公益、救济性质的捐赠 20 万元，办公室租金 12 万元，装修费用 25 万元，通信费用 5 万元，为总机构垫付的广告拍摄费 30 万元，业务出差费月 15 万元，其他费用 20 万元。税务机关采用核定征收方式确定该代表机构的应纳税所得额，确认按 40% 的利润率申报缴纳 2021 年的企业所得税。请计算该代表机构 2021 年应缴纳的企业所得税？

答案解析：

代表机构各项费用总额 =55+80+8+12+25+5+15+20=220（万元）

应纳所得税额 =220 ÷（1−40%）× 40% × 25%=36.67（万元）

第三章　未通过机构场所获取所得

非居民企业在中国境内未设立机构、场所的，或虽设立机构、场所但获取的所得与其所设机构、场所没有实际联系的，应当就其来源于中国境内的股息红利等权益性投资收益、利息、租金、特许权使用费所得、转让财产所得等缴纳企业所得税，适用企业所得税税率为 20% 减按 10% 征收，或税收协定确定的比例。《企业所得税法》对获取这类所得的非居民企业采用源泉扣缴的征管方式，由支付人作为扣缴义务人在每次支付或到期应支付时代扣代缴企业所得税。这与通过设立机构、场所获取所得的非居民企业，在税基、税率、征收管理等方面是完全不同的。

第一节　源泉扣缴与自行申报

一、境内企业源泉扣缴

（一）扣缴义务人

源泉扣缴以支付人为扣缴义务人，以扣缴义务人所在地为纳税地点，在每次支付或到期应支付时，按照《企业所得税法》及相关政策的规定，代扣非居民企业应当缴纳的企业所得税，并向税务机关代缴。具有提高征管效率、有效保护税源的优点。

支付人是指依照有关法律规定或合同约定对非居民企业直接负有支付

相关款项义务的单位或个人。支付人自行委托代理人或指定其他第三方代为支付相关款项，或因担保合同或法律规定等原因由第三方保证人或担保人支付相关款项的，仍由委托人、指定人或被保证人、被担保人承担扣缴义务。

【例 3-1】新加坡居民企业 A 公司将 100 万美元借给境内居民企业甲公司使用，约定甲公司每年向 A 公司支付 7 万美元的利息。第一种情况，甲公司自行委托乙公司支付利息，但在借款合同中无此约定，则甲公司仍应履行扣缴义务。第二种情况，A 公司与甲、乙公司签订借款合同，明确约定由乙公司负责支付利息，则乙公司为支付人履行扣缴义务。第三种情况，借款合同中约定，甲公司不能按期支付借款利息时，由丙公司作为担保人支付利息给 A 公司，当借款到期甲公司未能按期支付利息，丙公司实际支付了利息，甲公司仍应履行扣缴义务。

（二）申报和解缴

1. 源泉扣缴以扣缴义务人所在地为纳税地点，向扣缴义务人主管税务机关申报缴纳已扣缴税款。源泉扣缴中所得发生地主管税务机关与进行申报纳税的税务机关可能不一致。

【例 3-2】非居民企业 A 公司将持有的上海甲公司的股权转让给北京乙公司，北京乙公司在支付对价时代扣代缴企业所得税。权益性投资资产转让所得发生地主管税务机关在上海，但是进行申报纳税的税务机关在北京。

2. 源泉扣缴的扣缴义务发生之日为相关款项实际支付或到期应支付之日。

（1）到期应支付的款项，是指支付人按照权责发生制原则应当计入相关成本、费用的应付款项。境内企业和非居民企业签订与利息、租金、特许权使用费等所得有关的合同或协议，如果未按照合同或协议约定的日期支付上述所得款项，或变更或修改合同或协议延期支付，但已计入企业当期成本、费用，并在企业所得税年度纳税申报中作税前扣除的，应在企业所得税年度纳税申报时按照《企业所得税法》有关规定代扣代缴企业所得税。如果境内企业上述到期未支付的所得款项，不是一次性计入当期成本、费用，而是计入相应资产原价或企业筹办费，在该类资产投入使用或开始生产经营后分期摊入成本、费用，分年度在企业所得税前扣除的，应在企业计入相关资产的年度纳税申报时就上述所得全额代扣代缴企业所得税。

（2）非居民企业采取分期收款方式获取应源泉扣缴所得税的同一项转让财产所得的，其分期收取的款项可先视为收回以前投资财产的成本，待成本全部收回后，再计算并扣缴应扣税款。

3. 应当注意《企业所得税法》及实施条例中，收入确认时间和扣缴义务发生之日是两个不同的概念，见表 3-1。

表 3–1　收入确认时间与扣缴义务发生时间

所得类型	企业收入确认时间	扣缴义务人扣缴义务发生时间
股息、红利	除另有规定外，按照被投资方作出利润分配决定的日期确认收入的时间	扣缴义务发生之日为股息、红利等权益性投资收益实际支付之日
利息、租金、特许权使用费	合同约定的应支付时间	实际支付或到期应支付
股权转让收入	转让协议生效且完成股权变更手续时	实际支付或分期收款待相关成本全部收回后

4. 扣缴义务人应当自扣缴义务发生之日起 7 日内向扣缴义务人所在地主管税务机关申报和解缴代扣税款。

5. 扣缴义务人在申报和解缴应扣税款时，应填报中华人民共和国扣缴企业所得税报告表及相关资料，扣缴义务人也可以在申报和解缴应扣税款前报送有关申报资料。资料已经报送的，在申报时不再重复报送。扣缴义务人应当设立代扣代缴税款账簿和合同资料档案，准确记录非居民企业所得税扣缴情况。

6. 扣缴义务人与非居民企业签订的业务合同中，凡约定由扣缴义务人实际承担非居民企业应纳税款的，应将非居民企业获取的不含税所得换算为含税所得（不含增值税）计算并解缴应扣税款。

7. 支付或到期应支付的款项以人民币以外的货币支付或计价的，扣缴义务人扣缴企业所得税时，应当按照扣缴义务发生之日人民币汇率中间价折合成人民币，计算非居民企业应纳税所得额。扣缴义务发生之日为相关款项实际支付或到期应支付之日。

（三）法律责任

1. 扣缴义务人未按照规定办理扣缴税款登记的，税务机关应当自发现之日起 3 日内责令其限期改正，并可处以 1000 元以下的罚款。

2. 按照源泉扣缴应当扣缴的税款，扣缴义务人应扣未扣的，由扣缴义务人所在地主管税务机关责令扣缴义务人补扣税款，并依法追究扣缴义务人责任，具体参见《中华人民共和国行政处罚法》第二十三条。

《税收征管法》第六十九条规定，扣缴义务人应扣未扣、应收而不收税款的，由税务机关向纳税人追缴税款，对扣缴义务人处应扣未扣、应收未收税款百分之五十以上三倍以下的罚款。

3. 应当源泉扣缴税款的款项已经由扣缴义务人实际支付，但未在规定的期限内解缴应扣税款，并具有以下情形之一的，应作为税款已扣但未解缴情形，按照有关法律、行政法规规定处理：

（1）扣缴义务人已明确告知收款人已代扣税款的。

（2）已在财务会计处理中单独列示应扣税款的。

（3）已在其纳税申报中单独扣除或开始单独摊销扣除应扣税款的。

（4）其他证据证明已代扣税款的。

除上款规定情形外，应该源泉扣缴的税款未在规定的期限内解缴入库的，均作为应扣未扣税款情形。

《税收征管法》第六十八条规定："纳税人、扣缴义务人在规定期限内不缴或者少缴应纳或应解缴的税款，经税务机关责令限期缴纳，逾期仍未缴纳的，税务机关除依照本法第四十条的规定采取强制执行措施追缴其不缴或少缴的税款外，可以处不缴或少缴的税款百分之五十以上五倍以下的罚款。"

4. 扣缴义务人应扣未扣和已扣未缴是两种完全不同的情形，所要承担的法律责任也是不同的。对于已扣未缴的情形，税务机关先责令限期缴纳，再根据具体情况可以处罚也可以不处罚，即便处罚罚款额度为不缴或少缴的税款百分之五十以上五倍以下。对于应扣未扣的，税务机关在向纳税人追缴税款的同时，应对扣缴义务人处以应扣未扣税款百分之五十以上三倍以下的罚款。即扣缴义务人已扣未缴，但按照税务机关的要求解缴税款的，可以免除罚款；而扣缴义务人应扣未扣的，则不能免除罚款。

二、非居民企业自行申报

《企业所得税法》第三十九条规定："依照本法第三十七条、第三十八条规定应当扣缴的所得税，扣缴义务人未依法扣缴或者无法履行扣缴义务的，由纳税人在所得发生地缴纳。纳税人未依法缴纳的，税务机关可以从该纳税人在中国境内其他收入项目的支付人应付的款项中，追缴该纳税人的应纳税款。"

扣缴义务人未依法扣缴或无法履行扣缴义务的，获取所得的非居民企业应当向所得发生地主管税务机关申报缴纳未扣缴税款，并填报中华人民共和国扣缴企业所得税报告表。

1. 所得发生地主管税务机关按以下原则确定。

（1）不动产转让所得，为不动产所在地税务机关。

（2）权益性投资资产转让所得，为被投资企业的主管税务机关。

（3）股息、红利等权益性投资所得，为分配所得企业的主管税务机关。

（4）利息所得、租金所得、特许权使用费所得，为负担、支付所得的单位或个人的主管税务机关。

2. 非居民企业未按规定申报缴纳税款的，税务机关可以责令限期缴纳，非居民企业应当按照税务机关确定的期限申报缴纳税款，非居民企业在税务机关责令限期缴纳前或限期内自行申报缴纳税款的，视为已按期缴纳税款。

（一）同一所得来源多地

非居民企业获取的同一项所得在境内存在多个所得发生地，涉及多个主管税务机关的，在自行申报缴纳未扣缴税款时，可以选择一地办理申报缴税事宜。受理申报地主管税务机关应在受理申报后 5 个工作日内向扣缴义务人所在地和同一项所得其他发生地主管税务机关发送非居民企业税务事项联络函，告知非居民企业涉税事项，见表 3-2。

表 3–2 非居民企业税务事项联络函

税联〔 〕号
________税务局：
（非居民企业名称）从中国境内获取了《中华人民共和国企业所得税法》第三条第三款规定的所得，所得情况如下：
____。
我单位处理情况如下：
____。
建议你单位处理事项：
____。
特此函告。
（税务机关名称及公章）
年 月 日
税务机关地址： 邮编：
联系人： 电话： 传真：

（二）向非居民企业追缴税款

1. 需要向非居民纳税人追缴税款的，由所得发生地主管税务机关依法执行。扣缴义务人所在地与所得发生地不一致的，负责追缴税款的所得发生地主管税务机关应通过扣缴义务人所在地主管税务机关核实有关情况，扣缴义务人所在地主管税务机关应当自确定应纳税款未依法扣缴之日起 5 个工作日内向所得发生地主管税务机关发送非居民企业税务事项联络函，告知非居民企业涉税事项。

2. 主管税务机关在追缴非居民企业应纳税款时，可以采取以下措施。

（1）责令该非居民企业限期申报缴纳应纳税款。

（2）收集、查实该非居民企业在中国境内其他收入项目及其支付人的相关信息，并向该其他项目支付人发出税务事项通知书，从该非居民企业其他收入项目款项中依照法定程序追缴欠缴税款及应缴的滞纳金。

3. 获取收入的非居民企业在主管税务机关责令限期缴纳税款前自行申报缴纳应源泉扣缴税款的，应当按照填开税收缴款书之日前一日人民币汇率中间价折合成人民币，计算非居民企业应纳税所得额。

主管税务机关责令获取收入的非居民企业限期缴纳应源泉扣缴税款的，应当按照主管税务机关作出限期缴税决定之日前一日人民币汇率中间价折合成人民币，计算非居民企业应纳税所得额。

第二节　股息、红利收益

股息、红利是投资者因权益性投资，从被投资企业的税后利润分得的收益。该收益与被投资企业的经营活动密不可分，税法规定按照分配收益的企业所在地确定所得来源地。因此，只要被投资企业是中国的居民企业，其分配给非居民企业的股息红利都应在中国缴纳企业所得税。

股息红利不仅包括现金股利（以现金形式分配），也包括具有货币价值的收益分配，如股票股利（又称红股，是企业以增发股份的方式代替现金）、未分配利润转增股本、清算收入等方式。股息还包括缔约国按税收协定防止资本弱化的规定调整为股息的“利息”；以及贷款人因承担债务人经营风险且不能获取固定收益而获取的“利息”。

一、国内税法规定

（一）应纳税额的计算

非居民企业应当按照被投资企业向其分配的股息红利的全额确认收益金额。如被投资企业以货币以外的方式分配股息、红利，不得扣除其他税费支出。

应纳税额 = 收入全额 × 适用税率（10% 或协定税率）

收入全额是指非居民企业向支付人收取的全部价款和价外费用。

（二）扣缴义务发生时间

非居民企业获取股息、红利等权益性投资收益的，相关应纳税款扣缴义务发生之日为股息、红利等权益性投资收益实际支付之日。

【例 3-3】新加坡 W 公司、N 公司分别持有中国境内甲公司 30%、40% 的股权。2017 年 2 月 13 日甲公司召开股东大会通过 2016 年度股息分配方案，向全部股东支付股息 100 万元人民币。2017 年 1 月 5 日，经其他股东同意，甲公司向新加坡 N 公司预先支付了 2016 年度股息 10 万元人民币。2017 年 3 月 25 日，甲公司向新加坡 W 公司支付股息 30 万元人民币。N 公司获取“10 万元的股息红利”，甲公司扣缴义务发生时间应是 2017 年 1 月 5 日。W 公司获取的股息红利，甲公司扣缴义务发生时间应是 2017 年 3 月 25 日。

（三）获取 2008 年之前的未分配利润

非居民企业在 2008 年以后从外商投资企业获取 2008 年 1 月 1 日之前形成的累积未分配利润，免征企业所得税。但这项优惠是对《外商投资企业和外国企业所得税法》（已作废）关于股息规定的延续，所以，要享受此项优惠，境内企业在 2008 年 1 月 1 日必须符合外商投资企业的条件，即非居民企业持股比例不少于 25%。

新加坡 A 公司 2005 年与中国境内甲公司共同在上海设立乙公司，A 公司持股比例为 20%。2016 年乙公司向股东分配股息，其中 2008 年 1 月 1 日之前形成的累积未分配利润为 50 万元。由于 A 公司的持股比例少于 25%，乙公司不属于外商投资企业，所以，不能享受免税优惠。

（四）股息分配的特殊形式

1. 投资方企业从被清算企业分得的剩余资产，其中相当于从被清算企业累计未分配利润和累计盈余公积中应当分得的部分，应当确认为股息所得。具体参见《财政部国家税务总局关于企业清算业务企业所得税处理若干问题的通知》(财税〔2009〕60 号)。清算企业累计未分配利润和累计盈余公积，是指清算前的留存收益与清算期间实现的税后留存收益(或损失)之和。

【例 3-4】新加坡 E 公司 2010 年投资中国居民企业甲公司，持股比例 45%，截至 2015 年 12 月 31 日甲公司累计盈余公积 100 万元，累计未分配利润 50 万元。2016 年 3 月 13 日甲公司股东大会决议甲公司停止经营，于 2016 年 4 月 1 日开始清算，2016 年一季度甲公司亏损 10 万元，清算时清算损失 60 万元。E 公司获取的清算所得中 36 万元［(150-10-60)× 45%)］属于股息所得。

2. 投资企业从被投资企业撤回或减少投资，其获取的资产中，相当于初始出资的部分，应确认为投资收回；相当于被投资企业累计未分配利润和累计盈余公积按减少实收资本比例计算的部分，应确认为股息所得。具体参见《国家税务总局关于企业所得税若干问题的公告》(国家税务总局公告 2011 年第 34 号)。

3. 外国合作者根据有关法律规定和合同约定，从合作企业中分得的利润，应作为外国合作者获取的股息所得征收企业所得税。具体参见国税函〔2010〕432 号。

4. 企业混合性投资业务是指兼具权益和债权双重特性的投资业务。境外投资者在境内从事混合性投资业务，同时符合以下两种情形的，境内被投资企业向境外投资者支付的利息应视为股息。具体参见《国家税务总局关于企业所得税若干政策征管口径问题的公告》(国家税务总局公告 2021 年第 17 号)。

(1)该境外投资者与境内被投资企业构成关联关系。

(2)境外投资者所在国家(地区)将该项投资收益认定为权益性投资收益，且不征收企业所得税。

5. 股息和利息在某些特定情况下较难判定，通常应遵循实质重于形式的原则。一般情况下，各类债券孳生的所得不应视为股息。然而，如果贷款人确实承担债务人公司经营风险，其利息可被视为股息。对贷款人是否分担企业风险的判定通常可考虑如下因素。

一是该贷款大大超过企业资本中的其他投资形式，并与公司可变现资产严重不符。

二是债权人将分享公司的任何利润。

三是该贷款的偿还次于其他贷款人的债权或股息的支付。

四是利息的支付水平取决于公司的利润。

五是所签订的贷款合同没有对具体的偿还日期作出明确的规定。

（五）社保基金从证券市场获取的收入

全国社会保障基金（以下简称“社保基金”）从证券市场获取的收入为企业所得税不征税收入。在香港上市的境内居民企业派发股息时，可凭香港中央结算（代理人）有限公司确定的社保基金所持H股证明，不予代扣代缴企业所得税。在香港以外上市的境内居民企业向境外派发股息时，可凭有关证券结算公司确定的社保基金所持股证明，不予代扣代缴企业所得税。 在境外上市的境内居民企业向其他经批准对股息不征企业所得税的机构派发股息时，可参照执行。具体参见《国家税务总局关于中国居民企业向全国社会保障基金所持H股派发股息不予代扣代缴企业所得税的通知》（国税函〔2009〕173号）。

（六）以分配利润直接再投资递延纳税

对非居民企业从中国境内居民企业分配的利润，用于境内直接投资于非禁止外商投资的项目和领域，凡符合规定条件的，实行递延纳税政策，暂不征收预提所得税。

1. 非居民企业暂不征收预提所得税须同时满足以下条件。

（1）非居民企业以分得利润进行的直接投资，包括非居民企业以分得利润进行的增资、新建、股权收购等权益性投资行为，但不包括新增、转增、收购上市公司股份（符合条件的战略投资除外）。具体是指新增或转增中国境内居民企业实收资本或资本公积（包括补缴已经认缴的注册资本，增加实收资本或资本公积）；在中国境内投资新建居民企业；从非关联方收购中国境内居民企业股权；财政部、税务总局规定的其他方式。

（2）非居民企业分得的利润属于中国境内居民企业向投资者实际分配已经实现的留存收益而形成的股息、红利等权益性投资收益。

（3）非居民企业用于直接投资的利润以现金形式支付的，相关款项从利润分配企业的账户直接转入被投资企业或股权转让方账户，在直接投资前不得在境内外其他账户周转；非居民企业用于直接投资的利润以实物、有价证券等非现金形式支付的，相关资产所有权直接从利润分配企业转入被投资企业或股权转让方，在直接投资前不得由其他企业、个人代为持有或临时持有。非居民企业按照金融主管部门的规定，通过人民币再投资专用存款账户划转再投资资金，并在相关款项从利润分配企业账户转入非居民企业人民币再投资专用存款账户的当日，再由非居民企业人民币再投资专用存款账户转入被投资企业或股权转让方账户的，视为符合"非居民企业用于直接投资的利润以现金形式支付的，相关款项从利润分配企业的账户直接转入被投资企业或股权转让方账户，在直接投资前不得在境内外其他账户周转"的规定。

2. 符合条件的非居民企业，应填写非居民企业递延缴纳预提所得税信息报告表，并如实向利润分配企业提供其他符合政策条件的资料，见表 3-3。

表 3–3　非居民企业递延缴纳预提所得税信息报告表

填表日期：　　年　　月　　日　　　　货币单位：元人民币

1 境外投资者填报信息			
1.1 境外投资者基本信息			
1.1.1 在中国的纳税人识别号		1.1.2 中文名称	
1.1.3 外文名称		1.1.4 联系方式	
1.1.5 所在居民国（地区）		1.1.6 在居民国（地区）的纳税人识别号	
1.1.7 代理人名称		1.1.8 代理人联系方式	
1.2 直接投资相关信息			
1.2.1 被投资企业是否为境内外的上市公司	□ 是 □ 否	1.2.2 符合条件的战略投资	□ 是 □ 否

1.2.3 境外投资者直接投资方式	□ 新增或转增境内居民企业实收资本或资本公积 □ 在中国境内投资新建居民企业 □ 从非关联方收购中国境内居民企业股权						
1.2.4 新增或转增境内居民企业实收资本或资本公积填报	1.2.4.1 新增或转增被投资企业纳税人识别号（社会信用代码）	1.2.4.2 被投资企业名称	1.2.4.3 主管税务机关	1.2.4.4 新增或转增被投资企业实收资本金额	1.2.4.5 新增或转增被投资企业资本公积金额	1.2.4.6 收款账号	1.2.4.7 约定投资期限
	……						
	合计	—	—			—	—
1.2.5 在中国境内投资新建居民企业填报	1.2.5.1 新建居民企业纳税人识别号（社会信用代码）	1.2.5.2 新建居民企业名称	1.2.5.3 主管税务机关	1.2.5.4 对新建居民企业投资金额	1.2.5.5 收款账号	1.2.5.6 约定投资期限	
	……						
	合计	—	—		—	—	
1.2.6 从非关联方收购中国境内居民企业股权填报	1.2.6.1 被投资企业纳税人识别号（社会信用代码）	1.2.6.2 被投资企业名称	1.2.6.3 主管税务机关	1.2.6.4 股权受让金额	1.2.6.5 股权转让方名称	1.2.6.6 收款账号	1.2.6.7 约定支付期限
	……						
	合计	—	—		—	—	—

1.3 追补享受递延纳税待遇填报信息						
序号	1.3.1 已扣缴 / 申报股息红利预提所得税金额	1.3.2 已扣缴 / 申报股息红利预提所得税完税凭证号码	1.3.3 已扣缴 / 申报股息红利预提所得税完税日期	1.3.4 本次申请退税金额		

记录 1						
记录 2						
……						
合计		—	—			

1.4 附报资料清单	
资料 1	有委托人，报送委托书；其他资料
资料 2	
资料 3	
资料 4	
资料 5	
资料 6	
……	
1.5 声明	

我谨声明以上呈报事项真实、准确、无误，并知晓递延纳税的相关规定，如经税务机关后续管理核实不符合规定条件或后续实际收回享受递延纳税待遇的直接投资的，按照相关规定申报缴纳税款并承担相应法律后果。

境外投资者签字：　　　签章：　　　年　　月　　日

2 分配利润的境内居民企业填报信息			
2.1 基础信息			
2.1.1 纳税人识别号（社会信用代码）		2.1.2 企业名称	
2.1.3 本次实际分配的股息红利金额	2.1.3.1 总额		
	2.1.3.2 其中：享受递延纳税的股息红利金额		
2.2 享受递延纳税的股息红利支付信息			
2.2.1 享受递延纳税的股息红利支付方式	□ 现金 □ 非现金		

2.2.2 现金方式支付	2.2.2.1 付款人账号	2.2.2.2 日期	2.2.2.3 金额	2.2.2.4 收款人名称	2.2.2.5 收款人账号
	账号 1				
	账号 2				
	……				
	合计	—		—	—

<table>
<tr><td rowspan="6">2.2.3 非现金支付方式支付</td><td>2.2.3.1 用于支付的资产名称</td><td>2.2.3.2 用于支付的资产类型</td><td>2.2.3.3 视同股息分配日期</td><td>2.2.3.4 折价分配金额</td><td>2.2.3.5 受让人名称</td></tr>
<tr><td></td><td></td><td></td><td></td><td></td></tr>
<tr><td></td><td></td><td></td><td></td><td></td></tr>
<tr><td>……</td><td></td><td></td><td></td><td></td></tr>
<tr><td>合计</td><td>—</td><td>—</td><td></td><td></td></tr>
<tr><td colspan="5"></td></tr>
<tr><td colspan="6">2.3 附报资料清单</td></tr>
<tr><td>资料 1</td><td colspan="5">有委托人，报送委托书；其他资料</td></tr>
<tr><td>资料 2</td><td colspan="5"></td></tr>
<tr><td>资料 3</td><td colspan="5"></td></tr>
<tr><td>资料 4</td><td colspan="5"></td></tr>
<tr><td>资料 5</td><td colspan="5"></td></tr>
<tr><td>资料 6</td><td colspan="5"></td></tr>
<tr><td>……</td><td colspan="5"></td></tr>
<tr><td colspan="6">2.4 声明</td></tr>
<tr><td colspan="6">我谨声明以上呈报事项真实、准确、无误。

分配利润的居民企业公章：　　　　经办人：　　　　年　月　日</td></tr>
<tr><td colspan="6">3 税务机关受理情况</td></tr>
<tr><td colspan="3" rowspan="2">主管税务机关受理专用章：</td><td colspan="3">受理人：</td></tr>
<tr><td colspan="3">受理日期：　　　年　月　日</td></tr>
</table>

非居民企业递延缴纳预提所得税信息报告表填表说明

一、本表由境外投资者在按照《财政部　税务总局　国家发展改革委　商务部关于扩大境外投资者以分配利润直接投资暂不征收预提所得税政策适用范围的通知》(财税〔2018〕102 号，以下称《通知》) 第三条规定申报享受递延纳税政策时填报，并提交利润分配企业；由利润分配企业审核并补填相关信息后转报利润分配企业主管税务机关。本表一式三份，境外投资者、利润分配企业和主管税务机关各执一份。境外投资者按照《通知》第五条规定追补享受递延纳税政策的，也填报本表，并直接报送利润分配企业主管税务机关。

二、1栏下所属信息由境外投资者填报。

三、1.1.1栏填写境外投资者办理税务登记时生成的纳税人识别号。截至填表时没有办理过纳税事项，无纳税人识别号的，可以不填。

四、1.1.2栏填写中文名称或中文译文全称。

五、1.1.3栏填写在境外成立地的合法名称全称。

七、1.1.5栏填写境外投资者境外成立地所在国家（地区）的名称。

八、1.1.6栏填写境外投资者在境外成立地所在国家（地区）的纳税识别号（如有）。

九、1.1.7栏填写受境外投资者委托代为办理递延纳税事项的代理人（如有）名称。

十、1.1.8栏填写受境外投资者委托代为办理递延纳税事项的代理人联系方式。1.1.7栏填报代理人的，本栏必填。

十一、1.2.1栏在“是”或“否”两个选项中勾选一项。

十二、1.2.2栏在“是”或“否”两个选项中勾选一项。

十三、1.2.3栏在三个选项中勾选，至少勾选一项，可勾选多项。

十四、1.2.3栏勾选“新增或转增境内居民企业实收资本或资本公积”的，1.2.4栏所属信息必填，本项信息分不同投资次别填报。

十五、1.2.4.1栏填写被投资企业税务登记证上注明的纳税人识别号（社会信用代码）。

十六、1.2.4.2栏填写被投资企业合法名称。

十七、1.2.4.3栏填写被投资企业主管税务机关。

十八、1.2.4.4栏填写用分得利润新增或转增被投资企业实收资本金额。

十九、1.2.4.5栏填写用分得利润新增或转增被投资企业资本公积的金额。

二十、1.2.4.6栏填写被投资企业收款账号。

二十一、1.2.4.7栏填写约定的直接投资款项缴付期限。

二十二、1.2.3栏勾选“在中国境内投资新建居民企业”的，1.2.5栏所属信息必填，本项信息分不同投资次别填报。

二十三、1.2.5.1栏填写新建企业税务登记证上注明的纳税人识别号（社会信用代码）。

二十四、1.2.5.2栏填写新建企业合法名称。

二十五、1.2.5.3栏填写新建企业主管税务机关。

二十六、1.2.5.4栏填写以分得的利润直接投资新建企业资本金金额。

二十七、1.2.5.5栏填写新建境内居民企业收款账号。

二十八、1.2.5.6 栏填写约定的直接投资款项缴付期限。

二十九、1.2.3 栏勾选“从非关联方收购中国境内居民企业股权”的，1.2.6 栏所属信息必填，本项信息分不同投资次别填报。

三十、1.2.6.1 栏填写被投资企业税务登记证上注明的纳税人识别号(社会信用代码)。

三十一、1.2.6.2 栏填写被投资企业合法名称。

三十二、1.2.6.3 栏填写被投资企业主管税务机关。

三十三、1.2.6.4 栏填写以分得的利润收购股权的金额。

三十四、1.2.6.5 栏填写股权转让方合法名称。

三十五、1.2.6.6 栏填写股权转让方收款账号。

三十六、1.2.6.7 栏填写约定的股权收购价款支付期限。

三十七、追补享受递延纳税政策的境外投资者加报 1.3 栏所属信息。

三十八、1.3.1 栏填写可以享受递延纳税的利润分配额已扣缴 / 申报股息红利预提所得税金额。

三十九、1.3.2 栏填写已经实际缴税的完税凭证号码。

四十、1.3.3 栏填写实际缴税日期。

四十一、1.3.4 栏填写本次申请追补享受递延纳税政策的退税金额。

四十二、1.4 栏填写境外投资者提供的附报资料清单。

四十三、1.5 栏由境外投资者或其合法代表人（含授权代表人）签字、签章（如有），并填写作出声明的日期。

四十四、2 栏所属信息由分配利润企业填报。

四十五、2.1.1 栏填写利润分配企业税务登记证上注明的纳税人识别号（社会信用代码）。

四十六、2.1.2 栏填写利润分配企业合法名称。

四十七、2.1.3.1 栏填写利润分配企业本次分配的股息红利总金额，包括不享受递延纳税的金额。

四十八、2.1.3.2 栏填写享受递延纳税的股息红利金额。

四十九、2.2.1 栏：从“现金”和“非现金”两个选项中勾选，至少勾选一项，可以勾选两项。

五十、2.2.1 栏勾选“现金”的，2.2.2 栏所属信息必填。本项所属信息分不同支付次别填报。注意与境外投资者填报信息比对。

五十一、2.2.2.1 栏填写利润分配企业向被投资企业支付股息分配款项的账号。

五十二、2.2.2.2 栏填写股息分配款项支付日期。

五十三、2.2.2.3 栏填写股息分配款项支付金额。

五十四、2.2.2.4 栏填写股息分配款项收款人合法名称。

五十五、2.2.2.5 栏填写股息分配款项收款人账号。

五十六、2.2.1 栏勾选“非现金”的，2.2.3 栏所属信息必填。本项所属信息分不同支付资产项目填报。注意与境外投资者填报信息比对。

五十七、2.2.3.1 栏填写用于支付的资产在利润分配企业的识别名称。

五十八、2.2.3.2 栏用于支付的资产属于实物的，填写 1；用于支付的资产属于有价证券的，填写 2；用于支付的资产属于其他的，填写 3。只填写一项。

五十九、2.2.3.3 栏填写非现金支付视同股息分配的日期。

六十、2.2.3.4 栏填写非现金支付折算股息分配的金额。

六十一、2.2.3.5 栏填写受让人在相关交易中使用的名称。

六十二、2.3 栏填写分配利润企业提供的附报资料清单。

六十三、2.4 栏由分配利润企业签章，由分配利润企业的合法代表人或其授权代表人在经办人处签字，并填写作出声明的日期。

六十四、3 栏由税务机关填写，盖分配利润企业主管税务机关业务受理专用章，主管税务机关办理受理业务的人员在受理人处签名。并填写主管税务机关业务受理的日期。

3. 利润分配企业应当审核非居民企业提交的资料信息，并确认非居民企业填报的信息完整，没有缺项；利润实际支付过程与非居民企业填报信息吻合；非居民企业填报信息涉及利润分配企业的内容真实、准确，可暂不按照《企业所得税法》第三十七条规定扣缴预提所得税，并向其主管税务机关履行备案手续。

利润分配企业未审核确认非居民企业提交的资料信息，致使不应享受暂不征税政策的非居民企业实际享受了暂不征税政策的，利润分配企业主管税务机关依照有关规定追究利润分配企业应扣未扣税款的责任，并依法向非居民企业追缴应当缴纳的税款。

4. 利润分配企业执行暂不征税政策的，应在实际支付利润之日起 7 日内向主管税务机关提交利润分配企业填写的中华人民共和国扣缴企业所得税报告表；由非居民企业提交并经利润分配企业补填信息后的非居民企业递延缴纳预提所得税信息报告表。

5. 利润分配企业主管税务机关应在收到非居民企业递延缴纳预提所得税信息报告表后 10 个工作日内向被投资企业主管税务机关或其他相关税务机关发送非居民企业税务事项联络函，转发相关信息。

被投资企业主管税务机关或其他税务机关发现被投资企业不符合享受暂不征税政策条件的相关事实或信息，或非居民企业处置已享受暂不征税政策的投资的相关事实或信息，应在 5 个工作日内以非居民企业税务事项联络函反馈给利润分配企业主管税务机关。

6. 税务部门依法加强后续管理，可以依法要求非居民企业、利润分配企业、被投资企业、股权转让方等相关单位或个人限期提供与非居民企业享受暂不征税政策相关的资料和信息。非居民企业已享受暂不征收预提所得税政策，经税务部门后续管理核实不符合规定条件的，除属于利润分配企业责任外，视为非居民企业未按照规定申报缴纳企业所得税，依法追究延迟纳税责任，税款延迟缴纳期限自相关利润支付之日起计算。

7. 非居民企业通过股权转让、回购、清算等方式实际收回享受暂不征收预提所得税政策待遇的直接投资，在实际收取相应款项后 7 日内，应当填写中华人民共和国扣缴企业所得税报告表，并提交给利润分配企业主管税务机关。如未按期申报补缴递延的税款，利润分配企业主管税务机关追究非居民企业延迟缴纳税款责任，税款延迟缴纳期限自实际收取相应款项后第 8 日（含第 8 日）起计算。

非居民企业部分处置持有的包含已享受暂不征税政策和未享受暂不征税政策的同一项中国境内居民企业投资，视为先行处置已享受暂不征税政策的投资。实践中，“处置”不包含仅减少认缴注册资本金未减少实缴注册资本金的情况。

【例 3-5】非居民企业 A 公司认缴居民企业甲公司的注册资本金 1000 万元，实缴注册资本金 500 万元（其中 400 万元为居民企业乙公司向 A 公司分派的利润直接再投资），由于某些原因 A 公司认缴居民企业甲公司的

注册资本金减少至600万元但未减少实缴部分，这一行为不应视为先行处置已享受暂不征税政策的投资。

8. 非居民企业按照规定可以享受暂不征收预提所得税政策但未实际享受的，可在实际缴纳相关税款之日起三年内申请追补享受该政策，退还已缴纳的税款。同时，应向利润分配企业主管税务机关提交非居民企业递延缴纳预提所得税信息报告表及相关合同、支付凭证等办理退税的其他资料。

9. 非居民企业享受规定的暂不征收预提所得税政策待遇后，被投资企业发生重组符合特殊性重组条件，并实际按照特殊性重组进行税务处理的，可继续享受暂不征收预提所得税政策待遇，无须补缴递延的税款。

10. 非居民企业可按照有关规定享受税收协定待遇，但是仅可适用相关利润支付时有效的税收协定。后续税收协定另有规定的，按后续税收协定执行。

11. 根据《财政部税务总局商务部关于境外投资者以分配利润直接投资税收抵免政策的公告》（财政部税务总局商务部公告2025年第2号），境外投资者以中国境内居民企业分配的利润，在2025年1月1日至2028年12月31日期间用于境内直接投资符合条件的，可按照投资额的10%抵免境外投资者当年的应纳税额，当年不足抵免的准予向以后结转。具体内容请学习该公告，及税务总局发布的相关公告。

（七）分支机构向境外总公司分回利润

非居民企业境内分支机构向境外总公司分回利润不应视为股息分配。从《中华人民共和国公司法》的角度，子公司（境内居民企业）具有独立的法人资格，独立承担经营活动产生的民事法律责任；分支机构作为总公司的一部分，在中国境内进行经营活动产生的民事责任由境外总公司承担。母公司作为子公司的股东，拥有分取股息红利的权利。而总公司与分支机构不具有这样的法律关系。也就是说，分支机构将利润汇回总公司并不是通常所说的分配股息红利。

另外，除未构成常设机构且申请享受税收协定待遇外，中国境内的分支机构获取与其有实际联系的利润，应在中国缴纳企业所得税；如该分支机构将税后利润汇回境外总公司时，再次按照股息红利所得征收企业所得税，就产生了重复征税，违背了税收原则。

《企业所得税法》第二十六条规定："企业的下列收入为免税收入：……（三）在中国境内设立机构、场所的非居民企业从居民企业取得与该机构、场所有实际联系的股息、红利等权益性投资收益……"同时，非居民企业在中国境内的机构、场所向非居民企业分回利润不视为股息分配不缴纳企业所得税。那么，非居民企业中国境内设立机构、场所，并安排机构、场所与对居民企业的权益性投资及获取的投资收益有实际联系，将获取的对居民企业的投资收益作为机构、场所的利润，然后再将利润分回非居民企业；不就可以不缴纳企业所得税了吗？实践中，非居民企业设立的机构、场所不具备市场主体登记申请人的资格，也就是说，非居民企业设立的机构、场所无法成为居民企业的股东，仅符合条件的非居民企业可以作为居民企业的股东（参见《中华人民共和国市场主体登记管理条例》等相关规定）。同时，企业实施以减少、免除或推迟缴纳税款为主要目的不具有合理商业目的的安排而减少其应纳税收入或所得额的，税务机关有权按照合理方法调整（参见《企业所得税法》及其实施条例）。显然这种安排逃不过税务机关的一般反避税调查。所以，这种安排是不可行的。

二、税收协定规定

（一）《中新协定》股息条款

1. 缔约国一方居民公司支付给缔约国另一方居民的股息，可以在该缔约国另一方征税。

2. 然而这些股息也可以在支付股息的公司是其居民的缔约国，按照该缔约国法律征税。但是，如果股息受益所有人是缔约国另一方居民，则所征税款如下。

（1）在受益所有人是公司（合伙企业除外），并直接拥有支付股息公司至少 25% 资本的情况下，不应超过股息总额的 5%。

（2）在其他情况下，不应超过股息总额的 10%。

缔约国双方主管当局应协商确定实施限制税率的方式。本款不应影响对该公司就支付股息的利润所征收的公司利润税。

3.“股息”一语是指从股份或非债权关系分享利润的权利获取的所得，以及按照分配利润的公司是其居民的缔约国法律，视同股份所得同样征税的其他公司权利获取的所得。

4.如果股息受益所有人是缔约国一方居民，在支付股息的公司是其居民的缔约国另一方，通过设在该缔约国另一方的常设机构进行营业或通过设在该缔约国另一方的固定基地从事独立个人劳务，据以支付股息的股份与该常设机构或固定基地有实际联系的，不适用第一款和第二款的规定。在这种情况下，应视具体情况适用营业利润条款或独立个人劳务条款的规定。

5.缔约国一方居民公司从缔约国另一方获取利润或所得，该缔约国另一方不得对该公司支付的股息征收任何税收，也不得对该公司的未分配利润征税，即使支付的股息或未分配的利润全部或部分是发生于该缔约国另一方的利润或所得。但支付给该缔约国另一方居民的股息或据以支付股息的股份与设在缔约国另一方的常设机构或固定基地有实际联系的除外。

6.如果据以支付股息的股份或其他权利的产生或分配，是由任何人以获取本条利益为主要目的而安排的，则本条规定不适用。

（二）协定待遇的最低持股比例

非居民企业对居民企业的持股比例，通常以非居民企业占居民企业注册资本的份额为标准。此外，当非居民企业向居民企业以提供贷款或其他形式的出资产生的所得，已按规定（如防止资本弱化的规则）被当作股息处理时，这种贷款或出资也将被视为“资本”。

凡税收协定缔约对方税收居民直接拥有支付股息的中国居民公司一定比例以上资本（一般为25%或10%）的，该对方税收居民获取的股息可按税收协定规定税率征税。（参见《国家税务总局关于执行税收协定股息条款有关问题的通知》（国税函〔2009〕81号）第三条。）该对方税收居民需要享受该税收协定待遇的，应同时符合以下条件：

（1）获取股息的该对方税收居民根据税收协定规定应限于公司。

（2）在该中国居民公司的全部所有者权益和有表决权股份中，该对方税收居民直接拥有的比例均符合规定比例。

（3）该对方税收居民直接拥有该中国居民公司的资本比例，在获取股息前连续 12 个月以内任何时候均符合税收协定规定的比例。

“获取股息”的日期是指按照国内法规定该项股息在中国发生纳税义务或扣缴义务的日期（支付股息当日）。

需要注意的是，中国与各国（地区）签订的税收协定存在差异，并不是所有的协定都约定了“获取股息前连续 12 个月以内的任何时间直接拥有中国居民公司的资本比例”，例如中法、中芬的协定没有这样的条款。所以，在实践中要视不同的税收协定而定。

【例 3-6】新加坡 A 公司和 B 公司 2010 年投资中国居民企业甲公司，A 公司持股比例 30%，B 公司持股比例 20%，一直未变化。2016 年甲公司股东大会决议向股东分配 2016 年度股息 100 万元。新加坡 A 公司和 B 公司都是新加坡的居民企业，同时符合受益所有人身份可以享受中新税收协定待遇。A 公司持股比例为 30% 大于 25%，按照中新税收协定，在中国缴纳的企业所得税不应超过股息的 5%。B 公司持股比例为 20% 小于 25%，按照中新税收协定，在中国缴纳的企业所得税不应超过股息的 10%。

【例 3-7】关注持股时间　排查滥用协定风险③

L 公司是成立于 2004 年的中外合资企业，外方股东为荷兰的 A 公司，持股比例为 80%。2016 年 7 月，L 公司董事会决定分配 2012 至 2014 年股息 2 亿元，按持股比例应向荷兰 A 公司分配 1.6 亿元。L 公司依据 2013 年新签订的中荷税收协定股息条款 5% 的优惠税率，申报扣缴非居民所得税 800 万元。L 公司曾于 2009 年和 2012 年向外支付过股息，但并未享受过税收协定待遇。主管税务机关在开展协定待遇后续管理时，根据征管信息以及纳税人提供的资料，发现以下事实：

1. L 公司原外方股东为美国 S 公司，持有 L 公司 80% 股份，中国公司持有 20% 的股份。2016 年 6 月，美国 S 公司与荷兰 A 公司签订股权转让协议，将 L 公司 80% 的股权转让给了 A 公司。股权转让协议约定 2016 年 7 月 1 日

③　国家税务总局国际税务司 . 税收协定执行案例集 [M]. 北京：中国税务出版社，2019.

生效，企业 7 月 6 日在工商变更了信息，7 月 7 日变更了税务登记信息。

2. 现股东荷兰 A 公司于 2010 年成立，最终控股方为美国的 B 集团公司。B 集团公司于 2009 年在荷兰设立并 100% 控股 C 公司，C 公司 100% 控股荷兰的 D 公司，D 公司 100% 控股 A 公司。原股东美国 S 公司的母公司也是荷兰的 C 公司，荷兰 C 公司 100% 控股美国 S 公司。因此，A 公司、S 公司属于同一集团控制下的关联方。

3. L 公司生产经营情况良好，自 2005 年起一直盈利，未出现亏损。2015 年的财务信息显示年末积累的未分配利润已达到 2.5 亿元。L 公司在股权变更后一周内立即做出了董事会决议，向新股东荷兰 A 公司分配股利 1.6 亿元。

4. 原股东 S 公司任命的 6 名外方董事在股东变为 A 公司后，继续担任 L 公司的董事；S 公司在 L 公司的股东权利和义务，全部转 A 公司承担和履行，内容未发生任何变化。股东变更后，L 公司的经营范围、产品种类、经营模式未发生任何变化。

5. B 集团没有提供关于企业发展战略的重组计划，L 公司也没能提供 B 集团关于此次股权变更的相关决议资料。

6. 在中美税收协定及与中荷 1987 年税收协定中，股息适用的所得税限制税率为 10%，没有 5% 的优惠税率，而 2013 年中国和荷兰签订的新的税收协定中股息条款有 5% 的优惠税率。

针对诸多避税疑点，主管税务局对其享受税收协定待遇的前后情况进行了调查和分析，认为该非居民企业集团在 L 公司分配股息前进行的股权转让交易，存在利用中荷新协定获取税收利益的嫌疑。

一是此次股权转让是同一集团控制下的关联方之间的交易，中国与荷兰的新税收协定在股息条款上有 5% 的优惠税率规定，而中国与美国税收协定的股息限制税率为 10%，企业优良股权资产低价转让，存在明显的择协避税的动机。

二是从股权转让发生的时间点上分析具有较为明显的避税意图。在中国和荷兰旧的税收协定中，股息条款税率为 10%，2013 年新签订的中荷税收协定给予了符合条件的“受益所有人”取得的股息可以享受 5% 的税率优惠，并适用于 2015 年 1 月 1 日以后的所得。2015 年末 L 公司累计已有

2亿元左右的未分配利润，根据章程和合资协议规定：将在2016年进行股利分配。从2016年6月股权协议签订，到变更登记及董事会作出股息分配决议，再到享受中荷税收协定待遇，历时不到1个月，整个安排呈现较大的避税嫌疑。

三是没有证据证明此次股权变更是B集团出于经营业务发展需要而做出的重组安排。集团上市公告没有相关信息披露，股东变更后除了利润分配时的预提所得税税负有减少外，L公司的董事会人员、业务范围和模式在集团产业链上的地位以及新旧股东的权利义务等均没有改变，即此次股权变更看不到除税收利益以外的任何目的和意义。

主管税务机关认为A公司持有L公司股份的时间不符合《国家税务总局关于执行税收协定股息条款有关问题的通知》（国税函〔2009〕81号，以下简称81号文）的规定，不能享受中国和荷兰税收协定股息条款的优惠税率。

81号文第三条规定："对方税收居民需要享受该税收协定待遇的，应同时符合以下条件：

（一）取得股息的该对方税收居民根据税收协定规定应限于公司；

（二）在该中国居民公司的全部所有者权益和有表决权股份中，该对方税收居民直接拥有的比例均符合规定比例；

（三）该对方税收居民直接拥有该中国居民公司的资本比例，在取得股息前连续12个月以内任何时候均符合税收协定规定的比例。"

就本案来看，A公司取得股息前1个月才从S公司受让了L公司80%股份，往前推的1个月内任一时点都没有持有L公司的股份，不符合"该对方税收居民直接拥有该中国居民公司的资本比例，在取得股息前连续12个月以内任何时候均符合税收协定规定的比例"这一条件。因此，A公司自L公司获得的股息不能享受中荷税收协定5%的优惠税率。经过与企业的沟通，企业表示对判定无异议，补缴了因享受协定优惠待遇而少缴的企业所得税。

（三）股息与营业利润

非居民企业在中国境内拥有常设机构，当获取股息的相关营业活动通过常设机构进行，且股份的持有与常设机构有上述实际联系，或支付股息的股份与该常设机构有实际联系，则中国可将股息并入常设机构的利润。但非居民企业为了享受《企业所得税法》第二十六条第三款规定的免税政策，仅以滥用协定为目的，将股份转移到常设机构的除外。

非居民企业投资于中国居民公司或在中国境内设立常设机构，如其对从中国居民公司获取的股息或从在中国常设机构获取的所得向其境外的股东进行再分配时，其境外股东获取的这部分所得，无须缴纳中国税收。但是，如果该项再分配又支付回中国的居民股东或中国境内机构场所时，中国仍可以对支付回中国境内的股息征税。

（四）受益所有人

获取股息所得并需要享受税收协定待遇的缔约对方居民（以下简称“申请人”）应具有“受益所有人”身份。“受益所有人”是指对所得或所得据以产生的财产或权利具有所有权和支配权的人。

1. 从中国境内获取股息时，可直接判定具有“受益所有人”身份的申请人包括：缔约对方政府；缔约对方居民且在缔约对方上市的公司；缔约对方居民个人；申请人被前三项中的一人或多人直接或间接持有 100% 股份（在获取股息前连续 12 个月以内任何时候均达到），且间接持有股份情形下的中间层为中国内地居民或缔约对方居民。

（1）如图 3-1，香港居民 A 投资内地居民并获取股息时，若是在香港上市的公司或香港居民个人，可直接判定香港居民 A 具有“受益所有人”身份。

图 3-1　股权架构图（1）

（2）如图 3-2，香港居民 B 投资内地居民并获取股息时，香港居民 A 通过香港居民 C 间接持有香港居民 B 100% 股份，如果香港居民 A 为香港上市的公司或香港居民个人，可直接判定香港居民 B 具有“受益所有人”身份。

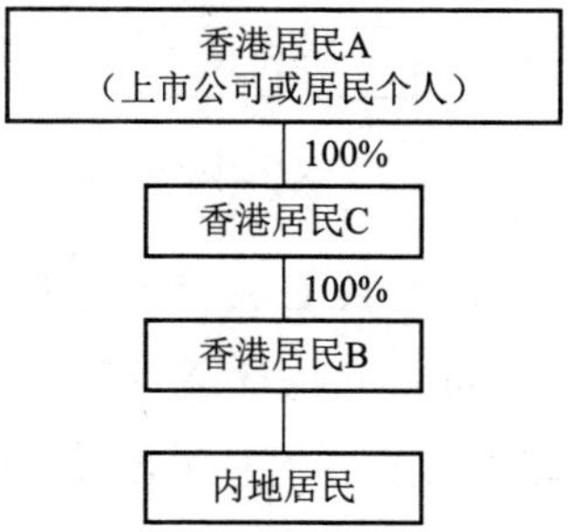

图 3-2 股权架构图（2）

（3）如图 3-3，香港居民 D 投资内地居民并获取股息，直接持有香港居民 D 100% 股份的人为中国香港特别行政区政府、香港居民且在香港上市的公司或香港居民个人，可直接判定香港居民 D 具有“受益所有人”身份。

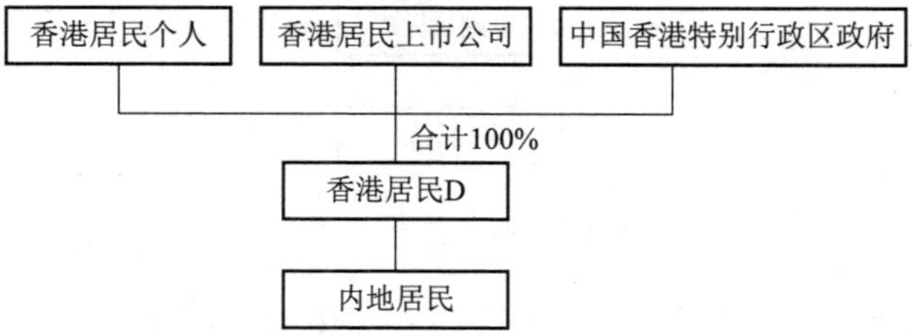

图 3-3 股权架构图（3）

2. 从中国境内获取股息时，申请人虽不符合“受益所有人”条件，但直接或间接持有申请人 100% 股份（在获取股息前连续 12 个月以内任何时候均达到）的人符合“受益所有人”条件，并且属于以下两种情形之一的，应认为申请人具有“受益所有人”身份：

（1）符合“受益所有人”条件的人为申请人所属居民国（地区）居民；

【例 3-8】如图 3-4，香港居民 E 投资内地居民并获取股息，香港居民 F 直接持有香港居民 E 100% 的股份，虽然香港居民 E 不符合“受益所有人”条件，但是，如果香港居民 F 符合“受益所有人”条件，应认为香港居民 E 具有“受益所有人”身份。

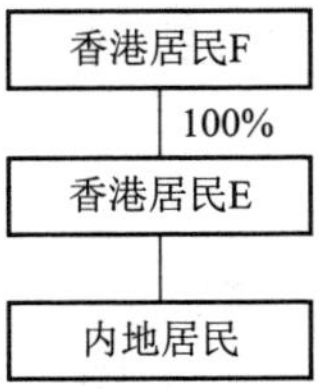

图 3-4 股权架构图（4）

【例 3-9】如图 3-5，香港居民 E 投资内地居民并获取股息，香港居民 F 通过在 BVI 注册成立的公司（无论该公司是否为香港居民）间接持有香港居民 E 100% 的股份，虽然香港居民 E 不符合“受益所有人”条件，但是，如果香港居民 F 符合“受益所有人”条件，应认为香港居民 E 具有“受益所有人”身份。

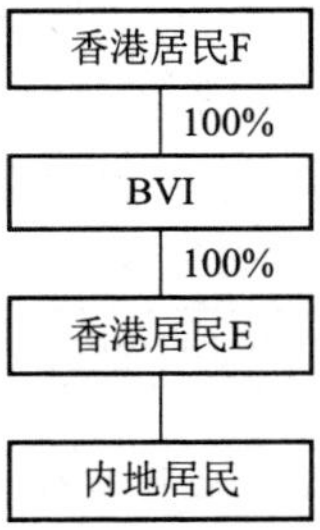

图 3-5 股权架构图（5）

（2）符合“受益所有人”条件的人虽不为申请人所属居民国（地区）居民，但该人和间接持有股份情形下的中间层，从中国获取的所得为股息时根据中国与其所属居民国（地区）签署的税收协定、协议（安排）可享受的税收协定待遇和申请人可享受的税收协定待遇相同或更为优惠。

【例 3-10】如图 3-6，中国香港居民 G 投资内地居民并获取股息，新加坡税收居民 I 通过新加坡税收居民 H 间接持有中国香港居民 G 100% 的股份，虽然中国香港居民 G 不符合“受益所有人”条件，但是，如果新加坡税收居民 I 符合“受益所有人”条件，并且新加坡税收居民 I 和新加坡税收居民 H 从中国获取的所得为股息时，根据中国与新加坡签署的税收协定可享受的税收协定待遇均和中国香港居民 G 可享受的税收协定待遇相同，应认为中国香港居民 G 具有“受益所有人”身份。

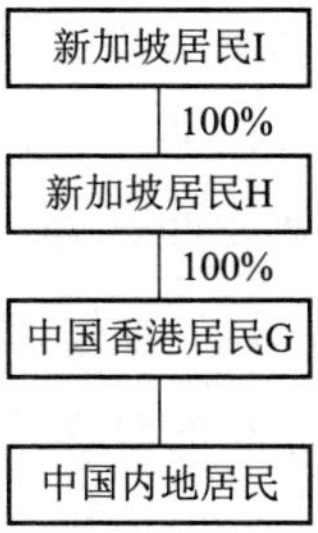

图 3-6 股权架构图（6）

【例 3-11】双重测试排除企业滥用协定风险④

A 公司是 2011 年注册成立的中外合资企业，投资方为韩国的 B 公司和中国居民企业 Y 公司，持股比例分别为 45% 和 55%。2016 年 11 月，A 公司经过董事会同意，分配股息 2 亿元，其中 B 公司取得股息 9000 万元。B 公司于 2008 年在韩国注册成立，投资方为韩国的 C 公司。2016 年 12 月，B 公司就其取得的股息享受中韩税收协定待遇，并按照 5% 的优惠税率缴纳企业所得税。其股权架构如图 3-7 所示。

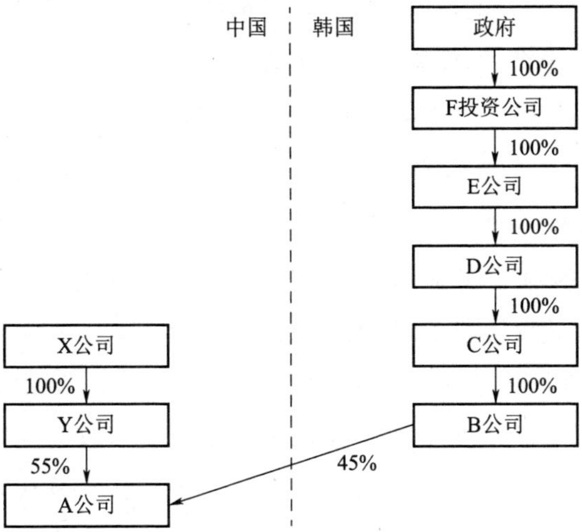

图 3-7 股权架构图（7）

《国家税务总局关于税收协定中“受益所有人”有关问题的公告》（国家税务总局公告 2018 年第 9 号，以下简称 9 号公告）扩大了“安全港”规

④ 国家税务总局国际税务司．税收协定执行案例集 [M]. 北京：中国税务出版社，2019.

定的适用范围，即申请人被缔约对方政府直接或间接持有100%股份，且中间层为中国居民或缔约对方居民的，可以直接判定申请人具有“受益所有人”身份。通过研究分析企业提供的整体架构，税务机关认为，F公司的投资方为韩国政府，企业可以以“安全港”规定来享受税收协定待遇，按要求提交F公司被韩国政府持股的证明资料，就可直接认定B公司具有“受益所有人”身份。

然而，企业因提供与政府相关的资料具有较大困难等，并未使用“安全港”规定来享受税收协定待遇。但是，税务机关的政策辅导让企业看到了享受税收协定待遇的希望。B公司提出希望根据9号公告第三条规定，即申请人从中国取得的所得为股息时，申请人虽不符合“受益所有人”条件，但直接或间接持有申请人100%股份的人符合“受益所有人”条件，并且符合“受益所有人”条件的人为申请人所属居民国（地区）居民情形的，应认为申请人具有“受益所有人”身份，以F公司作为“受益所有人”的测试对象，对企业享受协定待遇情况进行判定。

主管税务机关对企业提交的F公司的税收居民身份证明、财年报告资金流向记录、董事会会议记录、董事会决议、人力和物力配备情况说明、相关费用支出等资料进行了综合的分析和判定：

第一，从股息流向来看，申请人B公司、F公司及所有中间层均为韩国税收居民，持股比例均为100%，不存在利润流向第三方（地区）的情况。

第二，从是否从事实质性经营活动来看，F公司成立于20世纪90年代，是韩国规模较大的国际投资机构，有1400余名员工，管理的资产超过千亿美元。F公司拥有投资管理委员会，委员会负责开展投资前期研究评估分析、投资决策、投资实施及投资后续管理等活动，核心投资的产业主要有公共股票、私募股权、房地产和基础设施等。因此，F公司从事的是具有实质性的投资管理活动。

综上，主管税务机关认为F公司可以通过“受益所有人”的测试，B公司虽不符合“受益所有人”条件，但属于9号公告中第三条申请人虽不符合“受益所有人”条件，但直接或间接持有申请人100%股份的人符合“受益所有人”条件的情况。

就在主管税务机关即将作出判定结论的时候，B公司也说服了其上层公司，提供了由韩国国家监管机构于2016年下半年颁发的执照，从执照中可以清晰地看到每一层企业的股东和股东所在国家，由此证明了F公司的全资股东为韩国政府。自此，企业提供的股权架构图全部得以证明具有真实的控股关系，B公司在"受益所有人"判定上也可以适用9号公告中"安全港"的相关规定。

最终，企业通过了9号公告"安全港"与申请人虽不符合"受益所有人"条件，但直接或间接持有申请人100%股份的人符合"受益所有人"条件规定的双重测试，主管税务机关认为B公司所属集团的整体架构安排没有滥用协定目的和结果，应认为B公司具有"受益所有人"身份，可以享受中韩税收协定股息条款待遇。

【例3-12】探求真实股权架构　否定"受益所有人"⑤

A公司主要从事房地产开发及商铺出租业务，由位于香港的S公司投资并100%控股。A公司向其直接控股母公司S公司分配股息，非居民企业申请享受税收安排待遇。具体股权架构如图3-8所示。

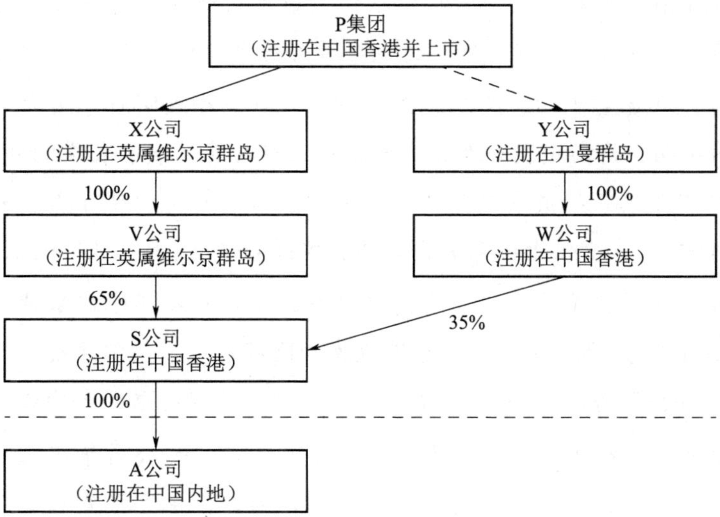

图3-8　股权架构图（8）

为了进一步减少税企争议，主管税务机关本着有利于纳税人的原则，

⑤　国家税务总局国际税务司.税收协定执行案例集[M].北京：中国税务出版社，2019.

对S公司股息“受益所有人”身份进行审核。根据《国家税务总局关于税收协定中“受益所有人”有关问题的公告》（国家税务总局公告2018年第9号，以下简称9号公告），如果能够证明位于香港的P集团直接或间接持有S公司100%股份，且P集团符合“受益所有人”条件的话，S公司仍有希望被认定为“受益所有人”而享受税收安排待遇。但在核实过程中，主管税务机关发现如下问题：

第一，从公司的整体架构来看，S公司分别被V公司、W公司持有65%、35%的股权。据S公司说明，W公司为代持股公司，其在架构中存在的意义是为满足中国香港特别行政区法律对设立公司的要求。但从证据来看，企业除提供了W公司的代持股声明外，未提供任何可以证明W公司在企业运营资金使用及是否享有利润分配权利的相关证据。同时，W公司曾多次被转让，鉴于W公司背景复杂且能够看到的资料有限，是否可以简单地定性为代持股公司缺乏有效的证据支撑。

若四公司不能被认定为代持股公司，如果可以证明其最终被P集团100%持有，将从企业的架构上降低协定滥用的风险。经与企业反复沟通S公司除提供股权架构图外，未提供任何实质性的证据证明W公司最终被P集团持有，即S公司未能证明其达到9号公告第三条的持股比例要求。

第二，从资金流向、股息流向来看，仅有证据表明股息由内地流向中国香港S公司，再由中国香港S公司流向注册在英属维尔京群岛的V公司，但无法证明股息最终流向P集团。企业仅向税务机关提供了V、X两家公司的公司章程，未提供上述两家公司的具体经营情况、财务状况的任何资料。

第三，从税收居民身份取得情况来看，注册在英属维尔京群岛的V、X两家公司取得2016年度中国香港税收居民身份证明，但注册在开曼群岛的Y公司和中国香港的W公司并未取得任何年度税收居民身份证明。

综上所述，S公司既未提供能够证明Y公司、W公司集团内持股关系的证据，也不能说明股息最终流向P集团，因此，税务机关无法判定P集团为股息的“受益所有人”。

最终税务机关认定S公司不符合“受益所有人”条件，不予享受税收安排待遇。经与S公司多次沟通，其表示接受税务机关的处理决定，并按期补缴预提所得税2000万元。

【例3-13】正确适用安全港规则合规享受股息优惠待遇[⑥]

内地RF公司是一家港商独资经营企业，成立于2010年12月，主要从事房地产建设、经营和物业管理，投资方为香港JL公司和YR公司，投资比例分别为50%和50%。香港JL公司和YR公司的最终控股方均为港交所上市公司，具体股权架构如图3-9所示。

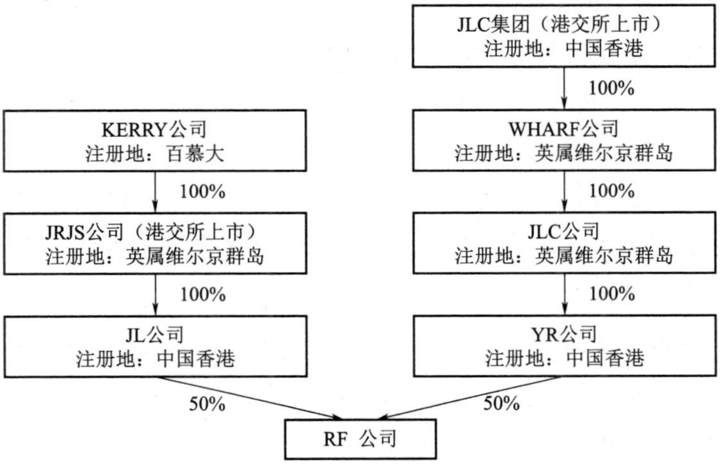

图3-9 股权架构图（9）

内地RF公司于2018年4月召开股东大会，决议分配2017年度的未分配利润5520万元，分派给股东香港JL公司和YR公司各2760万元。香港JL公司和YR公司认为根据《国家税务总局关于税收协定中“受益所有人”有关问题的公告》（国家税务总局公告2018年第9号，以下简称9号公告）规定，其可以适用安全港原则，直接判定为“受益所有人”，进而享受税收安排待遇，按照5%的优惠税率征税，理由如下。

第一，JL公司和YR公司注册于香港，取得了香港税收居民身份证明。

第二，JL公司和YR公司的最终控股公司分别为注册在百慕大的JRJS公司和注册在中国香港的JLC集团，两家公司均有中国香港税收居民身份证明，且均为港交所上市公司。

⑥ 国家税务总局国际税务司.税收协定执行案例集[M].北京：中国税务出版社，2019.

第三，香港JL公司和YR公司各持有内地RF公司50%的股权，在取得股息前连续12个月以内持股比例没有发生变化，符合《国家税务总局关于执行税收协定股息条款有关问题的通知》（国税函〔2009〕81号）的规定。

2018年4月，内地RF公司财务人员来到主管税务机关替两家母公司JL公司和YR公司报送了内地RF公司2017年度的审计报告、股东大会决议、公司章程、验资报告、公司组织架构图、JRJS公司和JLC集团2017年年报及股权架构中各公司的登记注册文件等资料。如果股息受益所有人是另一方的居民，且受益所有人是直接拥有支付股息公司至少25%资本的公司，则所征税款不应超过股息总额的5%，具体参见内地和香港税收安排第十条第二款。

申请人JL公司和YR公司的最上层公司均为港交所上市公司，应该可以直接认定申请人的“受益所有人”身份。但是由于组织架构中存在注册于避税地的公司，故对此不能确定。因此，这两家香港公司欲通过主动咨询税务机关以增加享受协定待遇的确定性，避免税务风险。

主管税务机关初步分析了企业报送的资料，认为按照9号公告第四条规定，“中间层为中国居民或缔约对方居民”，即内地税收居民或香港税收居民，因此，JL公司和YR公司还需要提供中间层公司的相关税收居民身份证明。同时，JRJS公司和JLC集团分别间接持有两家申请人100%股份，持股比例和持股时间应当符合9号公告第五条的规定，并且提供相应证明资料。在取得补充资料后，税务机关对两家申请人的“受益所有人”身份进行了详细分析。

第一，通过网上资料查询，税务机关得知该股权架构的最终控股方JRJS公司和JLC集团确为在港交所上市的公司。此外，JRJS公司和JLC集团的税收居民身份证明开具年度均为2018年，证明两家公司分别于2017年度和2018年度属于香港税收居民。两家公司的税收居民身份证明在申报资料年度均有效，符合《国家税务总局关于在内地使用香港居民身份证明有关问题的公告》（国家税务总局公告2016年第35号）规定。因此，JRJS公司和JC集团为符合9号公告第四条第二款规定的“缔约对方居民且在缔约对方上市的公司”。

第二，在最终控股方JRJS公司和JLC集团2017年年报附件“主要附属公司、联营公司及合营公司”中，披露了内地 RF 公司股权架构图中涉及的中间层公司及其持股比例，与企业提供的股权架构图一致。也就是说，JRJS 公司和 JLC 集团分别间接持有香港 JL 公司和 YR 公司 100% 股份。此外，企业提供了中间层 KERRY 公司、JL 公司、WHARF 公司、JLC 公司和 YR 公司的税收居民身份证明，可证明 JL 公司于 2016 年度、上述其他公司于 2017 年度为香港税收居民。综上，香港 JL 公司和 YR 公司符合 9 号公告第四条第四款规定的“申请人被第（一）至（三）项中的一人或多人直接或间接持有 100% 股份，且间接持有股份情形下的中间层为中国居民或缔约对方居民”条件。

第三，综合分析企业递交的股东大会决议、公司章程、验资报告和 JRJS 公司、JLC 集团审计报告等资料，两家申请人香港 JL 公司和 YR 公司被 JRJS 公司、JLC 集团分别间接持股 100% 的持股时间和持股比例在取得股息前连续 12 个月以内任何时候均达到规定比例，因此，符合 9 号公告第五条的规定。

税务机关根据以上分析结果，直接判定两家申请人香港 JL 公司和 YR 公司具有“受益所有人”身份，予以享受内地和香港税收安排第十条的优惠待遇，合计减免企业所得税 276 万元。

【例 3-14】境外多层控股架构下“受益所有人”判定[⑦]

A 公司是一家内地和香港合资企业，注册成立于 1980 年，其中，内地股东持股比例为 60%，香港股东 B 公司持股比例为 40%，主要经营范围为酒店管理。B 公司是在中国香港注册成立的一家酒店管理公司，其 100% 持股方为 C 公司。C 公司注册成立于英属维尔京群岛，是香港上市公司 M 公司的全资子公司。M 公司成立于百慕大，于 1998 年在中国香港上市，主要从事酒店管理。股权架构如图 3-10 所示。

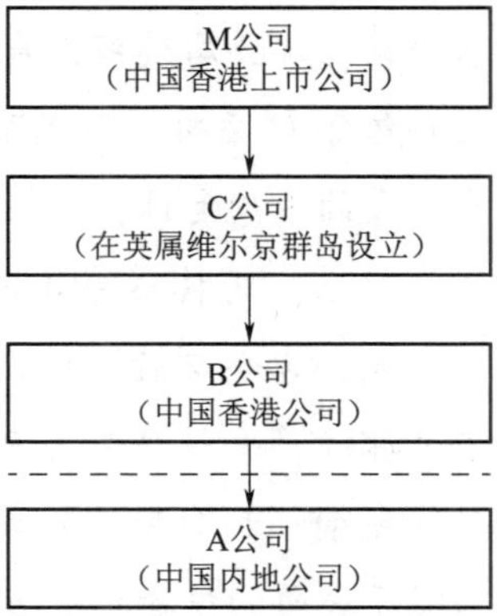

图 3-10　股权架构（10）

2018 年 5 月，A 公司作出董事会决议，向其股东分配 2016 年度的股息，

⑦　国家税务总局国际税务司 . 税收协定执行案例集 [M]. 北京：中国税务出版社，2019.

其中，B 公司取得股息 702 万元。在取得股息的当月，B 公司通过 A 公司在扣缴申报时一并享受税收安排待遇。B 公司认为其符合享受税收安排待遇条件，并陈述理由如下。

第一，B 公司在 2018 年取得了中国香港特别行政区政府税务局出具的税收居民身份证明，可以证明其在 2016 年度是香港的税收居民。

第二，B 公司对 A 公司的直接持股比例为 40%，且在取得股息前连续 12 个月以内持股比例未发生变化，符合股息条款适用 5% 限制税率的持股比例和时间要求。

第三，B 公司对从 A 公司取得的股息拥有支配权，没有义务在 12 个月内将这笔股息的 50% 以上支付给第三方（地区）居民。

第四，B 公司虽然没有实质的制造、经销等活动，但其作为控股公司的主要职能是在亚洲地区寻求投资业务。B 公司通过有效的管理，对 A 公司的经营决策作出判断、指导和监督。因此，B 公司认为其从事的是具有实质性的投资控股管理活动。

主管税务机关对 B 公司提供的相关资料进行了综合分析，认为 B 公司的“受益所有人”身份判定存在以下不利因素。

其一，B 公司声明对取得的股息享有支配权，并列示了该笔资金的用途，承诺 12 个月内不会向第三方（地区）居民支付。但从 B 公司的审计报告来看，B 公司连续三年在收到股息的 12 个月内将股息所得的 50% 以上支付给了 C 公司，形成了支付事实。因此，B 公司的承诺是否真实可信存在较大的不确定性。

其二，从 B 公司的审计报告显示，2017 年，B 公司取得股息收入 130 万美元，占全部收入的比重为 98.6%，除股息外的其他收入为利息收入和汇兑损益，合计 2 万美元。B 公司全年发生行政管理费用 5 万美元，其中工资薪金福利费用 4 万美元，从费用构成来看，其人员规模不足以支撑公司对子公司的投资管理活动。

其三，B 公司称其从事了具有实质性的投资控股管理活动，对 A 公司进行管理和指导，但未能提供任何可以证明其具体从事了哪些管理活动的证据材料。综合以上分析，主管税务机关认为，B 公司在“受益所有人”

身份判定方面存在多项不利因素。

在与企业多次沟通后，B公司对主管税务机关的判定意见表示认同但是希望申请人从中国取得的所得为股息时，申请人虽不符合“受益所有人”条件，但直接或间接持有申请人100%股份的人符合“受益所有人”并且属于符合“受益所有人”条件的人为申请人所属居民国（地区）居民情形的，应认为申请人具有“受益所有人”身份的规定，具体参见《国家税务总局关于税收协定中“受益所有人”有关问题的公告》（国家税务总局公告2018年第9号，以下简称9号公告）第三条。以M公司作为“受益所有人”的测试对象，对企业享受协定待遇情况进行判定。因此，B公司补充提交了M公司的相关资料，包括税收居民身份证明、审计报告资金流向记录、董事会决议、人力和物力配备情况说明、相关费用支出等资料。

主管税务机关再次认真梳理了企业提供的资料，对M公司是否符合“受益所有人”条件进行了深入分析。

第一，2018年3月，M公司取得了中国香港特别行政区税务机关出具的税收居民身份证明，证明其2016年度是香港的税收居民。

第二，从持股关系来看，M公司不仅提供了完整的股权架构图，也提供了从M公司到B公司每一层的持股关系证明，可以证明M公司间接持有B公司100%的股份，符合9号公告第三条对持股比例的要求。

第三，从股息流向来看，B公司连续三年在收到股息的12个月内将股息所得的50%以上支付给了C公司，C公司在极短的时间内，又将收到的股息全部支付给了M公司，且M公司也不存在12个月内将收到所得的50%以上支付给第三方（地区）居民的情形。因此，可以证明股息的最终流向是M公司。

第四，M公司作为集团的控股公司，1998年在中国香港上市，主要从事投资控股管理活动，其所在集团公司是世界知名的酒店管理集团之一在亚太地区、欧洲、北美及中东地区拥有或经营多家豪华酒店和度假酒店。

从M公司的组织架构来看，M公司有严格的风险管理和投资决策机制，董事会下设审核委员会，直接对董事会负责，履行审核职能。除此之外，还设有综合职能部、法律事务部、财务审计部、投资发展部等行政和决策机构。

从M公司的人员、资产情况来看，2017年，全年平均员工数为261名，营业收入8225万美元，营业利润2348万美元，归属于M公司的净资产76120万美元，行政费用3041万美元，资产规模与人员情况相匹配。

从是否从事实质经营活动情况来看，M公司每年定期召开董事会决议，作出重大经营决策，如新设酒店、下设酒店业务调整等，同时M公司在亚洲其他地区也进行投资活动。在香港联交所披露的报告显示，M公司资本充足，且在融资便利的香港运营，拥有承担投资控股功能的团队，也可以为其投资的项目提供融资服务，具有一定的投融资功能。因此，可以认定其从事的是具有实质性的投资控股管理活动。

因此，主管税务机关认为M公司可以通过“受益所有人”的测试，可以根据9号公告中第三条申请人虽不符合“受益所有人”条件，但直接或间接持有申请人100%股份的人符合“受益所有人”条件的情况的规定，认为B公司为“受益所有人”，可以享受税收安排待遇。

3. 不能直接判定具有“受益所有人”身份的申请人，须结合具体实际情况综合分析是否具有“受益所有人”身份。可以通过公司章程、公司财务报表、资金流向记录、董事会会议记录、董事会决议、人力和物力配备情况、相关费用支出、职能和风险承担情况，以及代理合同或指定收款合同等资料进行综合分析。不利于“受益所有人”身份的判定的因素包括：

（1）申请人有义务在收到所得的12个月内将所得的50%以上支付给第三方（地区）居民，“有义务”包括约定义务和虽未约定义务但已形成支付事实的情形。在实践中，申请人向第三方（地区）居民出借资金、偿还贷款或利息、股权投资等情况，都很有可能被认定为“虽未约定义务但已形成支付事实”。

【例3-15】申请人从中国收到股息所得后，每年向母公司分配的股息均未超过当年从中国收到股息所得的50%，且分配时未发生现金流，而是被母公司用来偿还向申请人的关联贷款。经进一步查看申请人银行对账单、银行支付流水、财务报表等信息，发现其在从中国收到每笔股息所得的一个月内即通过关联贷款的名义将该笔所得的80%以上支付给母公司，形成了该条所述“在收到所得的 12 个月内将所得的 50% 以上支付给第三方（地区）居民”的支付事实。对关联贷款协议等资料详细查看，发现该协议仅约定一个贷款额度，并约定在申请人现金流允许并经申请人同意的情况下，随时向母公司发放贷款；未约定还款期限，母公司可在任意时间偿还全部或部分贷款；贷款利率仅 0.5%，低于申请人所在国（地区）的银行同期贷款利率，上述事实对判定其“受益所有人”身份非常不利。

（2）申请人从事的经营活动不构成实质性经营活动。实质性经营活动包括具有实质性的制造、经销、管理等活动。申请人从事的经营活动是否具有实质性，应根据其实际履行的功能及承担的风险进行判定。申请人从事的具有实质性的投资控股管理活动（一般而言，申请人需要从事投资前期研究、评估分析、投资决策、投资实施及投资后续管理等活动），可以构成实质性经营活动；申请人从事不构成实质性经营活动的投资控股管理活动，同时从事其他经营活动的，如果其他经营活动不够显著，不构成实质性经营活动。

【例 3-16】按照中国与 A 国、B 国的税收协定，A 国居民可享受的股息优惠税率为 10%，B 国居民可享受的股息优惠税率为 5%。A 国公司通过设立在 B 国的子公司投资中国，B 国公司拟就其从中国获取的股息所得享受税收协定待遇。B 国公司声称其从事投资控股管理活动并有 5 名雇员，但经核实，B 国公司并未开展行业研究、市场分析等，未履行投资控股管理等功能，其声称的 5 名雇员实际与 A 国公司签订合同并履行 A 国公司的职能；其收到的股息暂无投资计划，在账户中闲置；居民企业的外方董事不是由其直接股东 B 国公司派出而是由 A 国公司直接派出；居民企业的章程称该公司的招聘、培训、融资、财务等责任由 B 国公司承担，但 B 国公司并无承担上述责任的人员，经核实上述责任实际为 A 国公司在甲市的办事处承担；B 国公司对居民企业和从居民企业获取的股息不承担相应风险。该案例中 B 国公司虽声称从事投资控股管理活动，但实际履行的功能及承担的风险有限，不足以证实其活动具有实质性。

【例 3-17】按照中国与 A 国、B 国的税收协定，A 国居民可享受的股息优惠税率为 10%，B 国居民可享受的股息优惠税率为 5%。A 国公司自

20世纪90年代以来陆续在中国股权投资设立十余家子公司并直接获取股息。2007年，A国公司在B国设立子公司，并进行集团内重组，由B国公司控股内地各子公司并获取股息。B国公司从事的投资控股管理活动不构成实质性经营活动，同时向集团内其他公司提供采购服务并收取服务费，或从集团外其他公司采购然后销售给集团内公司并赚取进销差价。但是，经核实，相关采购活动之前由A国公司设立在中国某省的子公司从事，2010年，集团将相关采购活动调整为由B国公司从事，B国公司无法证明做此调整的商业必要性，并且B国公司从事的采购等其他经营活动获取的所得占其全部所得（含从中国境内获取的全部所得）的比例仅为8%。上述案例可以认为申请人从事的其他经营活动不够显著，不构成实质性经营活动。

【例3-18】按照中国与A国、B国的税收协定，A国居民可享受的股息优惠税率为10%，B国居民可享受的股息优惠税率为5%。A国公司在B国设立公司作为亚洲区域总部，B国公司除投资中国外，还投资日本、韩国、新加坡、越南等十余个国家近50家公司。虽然中国境内的市场调研、行业研究等部分功能由设在中国的投资公司承担，但评估分析、投资决策及亚洲区域内各公司之间的资金统筹调配等功能由B国公司承担，应认为B国公司承担的区域总部功能具有一定实质性。如果相关功能表面上由B国公司承担，但B国公司仅有8名员工，不足以承担相关功能，实际由A国公司承担或A国公司团队提供支撑，应认为B国公司从事的活动不具有实质性。

【例3-19】按照中国与A国、B国的税收协定，A国居民可享受的股息优惠税率为10%，B国居民可享受的股息优惠税率为5%。A国公司计划投资中国，但自有资金仅有所需资金的70%，故选择在金融业较为发达、资本较为充足、融资较为便利的B国设立公司作为融资平台，从符合公告第四条所列安全港条件的B国的非关联公司募集完成所需资金的30%后，由B国公司投资中国并获取股息。该案例中，B国公司作为融资平台，履行了一定功能，承担了一定风险，并且所需资金的30%从B国融入，与B国有一定联系，应认为B国公司承担的融资功能具有一定实质性。

【例3-20】按照中国与A国、B国的税收协定，A国居民可享受的股息优惠税率为10%，B国居民可享受的股息优惠税率为5%。A国公司想要在亚洲进行业务扩张，考虑B国法律制度、地域、语言、税制等方面的优势，在B国设立区域性投资控股公司。B国公司有超过50个员工，公司的主要功能是选择和收购IT领域的企业，行业研究、区域市场调研、投资项目评估、投资风险分析、被投资对象的选择、投资决策及投资后续管理等职能均由B国公司自己的团队而非A国公司履行。B国公司对收购的子公司行使积极的管理职能，不向A国公司分配利润，而是选择将利润再投资于收购活动及对已收购公司的业务扩展。B国公司投资控股的子公司有60%在中国，40%在中国周边国家。经对该案例综合分析后，倾向于认为B国公司具有“受益所有人”身份。

（3）缔约对方对有关所得不征税或免税，或征税但适用税率极低。

【例3-21】特殊控股架构下的“受益所有人”判定[⑧]

B公司是2007年在中国注册成立的外商独资企业，外方股东为德国C公司，投资比例100%。C公司于2014年在德国设立，其股东为中国X集团下属中国Z公司，C公司上层股东均为在中国设立的公司。C公司的董事会成员共有3人，其中2名当地董事，1名海外董事。C公司的2名当地董事常驻德国，负责公司日常管理工作。

2017年2月和11月，B公司董事会作出决定，向其股东德国C公司分配2008至2016年度股息。C公司认为自己是B公司分配股息的“受益所有人”，可以享受中德税收协定待遇，由B公司按照中德税收协定股息条款5%的优惠税率缴纳了企业所得税。主管税务机关在协定后续管理中发现，C公司的上层控股公司为中国公司，股权架构较为特殊，随即对C公司取得股息是否可以享受协定待遇开展调查，要求纳税人提供享受协定待遇的依据及资料。

C公司就其所取得的股息享受税收协定优惠待遇提出如下理由并提供相关资料。

第一，C公司持有B公司的时间以及持股比例符合《国家税务总局关于执行税收协定股息条款有关问题的通知》（国税函〔2009〕81号）的规定，即取得股息前连续12个月以内任何时候均符合税收协定规定的比例，后续未发生变更。

---

⑧　国家税务总局国际税务司．税收协定执行案例集[M]．北京：中国税务出版社，2019.

C公司已将2008至2013年来自B公司的利润再投资于中国境内另一家W公司，没有将股息直接转付给控股的中国公司。因此，不存在“申请人有义务在规定时间（比如在收到所得的12个月）内将所得的全部或绝大部分（比如60%以上）支付或派发给第三方（地区）居民”的情况。

第二，C公司从事经营活动较为多元化，主要负责全球集团的资源调配与整合，提供各种共享服务，信息技术支持、质量标准、人事财务处理、培训与国外服务等。因此，不存在“除持有所得据以产生的财产或权利外，申请人没有或几乎没有其他经营活动”的情况。

第三，C公司提供的2015年财务报表反映：公司资产总额4.5亿欧元，资产结构分布中以股权投资为主，公司目前现有员工29名，包括董事3名，其中当地董事2名，其他员工均有相关的职责分工，公司整体资产收入和人员配置情况与其业务规模较为匹配。因此，不存在“在申请人是公司等实体的情况下，申请人的资产、规模和人员配置较小（或少），与所得数额难以匹配”的情况。

第四，C公司由中国X集团于2014年在德国注册设立，2014年9月X集团整体收购德国某集团下属的橡胶和材料业务品牌。C公司参与此项投资整体安排，也对投资承担相应风险。因此，不存在“对于所得或所得据以产生的财产或权利，申请人没有或几乎没有控制权或处置权，也不承担或很少承担风险”的情况。

第五，C公司是德国居民企业，在德国缴纳了企业所得税、贸易税和销售税，企业所得税税率为15%。因此，不存在“缔约对方国家（地区）对有关所得不征税或免税，或征税但适用税率极低”的情况。

税务机关核查了C公司提供的德国税务机关出具的税收居民身份证明、股权架构图、财务报表等资料，对C公司的“受益所有人”身份进行了分析。

其一，未发现C公司在12月内将全部或大部分股息所得支付或派发给第三方（地区）的情况。资料显示，C公司已将2008至2013年来自B公司的利润再投资于中国境内另一家W公司。

其二，C公司材料显示，其业务范围包括汽车供应商行业橡胶和塑料技术领域的制造、贸易、运营和销售，为各子公司提供业务服务。根据C

公司提供的审计报告，其2014年度、2015年度销售收入分别为300万欧元、900万欧元。2015年另有1200万欧元股息收入，说明除持有所得据以产生的财产或权利外，C公司还有其他经营活动。

其三，C公司审计报告显示，2014年度、2015年度资产总额分别为3.8亿欧元、4.5亿欧元。现有员工29名，2015年度、2016年度工资薪金分别为350万欧元、150万欧元，此外，还有该公司提供的社会保险金、养老金及其他资助费用的记录，2014年度、2015年度分别达到120万欧元和200万欧元。资产、人员、成本费用与C公司实际经营规模较为匹配。

其四，C公司在证明其对所得拥有控制权、处置权且独立承担各项风险，行使决策管理方面，提供了审计报告中显示将分红用于中国境内企业再投资的情况，利润分配的决议也表明该笔股息收入将用于中国境内企业的再投资。

其五，C公司在德国缴纳了企业所得税、贸易税和销售税，企业所得税税率为15%，根据C公司提供的2015年度在德国的所得税纳税申报表共计缴纳企业所得税90万欧元，不构成免税或不征税、征税但适用税率极低的情况。

税务机关综合分析上述因素，按照"实质重于形式"的原则，认为虽然境外最终控股方为中国公司，但德国C公司仍然符合"受益所有人"身份条件，予以享受中德税收协定股息条款的优惠税率待遇。

【例3-22】股息所得"受益所有人"身份判定⑨

C公司于2001年注册成立，由位于中国香港的P公司100%控股。P公司于2004年在中国香港注册成立，由日本的S集团100%控股，是S集团设立在亚太及大洋洲的区域总部。

2018年3月，C公司董事会作出决议，分配截至2016年度形成的累计未分配利润人民币16500万元。2018年4月，P公司对取得的股息所得进行纳税申报并按照内地和香港税收安排享受股息条款待遇，P公司认为其符合税收安排条件，理由如下。

---

⑨　国家税务总局国际税务司.税收协定执行案例集[M].北京：中国税务出版社，2019.

第一，C公司的设立以及P公司取得C公司股权的手续完备且符合法律要求，在税务方面不存在转移利润、逃避税务行为。

第二，P公司在中国香港依法注册成立，实际管理机构在中国香港，取得了中国香港的商业登记证，且于2018年取得了由中国香港特别行政区政府税务局出具的2017年度税收居民身份证明。

第三，P公司持有C公司100%的股份，在取得股息前连续12个月以内的持股比例均未发生过变化。

同时，P公司对其具有“受益所有人”身份进行了分析说明。

其一，P公司的公司章程规定，公司股东大会有权宣派股息。在分配股息前，公司董事会可酌情决定留存适当的利润用于公司自身经营及突发事件的应对等。P公司的公司章程或其他协议均未约定其有义务在规定时间内将所得股息的全部或绝大部分支付或派发给股东等第三方（地区）居民，且P公司自成立以来从未向其控股公司分配过股息。

其二，P公司从事的经营活动构成实质性经营活动。P公司作为S集团在亚太地区及大洋洲的区域总部，除在亚太地区及大洋洲的各国（地区）开展实质性投融资活动外，同时还为集团内各成员公司提供仓储、物流配送及管理、医疗技术支援、人力资源与行政、财务会计、信息服务与技术等服务。主要收入包括股息收入、利息收入、管理及服务取得的收入。

其三，P公司拥有的资产包括现金、家具、设备、软件、长期股权投资、贷款、衍生金融工具等；有多名董事会成员及雇员在公司内任职。因此，资产和人员配置与其履行的功能相匹配。

其四，P公司对于所得或所得据以产生的财产或权利承担相应风险。例如，2010年P公司作出决定，成立亚太无损检测设备业务部，统筹为亚太地区客户群体提供其无损检测仪产品的售前技术支持及售后服务，帮助客户能够正确地使用产品并制作科学的检测流程、检测方案，该投资方向的确定均自主决定，不受其投资方的控制。

其五，P公司的商业活动主要在中国香港进行，而其来源于中国香港的管理及服务收入作为应税收入，已按规定在中国香港申报利得税。P公司的雇员也已按规定在中国香港申报缴纳薪俸税。

主管税务机关根据《国家税务总局关于税收协定中“受益所有人”有关问题的公告》（国家税务总局公告2018年第9号，以下简称9号公告）第二条所列因素重点审核其是否符合“受益所有人”条件。经过综合分析研判，主管税务机关提出以下质疑。

第一，P公司称自成立以来从未向其控股公司分配过股息，也未发现以股息形式的资金对外支付，那么，是否存在P公司虽未约定分配股息的义务，但在收到股息所得的12个月内将所得的50%以上以非股息形式变相支付给第三方（地区）居民事实的情形。

第二，P公司称其作为S集团设立在中国香港的亚太地区及大洋洲区域总部，从事具有实质性的投资控股管理活动，但从P公司提供的资料来看未有充足的证据可以证明P公司具有实际投资控股管理的条件和能力。

针对税务机关的上述质疑，P公司补充提供了公司章程、审计报告，财务报表、股权架构图、企业内部组织架构、人员构成情况及相关服务合同等证明资料并逐一进行了解释说明。

税务机关依据企业提供的资料对P公司的“受益所有人”身份作出了进一步分析：

其一，P公司对其财产和收益具有充分地获取、持有和处置的权力。公司章程规定，P公司的董事会对股息的分派具有决定权，董事会还可以行使公司的权利取得借款、提供担保、抵押，以及发行债券及其他证券等。从股息流向来看，未发现P公司在取得股息所得12个月内以股息或股息以外的其他形式对外支付的事实。同时，P公司作为亚太地区及大洋洲区域总部，管理的投资资产众多，取得的股息所得大部分用于经营及对投资项目的管理，无支付给第三方（地区）居民的必要。

其二，P公司从事的经营活动是否构成实质性经营活动。P公司作为亚太地区及大洋洲区域总部，还在新加坡、越南、泰国、澳大利亚、新西兰、印度、马来西亚等国家投资设立了子公司，同时，还为集团内各成员单位提供仓储、物流配送及管理、医疗技术支援、人力资源与行政、财务会计、信息服务与技术等服务。

从公司章程和财务报告来看，P公司作为投资方有权直接参与投资决策，决定子公司的经营方针和投资计划，同时，P公司对亚太地区及大洋洲区域内的成员公司在借贷及资金统筹调配方面拥有重要的决策权及审批权，同时承担相应风险。

从投资管理的相关资料来看，P公司在投资决策方面履行了一定的职能，通过企业提供的投资调研报告、出资证明等资料显示，2010年至2018年间，P公司经过前期研究、反复评估分析、投资决策、投资实施及投资后续管理等活动，先后在亚太地区的越南、印度尼西亚等地投资筹建了多个工厂。

从人员构成来看，P公司共有7名日籍董事会成员，包括1名执行董事常驻中国香港，主要负责公司日常经营管理相关事务；6名非执行董事，分别为亚太地区各国（地区）负责人。P公司共有120名雇员，均为中国香港居民，并都正式签订了雇佣合同。

从组织架构来看，P公司设置办公室、人力资源部、战略规划部、财务管理部、投资管理部、物流业务部、信息科技部、法律合规部等部门。上述董事及员工均具有明确的职责划分，就职于公司的各个职能部门，其中35人在投资管理部，具体负责投资管理业务。2017年员工成本折合人民币48500万元，人员配置与P公司承担的职能相匹配。

从审计报告来看，截至2017年，P公司的资产总额折合人民币200000万元，净资产折合人民币88000万元，说明其拥有与其履行的功能相匹配的资产。从以上资料可以看出，P公司承担的投资控股功能具有一定实质性。

综上，主管税务机关认为申请人P公司符合“受益所有人”条件，可以享受内地和香港税收安排股息条款待遇。

（五）反滥用协定

非居民企业以获取优惠的税收地位为主要目的的交易或安排，不应适用税收协定股息条款优惠规定。纳税人因为该交易或安排而不当享受税收协定待遇的，主管税务机关有权进行调整。

第三节 利息所得

利息所得是指债权人将资金提供给债务人使用但不构成权益性投资，或因债务人占用债权人资金，债务人给予债权人的回报，包括存款利息、贷款利息、债券利息、欠款利息等，利息的支付方式包括货币或非货币性资产。债务人支付的利息可以计入支付人的成本费用，减少支付人的利润，从而影响支付人的税基,税法规定按照利息支付人所在地确定来源地。因此，只要利息支付人所在地是中国境内，其支付给非居民企业的利息就应在中国缴纳企业所得税。

在实践中还存在其他形式的、实际效果等同于资金借贷的行为，由此产生的报酬也是利息。例如，担保费，是指中国境内企业、机构或个人在借贷、买卖、货物运输、加工承揽、租赁、工程承包等经济活动中，接受非居民企业提供的担保所支付或负担的担保费或相同性质的费用，应按照《企业所得税法》对利息所得规定的税率计算缴纳企业所得税。同时，贷款协议中的所谓“服务费”、“承诺费”和“代理费”、“延期罚款”等伴随借款业务发生的费用，应视同利息收入合并征收所得税。另外，附属债券获取的所得，如发行债券的溢价和奖金构成利息，但债券持有者出售债券发生的盈亏不属于利息。

一、国内税法规定

（一）应纳税额的计算

非居民企业应当按照向其支付的利息全额确认所得金额。如支付人以其他方式变相支付利息，不得扣除其他税费支出。

应纳税额 = 收入全额 × 适用税率（10% 或协定税率）

收入全额是指非居民企业向支付人收取的全部价款和价外费用。

（二）扣缴义务发生时间

1. 实际支付日期

【例 3-23】2016 年 1 月 1 日新加坡 W 公司将 100 万美金借给中国居民企业甲公司，合同约定年利率 4.5%，借款期限 5 年，每年 12 月 31 日付息。2016 年 12 月 13 日甲公司向新加坡 W 公司支付 2016 年度利息 4.5 万美元。甲公司应就新加坡 W 公司获取该笔利息所得在 2016 年 12 月 13 日代扣代缴企业所得税。

2. 扣缴义务人按照权责发生制原则已将应付款项计入相关成本、费用的，并在企业所得税年度纳税申报中作税前扣除的，应在企业所得税年度纳税申报时按照《企业所得税法》有关规定代扣代缴企业所得税。

【例 3-24】2016 年 1 月 1 日新加坡 W 公司将 100 万美金借给中国居民企业甲公司，合同约定年利率 4.5%，借款期限 5 年，每年 12 月 31 日付息。甲公司由于资金紧张，没有按期支付利息，但按照权责发生制原则将 4.5 万美元的利息计入 2016 年财务费用，并于 2017 年 5 月 10 日在企业所得税年度纳税申报中作税前扣除。甲公司应在 2017 年 5 月 10 日代扣代缴企业所得税 0.45 万美元。

3. 扣缴义务人到期未支付的款项，不是一次性计入当期成本、费用，而是计入相应资产原价或企业筹办费，在该类资产投入使用或开始生产经营后分期摊入成本、费用，分年度在企业所得税前扣除的，应在企业计入相关资产的年度纳税申报时就上述所得全额代扣代缴企业所得税。

【例 3-25】2016 年 1 月 1 日新加坡 W 公司将 100 万美金借给中国居民企业甲公司用于购建固定资产，合同约定年利率 4.5%，2019 年 12 月 31 日一次还本付息。甲公司 2016 年 1 月开始购建该固定资产，2018 年 5 月达到可使用状态并开始计提折旧。由于 2016 年利息贷款利息资本化计入在建工程，甲公司应在 2017 年汇算申报 2016 年度企业所得税时，代扣代缴企业所得税 0.45 万美元。

（三）可以免征企业所得税的利息

1. 非居民企业获取下列所得，可以免征企业所得税：

（1）外国政府向中国政府提供贷款获取的利息所得。获取所得的主体必须是外国政府，而且是贷款给中国政府的。

（2）国际金融组织向中国政府和居民企业提供优惠贷款获取的利息所得。国际金融组织包括国际货币基金组织、世界银行、亚洲开发银行、国际开发协会、国际农业发展基金、欧洲投资银行及财政部和国家税务总局确定的其他国际金融组织如国际金融公司等。优惠贷款，是指低于金融企业同期同类贷款利率水平的贷款。

（3）经国务院批准的其他所得。

2. 自 2021 年 11 月 7 日起至 2025 年 12 月 31 日止，对境外机构投资境内债券市场获取的债券利息收入暂免征收企业所得税和增值税。暂免征收企业所得税的范围不包括境外机构在境内设立的机构、场所获取的与该机构、场所有实际联系的债券利息。

（四）中国银行境外分行获取的利息

中国银行境外分行指中国银行在境外设立的不具备所在国家（地区）法人资格的分行。境外分行作为中国居民企业在境外设立的分支机构，与其总机构属于同一法人。

1. 中国银行境外分行开展境内业务，并从境内机构获取的利息，为该分行的收入，计入分行的营业利润，按《财政部国家税务总局关于企业境外所得税收抵免有关问题的通知》（财税〔2009〕125 号）的相关规定，与总机构汇总缴纳企业所得税。境内机构向境外分行支付利息时，不代扣代缴企业所得税。

2. 中国银行境外分行从境内获取的利息如果属于代收性质，据以产生利息的债权属于境外非居民企业，境内机构向境外分行支付利息时，应代扣代缴企业所得税。

（五）融资租赁所得的税务处理

在中国境内未设立机构、场所的非居民企业，以融资租赁方式将设备、物件等租给中国境内企业使用，租赁期满后设备、物件所有权归中国境内企业（包括租赁期满后作价转让给中国境内企业），非居民企业按照合同约定的期限收取租金，应以租赁费（包括租赁期满后作价转让给中国境内企业的价款）扣除设备、物件价款后的余额，作为贷款利息所得计算缴纳企业所得税，由中国境内企业在支付时代扣代缴。

表 3-4 融资租赁与经营租赁

	融资租赁	经营租赁
目的	以融资为目的，有购置资产的意图	满足生产经营需要
风险报酬	资产视为承租人自有，承担风险报酬	资产的风险报酬仍由出租人承担
计提折旧	承租人计提	出租人计提
租约不同	签约后一般不可取消	到期可以续租或不再租赁

由表 3-4 可见，融资租赁具有明显的融资目的，虽然是以租金之名但却有利息之实。

（六）特殊违约金的税务处理

在商业活动中，如未能履约需要承担一定的责任，违约金（罚息）就是一种具有补偿惩戒的款项支付，在判定所得性质时，不应仅看款项的名义或名称，更重要的是要分析款项支付的原因、对应的交易活动及其特点。

【例 3-26】中国居民企业甲公司 2014 年与 X 国 B 公司签订了四台大型机械设备的销售合同，总金额为 1040 万美元，B 公司应预付货款 851.2 万美元，合同规定交货时间为 2016 年 5 月。由于受原材料供给的影响，甲公司无法按期交付机械设备，造成外国客户取消订单。经过国际仲裁，甲公司必须按照 B 公司已预付款项的 7.5% 赔付罚息。B 公司认为，该罚息的性质是违约金，目前文件未对此项收入是否征税明确规定，不应扣缴预提所得税。主管税务机关则认为，根据《中华人民共和国企业所得税法实施条例》第十八条规定："《企业所得税法》第六条第（五）项所称利息收入，是指企业将资金提供他人使用但不构成权益性投资，或因他人占用本企业资金获取的收入，包括存款利息、贷款利息、债券利息、欠款利息等收入。"甲公司预收B公司851.2万美元，后未能如期交付设备，按已预付款项的7.5%支付罚息，该罚息实质是甲公司对占用B公司851.2万元的补偿，属于利息，应征收企业所得税。

（七）混合投资及"名股实债"

1. 企业混合性投资业务，指兼具权益和债权双重特性的投资业务。境外投资者在境内从事混合性投资业务，同时符合下列条件的混合性投资业务，按照利息进行企业所得税处理：

（1）被投资企业接受投资后，需要按投资合同或协议约定的利率定期支付利息（或定期支付保底利息、固定利润、固定股息，下同）。

（2）有明确的投资期限或特定的投资条件，并在投资期满或满足特定投资条件后，被投资企业需要赎回投资或偿还本金。

（3）投资企业对被投资企业净资产不拥有所有权。

（4）投资企业不具有选举权和被选举权。

（5）投资企业不参与被投资企业日常生产经营活动。

具体参见《国家税务总局关于企业混合性投资业务企业所得税处理问题的公告》（2013年第41号）。

2. "名股实债"指投资回报不与被投资企业的经营业绩挂钩，无论被投资企业盈亏，均向投资者提供类似保本保收益的承诺。从会计角度，企业在负有向其他方交付现金或其他金融资产的合同义务时，应将其确认为金融负债（依据为《金融负债与权益工具的区分及相关会计处理规定》第二条中有关"金融负债"的定义）。从税务角度，如果非居民股东以"名股实债"的方式投资境内企业，向其分配的"利润"应当按支付利息进行税务处理。

【例3-27】香港A公司实际出资5000万元投资北京甲公司，持有32%的股权。2022年经股东大会决议，A公司从甲公司撤回全部投资。A公司就从甲公司获取款项中，超出实际出资额，即根据投资协议和甲公司章程A公司占甲公司累计未分配利润和累计盈余公积中应当分得的部分，按照股息红利申请享受税收协定待遇。

税务机关对投资协议、甲公司章程、股东大会决议等资料进行了详细的分析，根据约定A公司从甲公司获取分配利润的方案为：投资前5年采用累计剩余投资额乘以香港同业拆借利率加1%的方式分红；第6年至第10年每年固定收取40万美元作为分红；A公司投资满10年后全额撤资；A公司每年按持股比例应分配的利润中超出约定金额的部分，无条件赠与甲公司其他股东；甲公司及其他股东保证A公司收回5000万元投资及应分配利润。

税务机关认为，A公司从甲公司获取确定的投资回报，甲公司存在无法避免就A公司的股权投资向A公司负有支付现金的合同义务，基于实质重于形式的原则，甲公司应当将A公司的投资确认为一项金融负债，而不是权益工具。A公司的投资行为属于“名股实债”，甲公司根据约定向A公司支付的款项应为利息而非股息红利。

（八）资本弱化问题

由于利息属于支付企业的成本费用，可以税前扣除；而股息属于支付企业的税后利润，不能再税前扣除。一些关联企业，为降低整体税负，通过增加借贷款（债权性投资）金额，减少资本（权益性投资）金额，既满足了被投资企业的资金需求，又增加了被投资企业的成本费用，实现降低企业税负的目的。因此，税法规定企业从其关联方接受的债权性投资与权益性投资的比例超过规定标准（金融企业为5∶1，其他企业为2∶1）而发生的利息支出，不得在计算应纳税所得额时扣除。

直接或间接实际支付给境外关联方的利息应视同分配的股息，按照股息和利息分别适用的所得税税率差补征企业所得税，如已扣缴的所得税税款多于按股息计算应征所得税税款，多出的部分不予退税。

企业如果能够按照税法及其实施条例的有关规定提供相关资料（同期资料），并证明相关交易活动符合独立交易原则的除外。

二、税收协定规定

（一）《中新协定》利息条款

1. 发生于缔约国一方而支付给缔约国另一方居民的利息，可以在该缔约国另一方征税。

2. 这些利息也可以在该利息发生的缔约国，按照该缔约国的法律征税。但是，如果利息受益所有人是缔约国另一方居民，则所征税款：在该项利息是由银行或金融机构获取的情况下，不应超过利息总额的 7%；在其他情况下，不应超过利息总额的 10%。

3. 虽有第 2 款的规定，从缔约国一方获取的利息应在该国免税，如果受益所有人是：新加坡共和国政府；新加坡金融管理局；新加坡政府投资有限公司；法定机构；缔约国双方主管当局随时可同意的，由新加坡政府完全拥有的任何机构。

4. “利息”是指从各种债权获取的所得，无论其有无抵押担保或是否有权分享债务人的利润；特别是从公债、债券或信用债券获取的所得，包括其溢价和奖金。由于延期支付的罚款，不应视为本条所规定的利息。

5. 如果利息受益所有人作为缔约国一方居民，在该利息发生的缔约国另一方，通过设在该缔约国另一方的常设机构进行营业或通过设在该缔约国另一方的固定基地从事独立个人劳务，据以支付该利息的债权与该常设机构或固定基地有实际联系的，不适用第 1 款、第 2 款的规定。在这种情况下，应视具体情况适用营业利润或独立个人劳务条款的规定。

6. 如果支付利息的人为该缔约国居民，应认为该利息发生在该缔约国。然而，当支付利息的人无论是否为缔约国一方居民，在缔约国一方设有常设机构或固定基地，支付该利息的债务与该常设机构或固定基地有联系，并由其负担利息，上述利息应认为发生于该常设机构或固定基地所在缔约国。

7. 由于支付人与受益所有人之间或他们与其他人之间的特殊关系，就有关债权支付的利息数额超出支付人与受益所有人没有上述关系所能同意的数额时，本条规定应仅适用于后来提及的数额。在这种情况下，对该支付款项的超出部分，仍应按各缔约国的法律征税，但应对《中新协定》其他规定予以适当注意。

8. 如果据以支付利息的债权的产生或分配，是由任何人以获取本条利益为主要目的而安排的，则本条规定不适用。

（二）利息的范畴

利息一般是指从各种债权获取的所得。“各种债权”应包括现金、货币形态的有价证券，以及政府公债、债券或信用债券。对于与利息相关的其他所得是否应属于“利息”的范畴，应根据其性质区别对待：附属债券获取的所得，如发行债券的溢价和奖金构成利息，但债券持有者出售债券发生的盈亏不属于利息范围；与贷款业务相关的并附属于债权的所得可认定为利息，对独立发生于债权方以外的，如单独收取的担保费等，原则上不应认定为利息。中国签订的部分协定约定，延期支付的罚款不视为利息。

当非居民企业从中国境内获取担保费并享受协定待遇时，应判断该担保费是否附属于债权。如果与贷款业务相关的并附属于债权，应适用利息条款。如果独立发生于债权方以外，不应适用利息条款，可以适用营业利润条款。

（三）受益所有人

获取利息所得并需要享受税收协定待遇的缔约对方居民（以下简称“申请人”）应具有“受益所有人”身份。“受益所有人”是指对所得或所得据以产生的财产或权利具有所有权和支配权的人。

判定申请人是否具有“受益所有人”身份时，应结合具体实际情况进行综合分析，可以通过公司章程、公司财务报表、资金流向记录、董事会会议记录、董事会决议、人力和物力配备情况、相关费用支出、职能和风险承担情况、贷款合同、特许权使用合同或转让合同、专利注册证书、版权所属证明，以及代理合同或指定收款合同等资料进行综合分析。不利于“受益所有人”身份的判定因素包括以下 4 个方面。

1. 申请人有义务在收到所得的12个月内将所得的50%以上支付给第三方（地区）居民，“有义务”包括约定义务和虽未约定义务但已形成支付事实的情形。

2. 申请人从事的经营活动不构成实质性经营活动。实质性经营活动包括具有实质性的制造、经销、管理等活动。申请人从事的经营活动是否具有实质性，应根据其实际履行的功能及承担的风险进行判定。申请人从事的具有实质性的投资控股管理活动（一般而言，申请人需要从事投资前期研究、评估分析、投资决策、投资实施及投资后续管理等活动），可以构成实质性经营活动；申请人从事不构成实质性经营活动的投资控股管理活动，同时从事其他经营活动的，如果其他经营活动不够显著，不构成实质性经营活动。

3. 缔约对方国家（地区）对有关所得不征税或免税，或征税但适用税率极低。

4. 在利息据以产生和支付的贷款合同之外，存在债权人与第三人之间在数额、利率和签订时间等方面相近的其他贷款或存款合同。

（四）约定机构可享免税

1. 符合“受益所有人”条件的非居民企业从中国境内获取利息时，只有当该非居民企业为协定已约定的机构（缔约对方政府、地方当局及其中央银行或完全为其政府所有的金融机构），才能在中国适用免税条款，其他机构直接或通过协定已约定的机构获取的利息不适用免税。

2. 凡协定利息条款中规定缔约国对方中央银行、政府拥有的金融机构或其他组织从中国获取的利息应在中国免予征税的，上述有关银行（机构）可在每项贷款合同签署后，向利息发生地主管税务机关申请享受有关协定待遇。利息发生地主管税务机关应为其办理免征利息所得税手续。纳税人申请免征利息所得税时，应附报缔约国对方税务主管当局出具的其属于政府拥有银行或金融机构的证明及有关贷款合同副本。

3. 凡协定有关条文、议定书、会谈纪要或换函等已列明缔约国对方在中国免征利息所得税具体银行、金融机构的，纳税人可按规定办理免征利息所得税手续，仅附报有关合同副本即可。

（五）常设机构负担利息

非居民企业在中国境内拥有常设机构，并且支付的利息由该常设机构负担，利息来源地是中国。

【例 3-28】韩国 A 公司在中国境内设立常设机构 B。2016 年 1 月，A 公司从新加坡 C 银行借入 100 万美元，年利率 4%，用于常设机构 B 的运营，利息由常设机构 B 负担。2017 年 1 月，A 公司向 C 银行支付利息 4 万美元。C 公司获取该笔利息应当在中国缴纳企业所得税，可以享受中国与新加坡的税收协定待遇。

（六）利息与营业利润

非居民企业通过设在中国境内的常设机构营业，非居民企业获取利息的债权与常设机构有实际联系的（债权是该常设机构资产的一部分，或是获取利息的相关营业活动通过常设机构进行的），中国可将利息并入常设机构的营业利润予以征税，不再适用利息条款。如果非居民企业仅以滥用协定为目的，将贷款转移到为利息提供优惠税收待遇的常设机构的，则不应将利息并入常设机构的利润予以征税。

（七）超额支付不得享受协定的优惠

当支付人与受益所有人之间或他们与其他人之间由于某种特殊关系而造成超额支付利息时，支付额中超过按市场公允价格计算所应支付数额的部分不得享受协定的优惠。

第四节　租金所得

租金通常是指经营性租赁获取的收入，出租人向承租人转让厂房、生产设备、物件、通信线路设施、运输工具、包装物或其他有形资产的使用权，而收取的补偿。承租人支付的租金通常可以计入支付人的成本费用，从而影响支付人的税基，税法规定按照租金支付人所在地确定来源地。因此，只要租金支付人所在地是中国境内，其支付给非居民企业的租金就应在中国缴纳企业所得税。需要注意的是，融资性租赁获取的租金按照利息处理。

一、国内税法规定

租金收入是指企业提供固定资产、包装物或其他有形资产的使用权获取的收入。

（一）应纳税额的计算

非居民企业应当按照向其支付的租金全额确认所得金额。如承租人以其他方式变相支付租金，不得扣除其他税费支出。

应纳税额 = 收入全额 × 适用税率（10% 或协定约定）

收入全额指非居民企业向支付人收取的全部价款和价外费用。

（二）扣缴义务发生时间

1. 实际支付日

【例 3-29】2016 年 1 月 1 日，新加坡 W 公司将自有大型装备出租给中国居民企业甲公司，合同约定每年 12 月 31 日支付本年租金 300 万元人民币，租借期限 5 年。2016 年 12 月 4 日，甲公司向新加坡 W 公司支付 2016 年度租金 300 万元，甲公司应在 2016 年 12 月 4 日就新加坡 W 公司获取该笔租金所得代扣代缴企业所得税。

2. 如果支付人未按照合同或协议约定的日期支付租金，或变更或修改合同或协议延期支付，但支付人按照权责发生制原则已将应付款项计入相关成本、费用的，并在企业所得税年度纳税申报中作税前扣除的，应在企业所得税年度纳税申报时按照《企业所得税法》有关规定代扣代缴企业所得税。

【例 3-30】2016 年 1 月 1 日，新加坡 W 公司将自有大型装备出租给中国居民企业乙公司，合同约定每年 12 月 31 日支付本年租金 300 万元人民币，租借期限5年。乙公司由于资金紧张未按期支付租金，但在2017年4月6日申报2016年度企业所得税汇算清缴时，按照权责发生制原则将300万元的租金计入成本，并在企业所得税年度纳税申报中作税前扣除。新加坡W公司虽然没有获取款项，但乙公司应在2017年4月6日代扣代缴企业所得税。

3. 到期应支付而未支付，但支付人上述到期未支付的所得款项，不是一次性计入当期成本、费用，而是计入相应资产原价或企业筹办费，在该类资产投入使用或开始生产经营后分期摊入成本、费用，分年度在企业所得税前扣除的，应在企业计入相关资产的年度纳税申报时就上述所得全额代扣代缴企业所得税。

（三）不动产租赁

1. 非居民企业出租位于中国境内的房屋、建筑物等不动产，未直接或委托第三方对该不动产进行日常管理的，应就获取的租金收入全额计算缴纳企业所得税，由中国境内的承租人在每次支付或到期应支付时代扣代缴。

【例3-31】新加坡企业E公司在北京某大厦拥有3间写字间。2015年1月1日，E公司将3间写字间出租给居民企业甲公司，租期8年，年租金100万元人民币。E公司未派人也未委托第三方对3间写字间进行管理，甲公司到期通过银行支付租金，甲公司应就E公司获取的租金所得在每次支付或到期应支付时代扣代缴企业所得税。

2. 非居民企业委派人员或委托中国境内其他单位或个人对出租的不动产进行日常管理的，应视为其在中国境内设立机构、场所，非居民企业应在税法规定的期限内自行申报缴纳企业所得税，在一定情形下，税务机关也可以指定支付人作为扣缴义务人代扣代缴。

【例3-32】新加坡企业E公司在上海拥有一栋写字楼，为便于服务与管理，E公司聘请上海某物业公司提供物业管理服务，并委托该物业公司收取租金。则该写字楼构成E公司在中国境内的机构、场所，E公司应自行申报纳税。在一定情形下，税务机关也可以指定支付人作为扣缴义务人代扣代缴。

（四）通信及石油管道等特殊租赁

中国境内企业、机构或个人，因使用非居民企业拥有的卫星、电缆、光纤等通信线路，石油管道或其他类似设施，向非居民企业支付的费用，属于非居民企业来源于中国境内的租金收入，应依照税法规定计算征收企业所得税。

（五）租赁境外资产

中国居民租赁非居民企业的境外资产，中国居民支付租金时是否需要代扣代缴企业所得税，按照租金支付人所在地确定所得来源地，应分为两种情况区别对待。

1. 中国居民未在境外构成常设机构，中国居民支付租金时应代扣代缴企业所得税。

【例 3-33】中国居民企业 A 公司为在新加坡推广产品，临时在新加坡租赁一个写字间，租期 4 个月，租金 3 万美元。A 公司未在新加坡设立常设机构，A 公司支付租金时应代扣代缴企业所得税。

2. 由中国居民境外常设机构直接支付的租金。由于中国居民在境外构成常设机构，常设机构所在国（地区）有权对该常设机构的营业利润征税，常设机构支付的租金属于成本费用直接影响营业利润。支付人为该常设机构，负担地为境外，所以，中国无征税权。

【例 3-34】中国居民企业 A 公司在新加坡承包某建筑工程，工期预计 3 年。为便于经营管理，A 公司新加坡项目部就近租用新加坡 B 公司的 3 间办公室，该项目部直接支付 80 万美元租金。B 公司获取的该笔租金所得无须在中国缴纳所得税。

二、税收协定规定

（一）税收协定无单独租金条款

在税收协定中并没有单独的租金条款，与租赁相关的条款包括“不动产条款”“特许权使用费条款”“国际运输条款”“营业利润条款”。

（二）不动产条款中的租赁所得

非居民企业出租中国境内不动产获取租金，无论是《企业所得税法》还是中国已签订税收协定的不动产条款，均赋予了中国征税权。即非居民企业直接使用、出租或任何其他形式使用，从位于中国境内的不动产获取的所得，包括农业或林业所得，应在中国缴纳企业所得税。

“不动产”一词应当具有财产所在地的缔约国的法律所规定的含义。该用词在任何情况下应包括附属于不动产的财产，农业和林业所使用的牲畜和设备，有关地产的一般法律规定所适用的权利，不动产的用益权及由于开采或有权开采矿藏、水源和其他自然资源获取的不固定或固定收入的权利。船舶和飞机不应视为不动产。

（三）特许权使用费条款中的租赁所得

凡税收协定特许权使用费定义中明确包括使用工业、商业、科学设备收取的款项（即中国税法有关租金所得）的，有关所得应适用税收协定特许权使用费条款的规定，参见《国家税务总局关于执行税收协定特许权使用费条款有关问题的通知》（国税函〔2009〕507号）第一条。税收协定对此规定的税率低于税收法律规定税率的，应适用税收协定规定的税率。上述规定不适用于使用不动产产生的所得，使用不动产产生的所得适用税收协定不动产条款的规定。中国与大部分国家（地区）签订的税收协定特许权使用费条款对部分设备租金有优惠规定。

（四）附属于国际运输业务的租赁收入

企业从事以光租形式出租船舶或以干租形式出租飞机，以及使用、保存或出租用于运输货物或商品的集装箱（包括拖车和运输集装箱的有关设备）等租赁业务获取的收入不属于国际运输收入，参见《国家税务总局关于税收协定执行若干问题的公告》（国家税务总局公告2018年第11号）。

但根据中新税收协定第八条第四款，附属于国际运输业务的上述租赁业务收入应视同国际运输收入处理。“附属”是指与国际运输业务有关且服务于国际运输业务，属于支持和附带性质。企业就其从事附属于国际运输业务的上述租赁业务获取的收入享受海运和空运条款协定待遇，应满足以下三个条件：

1. 企业工商登记及相关凭证资料能够证明企业主营业务为国际运输；

2. 企业从事的附属业务是其在经营国际运输业务时，从事的对主营业务贡献较小但与主营业务联系非常紧密、不能作为一项单独业务或所得来源的活动；

3. 一个会计年度内，企业从事附属业务获取的收入占其国际运输业务总收入的比例原则上不超过 10%。

第五节 特许权使用费所得

结合国内税法和税收协定关于特许权使用费所得的定义，可以从以下几个方面理解特许权使用费。

1. 特许权使用费基于特定财产或相关权利而产生，财产包括有形资产或无形资产，这些财产或权利可以或必须在规定的部门注册登记，也可能无须注册登记。需要注意的是，为获取有形资产的使用权而支付的款项，按照国内税法定义所得类型为租金，而按照部分税收协定则属于特许权使用费的范畴。若交易中不涉及财产或相关权利，则交易对价不涉及特许权使用费。

2. 特许权使用费基于转让前述财产或权利的使用权而产生，而非转让财产或权利的所有权。如果一项交易的标的是某些财产或权利的所有权，交易后受让人可以自由使用、处置、获取收益等，无论其是否有附加条件（如使用期限、范围），也无论采用何种形式收取报酬，均属于财产转让收益，而不属于特许权使用费。此外，如果交易标的是知识产权物化的产品（如销售书籍、软件产品），而非使用知识产权本身，则收取的报酬也不构成特许权使用费，而是属于产品销售收入。

【例 3-35】某非居民企业将其拥有的一项发明专利卖给一家中国居民企业用于生产，非居民企业不再拥有此项专利的所有权，则收取的交易对价为财产转让收益，不是特许权使用费。如果该非居民企业将专利的使用权授权中国居民企业在一定范围和期限内用于生产，该非居民企业仍然拥有该专利的所有权，则交易对价为特许权使用费。

3. 特许权使用费既包括正常转让使用权收取的款项，也包括因侵权支付的赔偿款。

特许权使用费通常可以计入支付人的成本费用，从而影响支付人的税基，税法规定按照特许权使用费支付人所在地确定来源地。因此，只要特许权使用费支付人所在地是中国境内，其支付给非居民企业的特许权使用费就应在中国缴纳企业所得税。

一、国内税法规定

特许权使用费收入，指企业提供专利权、非专利技术、商标权、著作权及其他特许权的使用权获取的收入。

（一）特许权的范围

1. 专利权，又称发明创造专利权，是国家依照法定条件和程序，对发明、实用新型和外观设计等智力成果授予的排他性享有和使用的权利，受《中华人民共和国专利法》等法律法规保护。专利权是专利权人的一种财产权，是其通过发明创造或他人转让而获得的，是专利权人可以排他性地使用或授予他人使用专利的权利。专利权具有排他性、时间性和地域性。排他性，也称独占性或专有性，专利未经专利人许可或出现法定的情况，任何人不得使用。时间性，指法律对专利权的保护不是无期限的，超过一定时间他人也可以利用。地域性，指任何一项专利权，只有依照一定地域内的法律才得以产生并在该地域内受到法律保护，包括签订专利保护协议和参与专利保护国际公约的地区。权利人授予他人使用专利并获得经济上的回报，属于特许权使用费所得。

2. 非专利技术，又称专有技术。除专利以外，具有专有性质的，未曾公开不为外界所知的技术知识、经验的信息或资料，如独特的设计、造型、配方、计算公式、软件包、制造工艺等工艺诀窍、技术秘密等，具有技术性、秘密性、实用性。与专利不同的是，非专利技术没有在专门的机关登记注册，而是依靠保密手段进行垄断，因此，不受专利相关法律保护，没有保护期限，只要不泄露就可以永久专有。被许可的技术通常已经存在，但也包括根据受让方的需求进行研发，然后再许可使用。权利人授予他人使用非专利技术并获得经济上的回报，属于特许权使用费所得。

《技术引进合同管理条例施行细则》中明确专有技术具有实用性、新颖性、价值性和保密性。也就是说，专有技术必须能够在生产实践过程中操作才有存在价值，不能应用的技术不能称为专有技术。而且，相对于专利专有技术并非具备独一无二的特性，但它也绝不是任何人都可以随意得到的，因此，能够给企业带来超额利润。非专利技术许可使用合同通常约定保密、使用限制等条款。

3. 商标权，是商标专用权的简称。商标是用于区别商品和服务不同来源的商业性标志，由文字、图案、字母、数字、三维标志、颜色组合、声音或上述要素的组合构成。商标权包括商标权人对其注册商标的排他使用权、收益权、处分权、续展权和禁止他人侵害的权利等。商标权适用《中华人民共和国商标法》等法律法规。权利人授予他人使用商标并获得经济上的回报，属于特许权使用费所得。

4. 著作权，又称版权。即著作人依法对其创作的文学、艺术和科学作品享有专有权。著作权包括著作人格权与财产权两部分。其中著作人格权包括对作品的发表权、署名权、修改权及保护作品完整权等；著作财产权包括对作品的复制权、发行权、出租权、展览权、表演权、放映权、广播权、信息网络传播权、摄制权、改编权、翻译权及许可他人使用并获得报酬的权利等。著作权适用《中华人民共和国著作权法》等法律法规，除法律另有规定，未经著作人许可或转让，他人不得占有和行使著作权。权利人授予他人使用著作权并获得经济上的回报，属于特许权使用费所得。

5. 其他特许权，除以上四项较为常见的特许权外，还有一些特许权的类型，如连锁店经营的加盟特许权、品牌经营特许权等。这些都是具有经济价值的权利，通常要以支付费用的方式获取，也是特许权所有人的重要收入来源。目前，国内税法对其他特许权所包含的范围尚无明确的界定，在具体判定上要根据特许权交易对象、目的及交易所涉及权利的性质、功能和支付报酬的方式等方面进行界定。

（二）应纳税额的计算

非居民企业应当按照向其支付的特许权使用费全额确认所得金额。如支付人以其他方式变相支付特许权使用费，不得扣除其他税费支出。

应纳税额＝收入全额 × 适用税率（10% 或协定税率）

收入全额是指非居民企业向支付人收取的全部价款和价外费用。

（三）扣缴义务发生时间

1. 实际支付日期。

2. 到期应支付而未支付，但支付人按照权责发生制原则已将应付款项计入相关成本、费用的，并在企业所得税年度纳税申报中作税前扣除的，应在企业所得税年度纳税申报时按照《企业所得税法》有关规定代扣代缴企业所得税。

3. 到期应支付而未支付，但支付人上述到期未支付的所得款项，不是一次性计入当期成本、费用，而是计入相应资产原价或企业筹办费，在该类资产投入使用或开始生产经营后分期摊入成本、费用，分年度在企业所得税前扣除的，应在企业计入相关资产的年度纳税申报时就上述所得全额代扣代缴企业所得税。

二、税收协定规定

（一）《中新协定》特许权使用费条款

1. 发生于缔约国一方而支付给缔约国另一方居民的特许权使用费，可以在该缔约国另一方征税。

2. 这些特许权使用费也可以在其发生的缔约国，按照该缔约国的法律征税。但是，如果特许权使用费受益所有人是缔约国另一方居民，则所征税款不应超过特许权使用费总额的10%。缔约国双方主管当局应协商确定实施该限制税率的方式。

3. "特许权使用费"是指使用或有权使用文学、艺术或科学著作，包括电影影片、无线电或电视广播使用的胶片、磁带的版权，任何计算机软件，专利，商标、设计或模型，图纸、秘密配方或秘密程序所支付的作为报酬的各种款项；也包括使用或有权使用工业、商业、科学设备或有关工业、商业、科学经验的情报所支付的作为报酬的各种款项。

4. 如果特许权使用费受益所有人是缔约国一方居民，在特许权使用费发生的缔约国另一方，通过设在该缔约国另一方的常设机构进行营业或通过设在该缔约国另一方的固定基地从事独立个人劳务，据以支付该特许权使用费的财产或权利与该常设机构或固定基地有实际联系的，不适用第1款和第2款的规定。在这种情况下，应视具体情况适用营业利润或独立个人劳务条款的规定。

5. 如果支付特许权使用费的人是缔约国一方居民，应认为该特许权使用费发生在该缔约国。然而，当支付特许权使用费的人不论是否为缔约国一方居民，在缔约国一方设有常设机构或固定基地，支付该特许权使用费的义务与该常设机构或固定基地有联系，并由其负担这种特许权使用费，上述特许权使用费应认为发生于该常设机构或固定基地所在缔约国。

6. 由于支付特许权使用费的人与受益所有人之间或他们与其他人之间的特殊关系，就有关使用、权利或情报支付的特许权使用费数额超出支付人与受益所有人没有上述关系所能同意的数额时，本条规定应仅适用于后来提及的数额。在这种情况下，对该支付款项的超出部分，仍应按各缔约国的法律征税，但应对《中新协定》其他规定予以适当注意。

7. 如果据以支付特许权使用费的权利的产生或分配，是由任何人以获取本条利益为主要目的而安排的，则不适用。

（二）对特许权使用费的理解

中国与其他国家（地区）签订的税收协定中，特许权使用费条款与中新税收协定类似，但有的也存在差异。例如，与巴西的协定约定特许权使用费包括为提供技术支持和技术服务所收取的款项；与墨西哥的协定约定特许权使用费包括通过卫星、电缆、光纤等技术转播或接收图像或声音而支付的款项；与南非、波兰的协定约定特许权使用费不包括为专有技术支付的款项；与格鲁吉亚、塔吉克斯坦等国的协定约定特许权使用费不包括设备租金。具体适用时以相应协定内容为准，主要有以下几个方面。

1. 特许权使用费首先应与使用或有权使用以下权利有关：构成权利和财产的各种形式的文学和艺术，有关工业、商业和科学实验的文字和信息中确定的知识产权，无论这些权利是否已经或必须在规定的部门注册登记。还应注意，特许权使用费既包括在有许可的情况下支付的款项，也包括因侵权支付的赔偿款。

2. 特许权使用费也包括使用或有权使用工业、商业、科学设备获取的所得，即设备租金。但不包括设备所有权最终转移给用户的有关融资租赁协议涉及的支付款项中被认定为利息的部分；也不包括使用不动产获取的所得，使用不动产获取的所得适用协定不动产条款的规定。

3. 特许权使用费还包括使用或有权使用有关工业、商业、科学经验的情报获取的所得。对该项所得应理解为专有技术，一般是指进行某项产品的生产或工序复制所必需的、未曾公开的、具有专有技术性质的信息或资料。与专有技术有关的特许权使用费一般涉及技术许可方同意将其未公开的技术许可给另一方，使另一方能自由使用，技术许可方通常不亲自参与技术受让方对被许可技术的具体应用，并且不保证实施的结果。被许可的技术通常已经存在，但也包括应技术受让方的需求而研发后许可使用，并在合同中列有保密等使用限制的技术。

4. 在服务合同中，如果服务提供方在提供服务过程中使用了某些专门知识和技术，但并不许可这些技术使用权，则此类服务不属于特许权使用费范围。如果服务提供方提供服务形成的成果属于特许权使用费定义范围，并且服务提供方仍保有该项成果的所有权，服务接受方对此成果仅有使用权，则此类服务产生的所得属于特许权使用费。

5. 在转让或许可专有技术使用权过程中，如果技术许可方派人员为该项技术的应用提供有关支持、指导等服务，并收取服务费，无论是单独收取还是包括在技术价款中，均应视为特许权使用费。但如上述人员的服务已构成常设机构，对归属于常设机构部分的服务所得应执行协定营业利润条款的规定，对提供服务的人员执行协定非独立个人劳务条款的规定；对未构成常设机构或未归属于常设机构的服务收入仍按特许权使用费规定处理。

6. 单纯货物贸易项下作为售后服务的报酬，产品保证期内卖方为买方提供服务所获取的报酬，专门从事工程、管理、咨询等专业服务的机构或个人提供的相关服务所获取的所得不是特许权使用费，应作为劳务活动所得适用协定营业利润条款的规定。

（三）受益所有人

获取特许权使用费所得并需要享受税收协定待遇的缔约对方居民（以下简称“申请人”）应具有“受益所有人”身份。“受益所有人”是指对所得或所得据以产生的财产或权利具有所有权和支配权的人。

判定申请人是否具有“受益所有人”身份时，应结合具体实际情况进行综合分析。可以通过公司章程、公司财务报表、资金流向记录、董事会会议记录、董事会决议、人力和物力配备情况、相关费用支出、职能和风险承担情况、特许权使用合同或转让合同、专利注册证书、版权所属证明，以及代理合同或指定收款合同等资料进行综合分析。不利于“受益所有人”身份的判定的因素。

1. 申请人有义务在收到所得的 12 个月内将所得的 50% 以上支付给第三方（地区）居民，“有义务”包括约定义务和虽未约定义务但已形成支付事实的情形。

2. 申请人从事的经营活动不构成实质性经营活动。实质性经营活动包括具有实质性的制造、经销、管理等活动。申请人从事的经营活动是否具有实质性，应根据其实际履行的功能及承担的风险进行判定。

3. 缔约对方对有关所得不征税或免税，或征税但适用税率极低。

4. 在特许权使用费据以产生和支付的版权、专利、技术等使用权转让合同之外，存在申请人与第三人之间在有关版权、专利、技术等的使用权或所有权方面的转让合同。

【例 3-36】技术转许可下特许权使用费“受益所有人”判定[⑩]

B 公司是生产经营饮料食品包装容器的合资经营企业。其集团总部位于美国，在中国的营运主要通过 B 香港、B 公司和 B 美国设立在境内的其他子公司进行。B 公司与 B 香港签订了饮料罐生产技术转让合同，按照内地和香港税收安排，符合条件的特许权使用费，如果其受益所有人是另一方居民，则所征税款不应超过特许权使用费总额的 7%。

2016 年 11 月，B 公司向主管税务机关递交相关资料，为其关联方 B 香港申报享受税收安排待遇。主管税务机关于 2016 年底开始对 B 香港享受税收安排待遇的情况进行后续管理。

主管税务机关对 B 香港享受税收安排待遇的风险进行判断，主要包括：税收居民身份、受益所有人、税收安排滥用风险、税款计算、所承担的功能与风险等方面。

经对非居民企业相关资料进行审核，初步判断：B 香港具有香港税收居民身份，但其受益所有人身份的判别仍需要进一步调取其他资料核实。

对此，主管税务机关要求企业提供 B 香港最近一年的财务报表、公司章程、关联企业名单及关联结构图、专利注册证书或专利技术权属证明、特许权使用合同或转让合同、申请人与第三人之间的近似转让合同、企业所在国（地区）对特许权使用费所得的实际征收率等资料。

通过查看企业提供的资料，主管税务机关发现以下疑点。

第一，B 香港与第三方签订近似的转让合同，对三方存在转付义务。

B 香港与 B 美国签订了专利技术使用权许可合同，合同中的相关条款架构和内容，与其和 B 公司签订的合同高度雷同。两份合同关于技术使用、

⑩ 国家税务总局国际税务司 . 税收协定执行案例集 [M]. 北京：中国税务出版社，2019.

处理和许可方面的约定基本相同，仅在费用比例上有所调整。根据B香港与B美国所签订的合同条款，B香港按照每年旗下子公司产品净销售金额的0.5%向B美国支付基础生产技术的特许权使用费；B香港从B公司取得所得后，在一年内对第三方（地区）居民具有转付义务。

第二，B香港所承担功能和风险与所得不匹配。

根据B香港的财务报表数据显示，B香港只有约100万港元的固定资产，占总资产的比例不到1%。2016年B香港的雇员约30人，其中2人为工程部人员。经了解，B香港相关雇员主要是公司董事和行政管理人员，只有工程部的少数职工与该专利许可有业务联系，根据企业提供的相关资料，B香港工程部人员主要通过邮件、会议等方式对中国内地子公司进行工艺流程的指导，但相关指导内容与合同所使用的专利技术存在较大差异。B香港未投入资金对合同专利技术进行升级改造，也未开展与专利技术维护相关的工作，其承担功能的能力，以及实际履行的功能与所得不匹配。

第三，专利技术权属证明为B美国所有。

B香港不能提供对其所许可中国内地生产厂（如B公司）使用的技术的专利技术注册证书或其他权属证明。企业提供的权属证明显示中国内地生产厂被许可使用的专利及技术均为B美国拥有，B香港只能对内地区域实施再许可，而非B香港之前所称的“由其拥有技术并对提成收入具有绝对控制权和处置权”。

基于前述分析情况，B香港不能满足“受益所有人”的身份条件，不符合享受税收安排待遇条件。经过主管税务机关的解释与沟通，纳税人未再提出异议，同意补缴税款及滞纳金。

（四）与常设机构相关的特许权使用费

1. 据以获取特许权使用费的财产或权利，构成非居民企业在中国境内常设机构的一部分，或与该常设机构有其他方面的实际联系，则中国可将特许权使用费并入常设机构的利润予以征税。仅以滥用协定为目的，将财产或权利转移到为特许权使用费提供优惠税收待遇的常设机构的不应适用。

2. 非居民企业在中国境内拥有常设机构或固定基地，并且向其他非居民企业支付的特许权使用费由该常设机构或固定基地负担，该特许权使用费来源地应是中国。

【例 3-37】美国设在中国境内的常设机构支付给新加坡税收居民企业的特许权使用费，在特许权使用费与该常设机构有实际联系的情况下，应认为该特许权使用费来源于中国。如新加坡税收居民企业为该项特许权使用费的受益所有人，则可以申请享受《中新协定》待遇。

（五）超额支付不得享受协定的优惠

当支付人与受益所有人之间或他们与其他人之间由于某种特殊关系而造成超额支付特许权使用费时，支付额中超过按市场公允价格计算所应支付的数额的部分不得享受协定的优惠。

三、特许权使用费的判定

实务中应根据交易双方的权利义务关系，涉及标的的性质，结合相关法律法规及司法解释进行深入分析。当适用税收协定时，应以协定中特许权使用费的范围为准。不应扩大对“其他特许权的使用权获取的收入”的释义，也不应局限于各种交易形式或合同文字描述；应关注合同条款约定及收费依据和标准，剥去互联网、数字化、服务性、保密限制等“外衣”，按照实质重于形式的原则识别交易目的、双方权利义务等核心内容，分析交易的实质及其经济逻辑，对应现有法律法规进行税务处理。

（一）技术服务

1. 在服务合同中，如果服务提供方在提供服务过程中使用了某些专门知识和技术，但并不许可这些技术使用权，则此类服务不属于特许权使用范围。

【例 3-38】居民企业甲公司研发生产了一个高精密元器件，自己不具备检测的能力，国内没有找到合适的检测单位。2016 年 5 月，甲公司与新加坡企业 G 公司达成协议，由 G 公司在新加坡完成检测，G 公司在检测过程中运用专门设备、知识和技术，但这些设备、知识和技术完全保密，不对甲公司公开，仅告知甲公司检测结果。此项业务应属于境外劳务，而不是特许权使用。

2. 如果服务提供方提供服务形成的成果属于特许权定义范围，并且服务提供方仍保有该项成果的所有权，服务接受方对此成果仅有使用权，则此类服务产生的所得属于特许权使用费。

3. 如果服务提供方提供服务形成的成果属于特许权定义范围，但服务提供方没有保有该项成果的所有权，所有权归服务接受方，则此类服务产生的所得属于劳务所得。

【例 3-39】新加坡企业 K 公司与居民企业甲公司于 2015 年 6 月签订技术开发服务合同。合同履约活动在新加坡完成，服务费用 100 万美元。K 公司在中国没有常设机构，开发过程中来华时间累计 4 个月。如果 K 公司拥有其设计的图纸、说明及相关程序和资料的知识产权，甲公司仅能将该技术应用于北京某项目，则 K 公司获得服务费用应属于特许权使用费。如果 K 公司将其设计的图纸、说明及相关程序和资料的所有权全部转让给甲公司，并未附加限制使用条件，则 K 公司获得服务费用应属于劳务费用。

4. 在转让或许可专有技术使用权过程中，如技术许可方派人员为该项技术的使用提供有关支持、指导等服务并收取服务费，无论服务发生地在境内还是境外，无论是单独收取费用还是包括在技术价款中，均应视为特许权使用费。“技术许可方派人员”，既可以派自己公司的人员，也可以是关联企业的人员或具有关联关系的人员。但如上述人员的服务已构成常设机构，则对服务部分的所得应适用税收协定营业利润条款的规定。

【例 3-40】新加坡企业 A 公司与居民企业甲公司签订专有技术许可合同，合同约定 A 公司收取技术许可费 500 万元，A 公司委托北京的关联企业乙公司提供技术服务收取费用 60 万元，A 公司员工在新加坡提供远程技术培训收取费用 40 万元。判定时，首先应确定乙公司是否构成 A 公司在中国的常设机构。如果构成常设机构，则技术服务费 60 万元属于常设机构的营业利润，500 万元许可费和 40 万元培训费属于特许权使用费；如果不构成常设机构，则技术服务费 60 万元、500 万元许可费和 40 万元培训费属于特许权使用费。

5. 如果技术受让方在合同签订后即支付费用，包括技术服务费，即事先不能确定提供服务的场所是否构成常设机构的，可暂执行特许权使用费条款的规定；待确定构成常设机构，且认定有关所得与该常设机构有实际联系后，按协定相关条款的规定，对归属常设机构利润征收企业所得税及对相关人员征收个人所得税时，应将已按特许权使用费条款规定所做的处理作相应调整。

【例 3-41】新加坡企业 A 公司与居民企业甲公司签订专有技术许可合同，合同约定 A 公司收取技术许可费 500 万元，A 公司委派员工到甲公司提供技术服务，收取费用 100 万元，所有费用在签订合同后 20 日内付清。B 公司在支付时，应将 600 万元作为特许权使用费代扣代缴企业所得税。如 A 公司因向甲公司提供服务构成了在中国的常设机构，则应将已按特许权使用费条款规定处理的 100 万元作相应调整。

6. 单纯货物贸易项下作为售后服务的报酬，产品保证期内卖方为买方提供服务所获取的报酬，专门从事工程、管理、咨询等专业服务的机构或个人提供的相关服务所获取的所得不是特许权使用费，应作为劳务活动所得。但个别税收协定对此另有特殊规定的除外（如中英税收协定专门列有技术费条款）。

（二）设计服务

判断设计类交易是否涉及特许权使用费时，最重要的是判定设计成果的所有权归属问题，若设计成果归委托方所有，设计成果受托方不可直接使用到其他项目，受托方参与后续施工过程以确保设计实施效果，对受托方收取的设计费应认定为劳务所得；与之相反，若约定设计成果归受托方所有，设计成果可以直接使用或经过简单修改再次应用到其他项目，受托方不保证设计实施效果，则对受托方收取的设计费应认定为特许权使用费。在实务中，有时会出现没有明确约定设计成果所有权归属，或设计成果的名义所有权与实际情况不符的情形。例如，虽然合同约定设计成果归委托方所有，但委托方仅可在本合同项目下使用该设计成果，且需要遵守保密约定，不允许让第三方知晓，不可在其他项目上使用该设计成果或创意，而受托方则不受此限制（或受托方可对设计成果进行简单修改而规避此限制），这种情况下一般认为受托方对设计成果的所有权更占优势。

【例 3-42】境内甲公司委托境外 A 公司进行建筑设计。合同约定设计成果所有权归境内甲公司，双方均需对此次设计成果等资料严格保密，不得将相关资料用于合同以外的项目。

设计图纸、技术资料等设计成果，属于据以产生特许权使用费的财产范畴。设计成果所有权归境内甲公司，同时相关保密条款对此所有权进行了限制。但考虑到在建筑设计合同里，有关保密性约定是行业惯例，目的是维护合同双方的共同利益，这种情况下不能仅因合同的保密条款而直接判定为特许权使用费。此外，受托方需要结合项目现场环境的地形、地貌、气候等个性化因素开展设计，受托方直接重复使用设计成果的可能性较低。综合考虑，甲公司向 A 公司支付的设计费不属于特许权使用费。

【例 3-43】境内甲公司与境外 B 公司签订生产线设计合同，委托 B 公司为甲公司设计某生产线，用于生产 B 公司许可生产的设备。合同规定了生产线各个环节的参数配置等标准，但未明确设计成果所有权归属，仅约定甲公司不得将设计成果进行复制、泄露、转让或用于其他项目，但合同中并未对 B 公司做此类限制。

设计图纸、技术资料等设计成果，属于据以产生特许权使用费的财产范畴。双方虽未约定设计成果的所有权归属，但甲公司不得复制、泄露、转让或用于其他项目，而 B 公司未受到此类限制，也就是 B 公司可以将该设计成果再许可他人或经过简单修改后许可他人使用；受托方 B 公司对设计成果的占有、使用、收益、处置等权利明显优于委托方甲公司；从实质重于形式的角度考虑，B 公司实质上对设计成果的所有权更占优势，设计费应判定为特许权使用费。

（三）认证服务

认证是指由认证机构证明产品、服务、管理体系符合相关技术规范及强制性要求或标准的合格评定活动。有的认证由国家机构或国家认可的认证机构实施，具有市场准入、行政许可性质；有的认证由商业公司或非政府组织实施，有助于提高商品、服务的市场认可度。通过认证后，认证机构一般会出具认证证书或授权使用认证标志。注册商标包括证明商标，证明商标是指由对某种商品或服务具有监督能力的组织所控制，而由该组织以外的单位或个人使用在自己的商品或服务，用于证明该商品或服务的原产地、原料、制造方法、质量或其他特定品质的标识。

【例 3-44】境内甲企业与境外 A 机构签订了检测服务合同，约定由 A 机构对甲企业生产的设备进行检测，经检测合格的产品可获得 A 机构的认证标志。A 机构是国际知名设备检测机构，A 机构的认证标志，通常被授权标识在产品和产品包装上，用于表示该产品符合相关标准。

甲企业与 A 机构签订的合同虽名为检测服务，但目的是获取 A 机构认证标志（商标）的使用许可。A 机构认证标志价值在于 A 机构的商誉，A 机构许可甲企业使用该标志，相当于将这种商誉赋予甲企业的产品，产品检测只是 A 机构进行质量控制和商誉维护的手段。因此，甲企业向 A 机构支付的认证费属于特许权使用费。

【例 3-45】C 国法律规定药品必须通过政府或政府指定机构品质认证后才能在该国合法销售，B 机构是政府指定机构之一。中国某药品制造公司为获准在 C 国销售其药品，向 B 机构申请了药品认证并支付了有关费用。B 机构对药品进行了抽样检测，检测结果符合 C 国相关标准，并向中国公司发放了合格证书。

B 机构对入境药品的品质认证属于政府授权行为，认证结果用于证明中国企业生产的药品符合 C 国法律规定，不涉及使用 B 机构的品牌、知名度等商誉。B 机构发放的合格证书仅为服务结果证明不构成知识产权，支付的认证费属于服务费，不属于特许权使用费。

（四）广告代言费

广告代言活动通常会形成图片、海报、视频等宣传作品。通常这些作品的著作权由知名人士或其所属公司所有，委托方可以在一定的范围和时限内使用上述作品进行宣传。广告代言的交易实质是委托方利用知名人士的知名度、形象、声音等为其产品进行宣传，构成了对著作权的使用，相关费用应判定为特许权使用费。

【例 3-46】境外A公司是影视明星Q的经纪公司，境内甲公司与A公司签订广告代言合同。合同约定明星Q为甲公司产品代言，广告拍摄、制作均由A公司在境外完成，代言期间形成的宣传品的著作权由A公司和明星Q所有，境内甲公司只能在规定时间和范围内播放广告视频、张贴宣传海报。同时约定，明星Q在代言期间不可以使用与该代言产品有竞争关系的品牌产品，个人不能有任何影响形象的负面事件发生等。甲公司向A公司支付的广告代言费属于特许权使用费。

（五）计算机软件

在判断涉及计算机软件交易的所得性质时，首先应确认交易标的是否包含可辨认财产或权利，包含的可辨认财产或权利是知识产权还是软件商品。买卖合同是出卖人转移标的物的所有权给买受人，买受人支付价款的合同；出卖具有知识产权的计算机软件等标的物的，除法律另有规定或当事人另有约定的以外，该标的物的知识产权不属于买受人（参见《中华人民共和国民法典》第九章）。软件著作权人享有发表权、署名权、修改权、复制权、发行权、出租权、信息网络传播权、翻译权等；软件著作权人可以许可他人行使其软件著作权，并有权受让报酬；软件著作权人可以全部或部分转让其软件著作权，并有权受让报酬（参见《中华人民共和国计算机软件保护条例》)。非专利技术包括未申请专利的技术成果、未授予专利权的技术成果、专利法规定不授予专利权的技术成果（参见《中华人民共和国技术合同法实施条例》第六条）；技术成果包括计算机软件（参见《最高人民法院关于审理技术合同纠纷案件适用法律若干问题的解释》)。所以，无论是通过线上下载，还是通过存储介质获取，受让方仅获取对软件进行有效操作所必需的有限权利（例如，将软件存储到终端硬盘或为存档而进行的复制），交易标的是软件商品；受让方获取修改、复制、发行、出租、传播、翻译等超出有效操作软件所必需的权利，交易标的是知识产权。

【例 3-47】中国甲企业完成软件开发后，委托非居民企业A公司对该软件进行测试，甲企业提供参数指标，A公司在境外使用专门的计算机软件进行测试并报告测试结果，甲企业支付测试费 80 万元。A 公司虽然在测试过程中使用了专门的计算机软件，但并未许可或销售给甲企业，委托测试交易标的不包含可辨认财产或权利。所以，测试费 80 万元属于劳务所得。

【例 3-48】中国乙企业以光盘或序列号的方式向非居民企业 A 公司购买行政管理软件，A 公司允许乙企业下载安装或复制该软件自用，但不得修改、发行销售等，乙企业支付软件使用费 200 万元。A 公司在境外远程提供软件升级、问题处理、操作指导等服务，每年收费 50 万元。无论软件程序是通过有形媒介（如光盘）还是电子方式（如序列号）获取，乙企业获得的权利仅包含下载安装或复制软件程序，此项权利属于对软件程序进行有效操作所必需的权利，不属于与软件知识产权相关的权利，同时乙企业仅能自用该软件并不得修改、发行销售等，该交易标的是软件商品，乙企业向 A 公司支付的款项不构成特许权使用费。同时，A 公司提供软件升级、问题处理、操作指导等维护，未向乙企业传授知识技术，不涉及软件著作权、非专利技术相关知识产权的让与。所以，软件使用费 100 万元属于销售或财产转让所得、维护费 50 万元属于劳务所得。

【例 3-49】甲企业购买非居民企业 A 公司的办公软件嵌入自产终端设备，每销售一台设备需支付软件使用费 100 元。甲企业可以对该软件进行复制、发行销售，已超出为使用软件产品进行有效操作所必需的权利，交易标的是知识产权。办公软件的著作权人为 A 公司，甲企业受让办公软件著作权的使用权。所以，办公软件使用费属于特许权使用费。

【例 3-50】中国丙企业购买非居民企业 A 公司的财务管理软件，并有权对该软件进行复制、修改、翻译、二次开发、本地化改造及发行销售。同时，A 公司就该软件在境外远程提供技术指导，丙企业对获悉的软件编码规则、相关模型等技术负有保密义务。丙企业支付软件使用费 600 万元、技术服务费 200 万元，后续 A 公司根据软件销售情况从丙企业按照一定比例获得收入分成。

丙企业有权对软件进行复制、修改、翻译、二次开发、本地化改造及发行销售等，交易标的是知识产权。同时，A 公司对丙企业的指导涉及软件编码规则、相关模型等非专利技术的传授，且丙企业负有保密义务，交易标的是非专利技术。该软件的著作权人和非专利技术所有人为A公司，丙企业受让该软件著作权和非专利技术的使用权。后续A公司从丙企业获取的收入分成，形式上是软件商品销售收入，但实质还是因为A公司提供对软件的修改权和向第三方销售的权利而获取的收入，因此，丙企业支付给A公司的费用无论是一次性支付还是按照销售情况的比例支付，均应认定为特许权使用费。

【例3-51】非居民企业A公司应中国戊企业的要求，在境外受托开发物流管理软件和仓储管理软件。开发成功后，A公司是物流管理软件的权属人享有全部权利，戊企业可以对软件进行复制、修改、翻译、发行销售等，开发费用1000万元；戊企业是仓储管理软件的权属人享有全部权利，开发费用2000万元。

软件开发成功后，A公司是物流管理软件权属人享有全部权利，戊企业是仓储管理软件权属人享有全部权利。戊企业受让物流管理软件的使用权。所以，物流管理软件开发费用1000万元属于特许权使用费；仓储管理软件开发费用2000万元属于劳务所得。

（六）云计算服务

云计算服务是基于云计算技术提供的商业服务，根据云计算服务的层次，有不同类型的服务，如资源租赁服务、应用设计服务、软件服务等，通常将其划分为三个层次，分别为基础设施（infrastructure）、平台（platform）和软件（software）。

基础设施服务（infrastructure as a service，IaaS）包括处理CPU、内存、存储、网络和其他基本的计算资源。基于IaaS服务模式，可以提供给消费者的服务是对所有计算基础设施的利用，为不同用户提供虚拟化环境，实现计算和存储等功能。

平台服务（platform as a service，PaaS）旨在为服务商在网上提供各种开发和分发应用的解决方案，比如虚拟服务器、操作系统、网页应用管理、应用设计及应用开发协作工具等。PaaS核心服务主要包括安全服务、目录服务、总线服务、工作流、身份认证和共享服务等。

软件服务（software as a service，SaaS）帮助客户在各种设备上进行界面访问，比如浏览器等。

跨境云计算服务是数字经济和经济全球化共同作用的产物。由于云计算服务是一种分布式的系统，依赖大规模数据中心的运转，所以，在全球生产要素自由流动的条件下，云计算服务商可以在不同国家（地区）建立数据中心，为不同国家（地区）的客户提供服务。跨境云计算服务作为数字经济下的一种新型商业模式，由于其服务种类的多样性、交易内容的数字化与复杂化、交易形式的虚拟化，与其他数字经济商业模式相比也有很大不同，因此，其税收问题也有其特殊性。

OECD“双支柱”方案作为当前各国（地区）应对经济数字化税收挑战的指导框架,已在2021年10月举行的二十国集团峰会上获得批准。其中，支柱一方案是要确保包括数字企业在内的大型跨国公司所获取利润在各个市场辖区内进行合理分配，以平衡经济数字化背景下国际税收权益分配格局。对于云计算服务而言，具体包括如下几个方面的影响。

1. 大型云计算服务企业将可能被纳入支柱一适用范围，2020年10月，税基侵蚀和利润转移包容性框架批准了《应对数字经济的税收挑战——支柱一蓝图报告》（以下简称蓝图报告）。此后，OECD于2021年7月1日发表声明，130个国家（地区）支持“双支柱”方案。2021年10月8日，OECD再次发表声明（以下简称“10月声明”），在“7月共识”的基础上，包容性框架下140个成员中的136个成员（截至目前已有137个成员同意）就“双支柱”方案达成共识。对于支柱二，OECD已于2021年12月20日发布《应对经济数字化税收挑战——支柱二全球反税基侵蚀规则立法模板》，供各辖区推进国内立法时参照使用。对于支柱一，OECD计划于2022年上半年完成多边公约文本和解释性声明的制定并供各辖区签署，相关设计细节仍未出台，因此，本文某些方面的分析仍基于蓝图报告相关规定。根据支柱一方案中的利润分配和联结度规则，在确定价值和市场管辖区的联结度时，需要考虑用户、数据等因素，将范围内企业的一部分超额利润分配给市场管辖区。根据“10月声明”，支柱一范围内的企业包括全球营业额超过200亿欧元及利润率（即税前利润或总收入）超过10%的跨国企业。

当支柱一范围内的跨国企业在某个税收管辖区获取不低于100万欧元的收入时，允许相关税收管辖区参与金额A的分配。对于GDP低于400亿欧元的小型税收管辖区，该联结度门槛为25万欧元。根据这一新规定，多数知名云计算服务企业可能被纳入支柱一中金额A的适用范围，在市场管辖区承担纳税义务。值得注意的是，云计算服务业务模式中的价值创造与其他高度数字化业务模式中的价值创造不同，前者不是主要依赖于有针对性的广告等方式，而是通过云计算服务的销售来获取营业收入，因此，市场国（地区）的数据和用户对云计算业务的价值贡献相对较小，从而导致云计算服务是否应适用、如何适用"双支柱"改革方案有一定分歧。

2. 部分云计算服务或将不被纳入金额A适用范围，按照服务提供的自动化程度，通常可将云计算服务分为三大类：标准化云计算服务、定制云计算服务、标准化和定制服务的组合云计算服务（包括以标准化模块为基础的定制服务）。根据蓝图报告，自动化数字服务（automated digital services，ADS）积极清单范围仅包括标准化云计算服务，定制云计算服务属于消极清单范围，而组合云计算服务则适用"双重类别ADS和服务包"的相关规定。下面对这三种情况进行具体分析。云计算服务往往是高度标准化的，不同标准化的云计算服务可以被配置在一起以满足客户的需求。例如，企业可以选择从云计算提供商获得数据存储、数据安全和网站托管服务的某种组合。无论客户选择单一还是多项组合的此类服务，都属于标准化的云计算服务。尽管客户的业务可能不同，但从云计算提供商的角度来看，提供数据存储或云中托管网站的行为本质上是相同的，因此，根据蓝图报告，这种标准云计算服务属于积极清单，应该被纳入金额A的适用范围。其他一些云计算服务需要高度的人力参与，以便根据特定客户的需求定制服务。例如，一家医院可能会聘请云计算提供商开发一个基于云的IT系统，以管理其复杂的运营。这类服务更接近于工程和咨询服务，即专业服务，属于消极清单所列范围，根据蓝图报告，不应被纳入金额A的适用范围。如果云计算服务供应商的业务是提供包括标准化和定制服务在内的组合云计算服务，则会适用"双重类别ADS和服务包"的相关规定。由于ADS和非ADS元素高度集成化的趋势越来越明显，关于云计算服务性质的认定变得尤为重要。在“10 月声明”中，支柱一适用范围删除了 ADS 和面向消费者的企业的相关规定，不再有不同经营业务的区分。但由于相关细则仍未出台，对云计算服务的相关性质认定及是否会延续蓝图报告中的相关规定给出相应积极清单和消极清单仍不明确。比如，这些供应模块是否产生单独的收入或是否为客户单独开发票或进行定价，再按照定义对每个单独的供应模块的性质进行评估；若服务的供应模块无法单独识别或不具有实质性，是否应对整个服务进行评估等。

此外，“双支柱”方案和新的私人权益资本（简称 PE）规则并行，又可能对云计算服务企业造成重复课税。根据 PE 的传统概念及 OECD 税收协定范本对 PE 概念的拓展，代理机构和服务器所在场所都可以成为云计算服务企业的 PE，进而可能在不同税收管辖区就同一笔所得课税。同时，根据“双支柱”方案中的新联结度规则，可能有多个国家形成对云计算服务企业的征税权，造成征税权的重叠与重复征税问题。[⑪]

跨境云计算服务收入定性为营业利润、特许权使用费所得或是其他所得尚没有明确规定。在实务判定中，只能根据实质重于形式原则，分析归类对应国内税法已明确的所得类型。如交易实质涉及转让特定财产或相关权利的使用权，则相关费用应判定为特许权使用费。

【例 3-52】中国甲企业使用 A 公司的云平台，搭建并在海外运营自己的网站，A 公司向甲企业提供虚拟主机（服务器）、网络服务等。A 公司云服务全部在境外完成。甲企业每年支付 60 万元使用费。

云平台基于硬件资源和软件资源，提供计算、网络和存储能力。甲企业未获得明确、具体的软件著作权或非专利技术的使用权，不构成特许权使用。虽然云平台依附于硬件资源，但根据国际企业会计准则和中国企业会计准则，租赁业务中租赁物在物理上应可区分且出租方不拥有实质替换权，并且承租方能够控制租赁物。仅受让部分产能而非全部产能不应视为物理上可区分，例如，光纤的部分容量物理上不可区分，全部容量则为可区分。租赁物在合同中未具体指定，出租方可随意替换的，出租方拥有实

⑪ 陈宇、丁玉娟、吕钰瑾 . 数字经济新规则下跨境云计算服务税收问题初探 [J]. 国际税收，2022(2).

质替换权；甲企业只能使用云平台的运营成果（部分功能），而不能控制硬件资源；不构成租赁业务。所以，该交易标的不包含可辨认财产或权利，服务费属于劳务所得。

【例 3-53】境内甲企业为拓展海外业务使用 A 公司的云服务，A 公司在协议约定范围向甲企业开放部分接口，为甲企业提供相关权限允许其修改相关代码，以高效搭建模型、开发应用程序等。境内甲企业根据数据流量和使用时长向 A 公司支付相关费用。A 公司仅许可境内甲企业有限制地使用云平台，且甲企业在使用时可以修改相关代码，超出了对平台内容进行有效操作所必需的权利，涉及非专利技术的许可使用。因此，甲企业向 A 公司支付的相关费用属于特许权使用费。

【例 3-54】中国乙企业是非居民企业 A 公司计算机资讯数据库会员，凭用户名和密码在网上登录，按年支付会费 10 万元，该数据库收集全世界计算机技术相关的公开资讯，乙企业登录数据库可以查询、下载资讯，但不能转载、传播或提供给第三方。同时，乙企业也是 A 公司计算机软件模型数据库会员，按年支付会费 200 万元，该数据库主要提供各类计算机软件相关的设计模型与方案，乙企业登录数据库可以查询、下载、复制、修改、使用、传播模型与方案。A 公司数据库收集、整理、运营维护等行为均在境外进行。

《中华人民共和国著作权法》第十五条规定："汇编若干作品、作品片段或不构成作品的数据或其他材料，对其内容的选择或编排体现独创性的作品，为汇编作品，其著作权由汇编人享有"。乙企业可以查询资讯数据库但不能转载或提供给第三方使用，说明 A 公司未让与资讯数据库著作权的使用权；同时，资讯数据库收集的是公开信息，不构成非专利技术；交易标的不包含可辨认财产或权利，资讯数据库会员费 10 万元属于服务所得。乙企业可以查询模型数据库并下载、复制、使用、修改模型与方案，说明 A 公司让予乙企业模型数据库著作权的使用权，模型数据库会员费 200 万元属于特许权使用费。

（七）营销性无形资产

无形资产可分为交易性无形资产和营销性无形资产。其中，营销性无形资产是指与市场营销活动相关的无形资产，有助于产品或服务的商业开发，对相关产品而言具有重要的营销价值，主要包括知识、商誉、商标、牌号、名声、商业机密、客户渠道、客户名单，以及有助于商业发展和产品促销的特殊字符、独特的影音、图片等，参见《OECD 转让定价指南（2017）》。需要注意的是，并非所有客户名单、销售渠道都归属为营销性无形资产。如果服务方提供的客户名单是专门为付款人从一般可利用的信息资料中开发形成的，此时服务方获得的报酬不属于提供专有技术获取的报酬，而应当视为提供服务获得的报酬（参见《OECD 税收协定范本注释》）。

营销性无形资产具有商业价值且未被企业公开，并通过保密措施管理，可以授权他人使用，收取的费用一般判定为特许权使用费。

【例 3-55】境外母公司 A 向中国子公司甲提供其在中国和亚洲地区的客户信息，用于增加甲公司的销售业绩，并按照甲公司向所提供客户销售收入的 5% 收取销售佣金，同时合同规定甲公司不得向任何第三方泄露客户信息。A 公司提供的其在中国和亚洲地区的客户信息，未公开且具有商业价值，帮助甲企业增加了销售业绩，属于商业秘密构成了商业情报，属于据以产生特许权使用费的特定财产范畴。甲公司并未从 A 公司获取该项商业秘密的全部权利，仅获取了使用权，甲公司支付的费用应按特许权使用费征税。

【例 3-56】境内甲公司委托境外 B 公司搜集合适的客户名单，B 公司根据甲公司要求，从公开数据中搜集相关信息形成一份符合要求的客户名单，合同禁止 B 公司向其他公司提供该客户名单。“客户名单”来源于公开信息，甲公司可以不受限制地使用或转让该名单，B 公司也未主张对该名单的权利，甲公司支付的费用应属于劳务报酬。

国际品牌酒店在国内的运营模式主要分为委托管理和特许经营。在委托管理模式下，境内业主方委托境外酒店集团负责酒店的管理经营，定期向境外管理方和品牌持有方支付相关费用。在特许经营模式下，境内业主方负责酒店的管理经营，境外酒店品牌方提供管理标准并收取品牌许可费、服务费等。

【例 3-57】境内甲公司与境外酒店集团 A 公司不存在关联关系，甲公司委托 A 公司经营境内酒店。根据合同，境内酒店的硬件设备、服务标准等按照 A 公司的标准执行，可以使用 A 公司的商标和品牌，A 公司不单独收取品牌使用费；境内酒店可以使用 A 公司的客户系统，该系统内含有客户信息并用于境内酒店推广营销，A 公司按照固定金额收取客户系统使用费，该使用费与客房预订数量无关。A 公司为维护和提升品牌形象开展整体性广告宣传、满意度调查等推广活动，相关费用以服务费名义由该品牌下所有酒店（含境内酒店）分摊。

假设 A 公司在境内不构成机构、场所。

（1）系统使用费：A 公司拥有客户系统所有权，授权境内酒店使用并向客户营销推广境内酒店；同时费用收取与客房预订数量无关，实际是对使用客户信息的收费；授权使用客户信息构成了对商业信息的使用，系统使用费应判定为特许权使用费。

（2）服务费：A 公司拥有品牌所有权，应承担为维护和提升品牌形象而产生的费用，A 公司将该费用分摊给品牌下所有酒店，实质是向对方收取品牌使用权相应的报酬，应判定为特许权使用费。

【例 3-58】境内酒店乙公司与境外 A 公司签订许可加盟协议，乙公司负责酒店运营。A 公司授权乙公司使用其酒店品牌，按客房收入的固定比例按月收取授权使用费。乙公司使用 A 公司的客房预订系统，客户可以在 A 公司平台或第三方平台预订客房，A 公司根据实际预订成功单数收取客房预订服务费。为保障酒店服务品质和品牌形象，A 公司按年收取固定金额的质量管理费，但经核实，A 公司未提供实质管理服务。

品牌授权使用费应判定为特许权使用费。客房预订服务费与实际预订成功单数相关，乙公司仅获取对客房预订系统进行有效操作所必须的有限权利，客户群体不固定，因此，支付的客房预订服务费不应判定为特许权使用费。A 公司不负责酒店日常运营管理，也未向乙公司提供实质管理服务，所谓“质量管理”是维护品牌形象和价值的措施，其实质是 A 公司对授权乙公司使用酒店品牌收取的费用，应判定为特许权使用费。

第六节　转让财产所得

转让财产所得包括转让不动产所得、转让动产所得、转让权益性投资资产所得。关于非居民企业所得来源于中国境内、境外的确定原则，不动产转让所得按照不动产所在地确定；动产转让所得按照转让动产的企业或机构、场所所在地确定；权益性投资资产转让所得按照被投资企业所在地确定（参见《企业所得税法实施条例》）。所以，在中国境内未设立机构、场所的，或虽设立机构、场所但获取的所得与其所设机构、场所没有实际联系的非居民企业，转让境内的不动产和对居民企业的权益性投资资产，属于来源于中国境内的所得，应缴纳企业所得税。

投资企业从被投资企业撤回或减少投资，其获取的资产中，相当于初始出资的部分，应确认为投资收回；相当于被投资企业累计未分配利润和累计盈余公积按减少实收资本比例计算的部分，应确认为股息所得；其余部分确认为投资资产转让所得，可具体参见《国家税务总局关于企业所得税若干问题的公告》（国家税务总局公告 2011 年第 34 号）。

被清算企业的股东分得的剩余资产的金额，其中相当于被清算企业累计未分配利润和累计盈余公积中按该股东所占股份比例计算的部分，应确认为股息所得；剩余资产减除股息所得后的余额，超过或低于股东投资成本的部分，应确认为股东的投资转让所得或损失，可具体参见《财政部国家税务总局关于企业清算业务企业所得税处理若干问题的通知》（财税〔2009〕60 号）。

【例 3-59】居民企业甲公司成立于 2013 年，注册资本 1000 万元，其中，开曼 A 公司出资 600 万元，占比 60%。截至 2022 年 12 月 31 日，甲公司累计留存收益 8100 万元。甲公司股东大会于 2022 年 12 月 31 日决定解散并注销甲公司。甲公司清算后，确认剩余可用于分配的财产为 12000 万元，则开曼 A 公司投资转让所得应缴纳所得税是多少？

（12000×60%−8100×60%−600）×10%=（7200−4860−600）×10%=174（万元）

股权受让方或负有直接支付义务的人（扣缴义务人）为中国税收居民时，应向其主管税务机关代扣代缴税款。股权受让方或负有直接支付义务人为非居民时，应在被投资企业所在主管税务机关申报纳税。

一、应纳税额的计算

转让财产所得，以收入全额减除财产净值后的余额为应纳税所得额。

应纳税额 =（收入全额 − 财产净值）× 适用税率（10%）

（一）转让收入

转让收入是转让方转让财产所收取的对价，包括货币形式和非货币形式的各种收入。转让收入也就是转让对价，应当是公允的，转让方和受让方通常根据被转让财产的市场价值（必要时由专业机构出具评估报告）磋商达成。主要的价值评估方法包括成本法、市场法和收益法。

成本法是以替代或重置原则为基础，通过在当前市场价格下创造一项相似资产所发生的支出确定评估标的价值的评估方法，成本法适用于能够被替代的资产价值评估。市场法是利用市场上相同或相似资产的近期交易价格，经过直接比较或类比分析以确定评估标的价值的评估方法，市场法适用于在市场上能找到与评估标的相同或相似的非关联可比交易信息时的资产价值评估。收益法是通过评估标的未来预期收益现值来确定其价值的评估方法，主要分析三个要素：一是评估对象的预期收益，二是确定折现率或资本化率，三是确定获取预期收益的持续时间，收益法适用于整体资产和可预期未来收益的单项资产评估。

通常情况下，不具有关联关系的企业交易，转让价格一般是公允的，但也不排除个别企业出于降低税负等目的，人为降低转让价格。一些关联企业或集团公司内部的财产转让交易，为了减轻税负，往往采取平价甚至低价的方式转让财产。因此，税务机关可能会结合被转让财产的情况，对不符合独立交易原则或价格显失公允的转让对价进行调整。

对于“价格显失公允”，企业所得税的相关政策并没有明确标准。但以下情况可能被视为“价格显失公允”：申报的股权转让收入低于股权对应的净资产份额的，其中被投资企业拥有土地使用权、房屋、房地产企业未销售房产、知识产权、探矿权、采矿权、股权等资产的，申报的股权转让收入低于股权对应的净资产公允价值份额的；没有合理原因，申报的股权转让收入低于初始投资成本或低于获取该股权所支付的价款及相关税费的；申报的股权转让收入低于相同或类似条件下同一企业同一股东或其他股东股权转让收入的；申报的股权转让收入低于相同或类似条件下同类行业的企业股权转让收入的；不具合理性的无偿让渡股权或股份。

（二）财产净值

财产净值，是指有关财产的计税基础减除已经按照规定扣除的折旧、折耗、摊销、准备金等后的余额。

股权净值是指获取该股权的计税基础。股权的计税基础是股权转让方投资入股时向中国居民企业实际支付的出资成本，或购买该项股权时向该股权的原转让方实际支付的股权受让成本。股权在持有期间发生减值或增值，按照国务院财政、税务主管部门规定可以确认损益的，股权净值应进行相应调整。企业在计算股权转让所得时，不得扣除被投资企业未分配利润等股东留存收益中按该项股权所可能分配的金额。

1. 关联方间低价转让股权，被税务机关认定交易不具有合理商业目的，税务机关对该股权原转让方的转让收入进行调增，购买方对该股权的计税基础应当如何确认？

【例 3-60】A 公司从关联 B 公司受让 C 公司 30% 的股权，实际向 B 公司支付 100 万元。税务机关经核查认为此次股权转让价格明显偏低，将 B 公司的股权转让收入调整为 130 万元，B 公司无异议。A 公司持有该股权的计税基础是多少？

一种观点认为是 130 万元，理由是经税务机关调整，B 公司按照 130 万元确认了收入，与调整前相比多确认了 30 万元所得，所以，按照配比原则 A 公司的计税基础也应为 130 万元。同时个人所得税的规定也可以作为参考，

《国家税务总局关于发布〈股权转让所得个人所得税管理办法（试行）〉的公告》（国家税务总局公告2014年第67号）第十六条规定："股权转让方已被主管税务机关核定股权转让收入并依法征收个人所得税的，该股权受让人的股权原值以取得股权时发生的合理税费与股权转让人被主管税务机关核定的股权转让收入之和确认。"

另一种观点认为是100万元，理由是A公司为获取该股权实际支付的成本为100万元，所以，该股权的计税基础仅为100万元。税务机关特别纳税调整的前提是该交易不具有合理商业目的，即价格明显低于公允价值（或是净资产）又无合理理由，调整的对象是B公司而非A公司，A公司并无补充支付30万元。

就非居民企业而言，第二种观点是正确的，A公司持有该股权的计税基础应为购买该项股权时向该股权的原转让方实际支付的100万元。具体可参见《国家税务总局关于非居民企业所得税源泉扣缴有关问题的公告》（国家税务总局公告2017年第37号）。

2. 多次投资或收购的同项股权被部分转让的，从该项股权全部成本中按照转让比例计算确定被转让股权对应的成本。

【例3-61】境外A企业为非居民企业，境内B企业和C企业为居民企业，A企业经过前后三次投资C企业，合计持有C企业40%的股权，第一次投资人民币100万元，第二次投资人民币200万元，第三次投资人民币400万元。2016年1月8日，A企业与B企业签订股权转让合同，以人民币1000万元的价格转让其持有的C企业30%的股权给B企业。A企业持有C企业40%的股权的全部成本为700万元（100+200+400），本次交易转让比例为75%（30%÷40%），该被转让的C企业30%的股权对应的成本则为525万元（700×75%），本次股权转让交易的应纳税所得额为475万元（1000−525）。

（三）外币折算

财产转让收入或财产净值以人民币以外的货币计价的，先将以非人民币计价项目金额折合成人民币金额，再计算应纳税所得额。

扣缴义务人扣缴企业所得税的，应当按照扣缴义务发生之日人民币汇率中间价折合成人民币，计算非居民企业应纳税所得额。扣缴义务发生之日为相关款项实际支付之日。

获取收入的非居民企业在主管税务机关责令限期缴纳税款前自行申报缴纳应源泉扣缴税款的，应当按照填开税收缴款书之日前一日人民币汇率中间价折合成人民币，计算非居民企业应纳税所得额。

主管税务机关责令获取收入的非居民企业限期缴纳应源泉扣缴税款的，应当按照主管税务机关作出限期缴税决定之日前一日人民币汇率中间价折合成人民币，计算非居民企业应纳税所得额。

【例3-62】境外A企业为非居民企业，境内B企业和C企业为居民企业，A企业经过前后两次投资C企业，合计持有C企业40%的股权，2008年8月1日第一次出资100万美元（假设当时人民币汇率中间价为：1美元=8.6元人民币），2010年9月1日第二次投资50万欧元（假设当时人民币汇率中间价为：1欧元=8.9元人民币），2016年1月10日A企业以人民币2000万元将该项股权转让给B企业，合同于当天生效，B企业于2016年1月15日向A企业支付了股权转让款2000万元，假设2016年1月15日人民币兑美元和欧元的中间价分别为：1美元=6.6元人民币，1欧元=7.2元人民币。B企业计算应扣缴企业所得税金额如下：

1. A企业以人民币2000万元将该项股权转让给B企业

财产转让收入（股权转让收入）=2000万元

2. B企业于2016年1月15日向A企业支付了股权转让款2000万元，应采用当日的汇率折算出资金额，即

财产净值（股权净值）=100万美元×6.6+50万欧元×7.2=1020万元人民币

3. 财产转让所得（股权转让所得）应纳税所得额=财产转让收入（股权转让收入）–财产净值（股权净值）=2000–1020=980（万元）

4. A企业未申请享受税收协定待遇，B企业应扣缴企业所得税=980×10%=98（万元）。

股权净值或股权转让收入的计价货币按照获取或转让财产时实际支付

或收取的计价币种确定。原计价币种停止流通并启用新币种的，按照新旧货币市场转换比例转换为新币种后进行计算。

（四）分期收款

非居民企业采取分期收款方式获取应源泉扣缴所得税的同一项转让财产所得的，其分期收取的款项可先视为收回以前投资财产的成本，待成本全部收回后，再计算并扣缴应扣税款。

【例 3-63】境外A企业为非居民企业，境内B企业和C企业均为居民企业，A企业和B企业各持有C企业50%的股权，A企业投资获取C企业50%的股权的成本为500万元人民币。2016年1月10日A企业以人民币1000万元人民币将该项股权一次转让给B企业，但按股权转让合同约定，B企业分别于2016年2月10日、2016年3月10日和2016年4月10日支付转让价款300万元、400万元和300万元。B企业于2016年2月10日支付的300万元人民币价款可视为A企业收回500万元股权转让成本中的300万元；B企业于2016年3月10日支付的400万元人民币价款中的200万元为A企业收回500万元股权转让成本中的剩余200万元成本，其余200万元价款应作为股权转让收益计算扣缴税款；B企业于2016年4月10日支付的300万元人民币价款全部作为股权转让收益计算扣缴税款。

（五）对赌协议

对赌协议，又称估值调整协议，是投资方（或收购方）与融资方（或出让方）在达成股权融资（或转让）协议时，为解决交易双方对目标公司未来发展的不确定性、信息不对称等问题，而设计的包含了股权回购、金钱补偿等对未来目标公司的估值进行调整的协议。对赌的主体可以是投资方与目标公司、投资方与目标公司股东或实际控制人、相关第三方参与者等。对赌的标的可以是目标公司业绩、目标公司上市、相关资产增值等。对赌的补偿可以是协议方双向的，方式包括股权补偿、现金补偿等。对赌协议的目的是融资方（或出让方）获取资金的同时，降低投资方（或收购方）

对于不确定事项的顾虑，保护投资方（或收购方）利益。

例如，非居民企业 A 公司持有北京甲公司 100% 的股权，A 公司与另一非居民企业 B 公司约定。

1. A 公司向 B 公司转让甲公司 40% 的股权，B 公司向 A 公司支付 1 亿元对价。

2. 股权交割后，甲公司如连续三年平均每年净利润增幅达到 20%，第三年结束后 B 公司向 A 公司补偿支付 5000 万元。

3. 股权交割后，甲公司如连续三年平均每年净利润增幅未达到 10%，第三年结束后 A 公司向 B 公司补偿支付 5000 万元。

对赌协议的交易设计、交易主体、业绩承诺及业绩补偿各式各样，甚至存在较大差异。目前国内税法缺乏具体规定，对赌协议下的税务处理往往存在不确定性，易引发税企争议。争议的核心在于初始投资与后期业绩补偿在税务处理上被认定为一个交易还是两个交易，以及由此产生的补税或退税。

建议相关交易方事先主动与主管税务机关沟通对赌协议安排，确认业绩补偿方式涉及的税务处理。如有可能，尽量争取税务部门的“事先裁定”，增强税务处理的确定性，降低交易事后的税务风险。

二、国内税法优惠

（一）QFII、RQFII 转让股票免税

从 2014 年 11 月 17 日起，在中国境内未设立机构、场所，或在中国境内虽设立机构、场所，但获取的源于中国境内的股票等权益性投资资产转让所得与所设机构、场所没有实际联系的合格境外机构投资者（简称 QFII）、人民币合格境外机构投资者（简称 RQFII）暂免征收企业所得税。

QFII、RQFII 转让创新企业 CDR 获取的差价所得，视同转让据以发行创新企业 CDR 的基础股票获取的权益性资产转让所得，免征收企业所得税。

（二）通过沪（深）港通转让股票免税

对香港市场投资者（包括企业和个人）投资上交所上市 A 股获取的转让差价所得，暂免征收所得税。

（三）原油期货交易暂不征税

《财政部税务总局证监会关于支持原油等货物期货市场对外开放税收政策的通知》(财税〔2018〕21 号)规定:“对在中国境内未设立机构、场所的，或虽设立机构、场所但获取的所得与其所设机构、场所没有实际联系的境外机构投资者（包括境外经纪机构），从事中国境内原油期货交易获取的所得（不含实物交割所得），暂不征收企业所得税；对境外经纪机构在境外为境外投资者提供中国境内原油期货经纪业务获取的佣金所得，不属于来源于中国境内的劳务所得，不征收企业所得税。”

（四）跨境重组特殊性税务处理

企业重组，是企业在日常经营活动以外发生的法律结构或经济结构重大改变的交易，包括企业法律形式改变、债务重组、股权收购、资产收购、合并、分立等，是企业对资金、人员、资产等资源的重新配置，以保证企业的竞争优势。为鼓励企业重组，避免税收对企业重组产生负面影响，在企业所得税的处理上分为一般性税务处理和特殊性税务处理。特殊性税务处理，主要体现在符合一定条件的重组中以股权作为转让支付对价的部分，暂时不予确认所得，实行递延纳税。

1. 企业重组同时符合下列条件的，适用特殊性税务处理规定。

（1）具有合理的商业目的，且不以减少、免除或推迟缴纳税款为主要目的。也就是说，当企业以减少、免除或推迟缴纳税款为主要目的的重组是不具有合理商业目的的，即使符合其他适用特殊性税务处理的条件，也不能进行特殊性税务处理。企业重组业务适用特殊性税务处理的，应从以下方面逐条说明企业重组具有合理的商业目的：重组交易的方式；重组交易的实质结果；重组各方涉及的税务状况变化；重组各方涉及的财务状况变化；非居民企业参与重组活动的情况。详见《国家税务总局关于企业重组业务企业所得税征收管理若干问题的公告》(国家税务总局公告 2015 年第 48 号)。

（2）被收购、合并或分立部分的资产或股权比例不低于被收购企业全部资产或股权的 50%。

（3）企业重组后的连续 12 个月内不改变重组资产原来的实质性经营活动。

股权收购，以转让合同（协议）生效且完成股权变更手续日为重组日。关联企业之间发生股权收购，转让合同（协议）生效后 12 个月内尚未完成股权变更手续的，应以转让合同（协议）生效日为重组日。

合并，以合并合同（协议）生效、当事各方已进行会计处理且完成工商新设登记或变更登记日为重组日。按规定不需要办理工商新设或变更登记的合并，以合并合同（协议）生效且当事各方已进行会计处理的日期为重组日。

分立，以分立合同（协议）生效、当事各方已进行会计处理且完成工商新设登记或变更登记日为重组日。

（4）重组交易对价中涉及股权支付金额不低于其交易支付总额的 85%。股权支付是以本企业的或本企业直接持有的控股公司的股权、股份作为支付的对价。

（5）企业重组中获取股权支付的原主要股东，在重组后连续 12 个月内，不得转让所获取的股权。原主要股东，是原持有转让企业或被收购企业 20% 以上股权的股东。

2. 非居民企业发生涉及中国境内与境外之间的股权和资产交易，除应符合上述五项条件外，还应同时符合以下情形之一。

（1）非居民企业向其 100% 直接控股的另一非居民企业转让其拥有的居民企业股权（包括因境外企业分立、合并导致中国居民企业股权被转让的情形），如图 3-11 所示，此种股权转让情形没有造成以后该项股权转让所得预提税负担变化，且转让方非居民企业向主管税务机关书面承诺在 3 年（含 3 年）内不转让其拥有受让方非居民企业的股权。

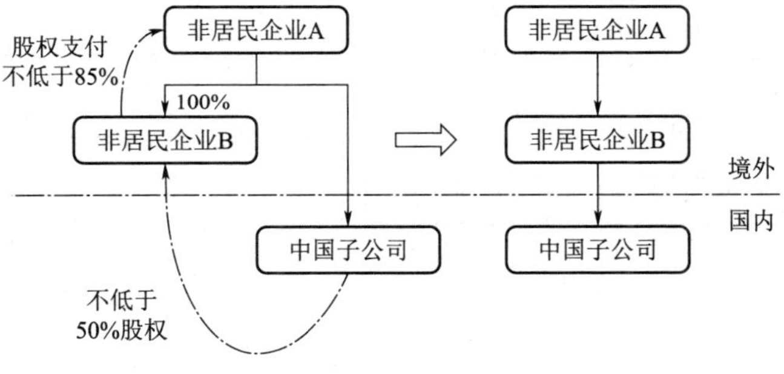

图 3-11　股权架构图（11）

【例 3-64】非居民企业 A 公司持有非居民企业 B 公司 100% 的股权，B 公司持有北京甲公司 60% 的股权。A 公司吸收合并 B 公司，B 公司不再存在，甲公司的股东由 B 公司变为 A 公司。假设本案符合《财政部　国家税务总局关于企业重组业务企业所得税处理若干问题的通知》（财税〔2009〕59 号）第五条的基本条件，这笔重组业务涉及的股权转让能否适用特殊性税务处理呢？涉及中国境内与境外之间的股权收购交易若适用特殊性税务处理，还应同时符合非居民企业向其 100% 直接控股的另一非居民企业转让其拥有的居民企业股权，也就是"母转子"的情形。但是，本案中甲公司的股东由 B 公司变为 A 公司，属于"子转母"。所以，本案非居民企业境外重组涉及的中国居民企业股权转让，无法适用特殊性税务处理。

（2）非居民企业向与其具有 100% 直接控股关系的居民企业转让其拥有的另一居民企业股权。包括：非居民企业向其 100% 直接控股的居民企业转让其拥有的另一居民企业股权，如图 3-12 所示；非居民企业向对其 100% 直接控股的居民企业转让其拥有的另一居民企业股权，如图 3-13 所示。

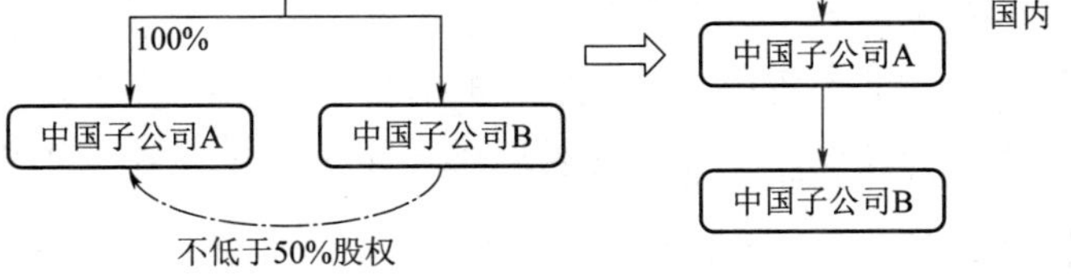

图 3-12　股权架构图（12）

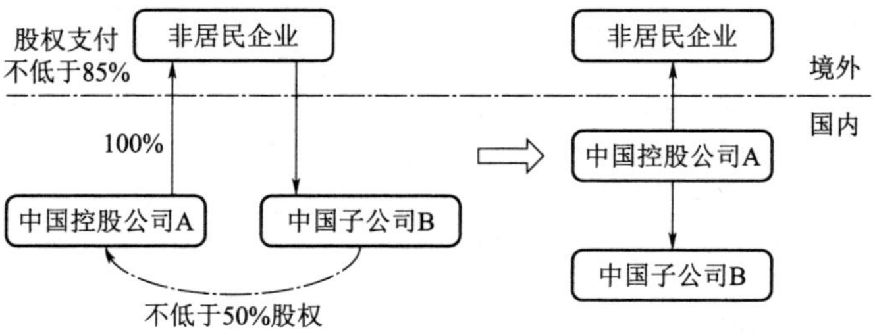

图 3-13 股权架构图（13）

3. 企业在重组发生前后连续 12 个月内分步对其资产、股权进行交易，应根据实质重于形式原则将上述交易作为一项企业重组交易进行处理。若同一项重组业务涉及在连续 12 个月内分步交易，且跨两个纳税年度，当事各方在首个纳税年度交易完成时预计整个交易符合特殊性税务处理条件，经协商一致选择特殊性税务处理的，可以暂时适用特殊性税务处理，并在当年企业所得税年度申报时提交书面申报资料。在下一纳税年度全部交易完成后，企业应判断是否适用特殊性税务处理。如适用特殊性税务处理的，当事各方应按要求申报相关资料；如适用一般性税务处理的，应调整相应纳税年度的企业所得税年度申报表，计算缴纳企业所得税。

4. 非居民企业股权转让选择特殊性税务处理的，应于股权转让合同或协议生效且完成工商变更登记手续 30 日内进行备案。未备案的，可以补充备案。交易双方均为非居民企业的，由转让方向被转让企业所在主管税务机关备案；受让方为居民企业的，由受让方向其所在主管税务机关备案。

备案资料包括：非居民企业股权转让适用特殊性税务处理备案表；股权转让业务总体情况说明，应包括股权转让的商业目的、证明股权转让符合特殊性税务处理条件、股权转让前后的公司股权架构图等资料；股权转让业务合同或协议（外文文本的同时附送中文译本）；工商等相关部门核准企业股权变更事项证明资料；截至股权转让时，被转让企业历年的未分配利润资料；转让方非居民企业在 3 年（含 3 年）内不转让其拥有受让方非居民企业股权的承诺书；被转让方 12 个月内不改变资产原来的实质性经营活动的承诺书；由评估机构出具的所转让及支付的股权公允价值；税务机关要求的其他材料。

已经向主管税务机关报送的资料，备案人可不再重复报送。其中以复印件向税务机关提交的资料，应在复印件上注明“本复印件与原件一致”字样，并签字后加盖备案人印章；报送中文译本的，应在中文译本上注明“本译文与原文表述内容一致”字样，并签字后加盖备案人印章。

股权转让方或受让方可以委托代理人办理备案事项；代理人在代为办理备案事项时，应向主管税务机关出具备案人的书面授权委托书。

5. 被收购企业的股东获取收购企业股权的计税基础，以被收购股权的原有计税基础确定；收购企业获取被收购企业股权的计税基础，以被收购股权的原有计税基础确定；收购企业、被收购企业的原有各项资产和负债的计税基础和其他相关所得税事项保持不变。

合并企业接受被合并企业资产和负债的计税基础，以被合并企业的原有计税基础确定；被合并企业股东获取合并企业股权的计税基础，以其原持有的被合并企业股权的计税基础确定。

分立企业接受被分立企业资产和负债的计税基础，以被分立企业的原有计税基础确定；被分立企业的股东获取分立企业的股权（以下简称“新股”），如需部分或全部放弃原持有的被分立企业的股权（以下简称“旧股”），“新股”的计税基础应以放弃“旧股”的计税基础确定。如不需放弃“旧股”，则其获取“新股”的计税基础可从以下两种方法中选择确定：直接将“新股”的计税基础确定为零；或以被分立企业分立出去的净资产占被分立企业全部净资产的比例先调减原持有的“旧股”的计税基础，再将调减的计税基础平均分配到“新股”上。

交易中股权支付暂不确认有关资产的转让所得或损失的，其非股权支付仍应在交易当期确认相应的资产转让所得或损失，并调整相应资产的计税基础。计算公式如下：

非股权支付对应的资产转让所得或损失 =（被转让资产的公允价值 − 被转让资产的计税基础）×（非股权支付金额 ÷ 被转让资产的公允价值）

6. 交易双方均为非居民企业且选择特殊性税务处理的，转让方和受让方不在同一国家（地区）的，若被转让股权企业转让前的未分配利润在转让后分配给受让方的，不享受受让方所在国家（地区）与中国签订的税收协定、协议（安排）的股息减税优惠待遇，并由被转让企业按税法相关规定代扣代缴企业所得税，到其所在地主管税务机关申报缴纳。

【例 3-65】新加坡 A 公司持有中国香港 B 公司 100% 的股权，持有中国甲公司 60% 的股权。2022 年 1 月，A 公司将其持有甲公司的股权全部转让给 B 公司，并适用特殊性税务处理。甲公司在向 B 公司分配股权转让前（2022 年 1 月前）形成的未分配利润时，不能适用内地与香港税收安排中关于股息 5% 的优惠税率，也不能适用《中新协定》中关于股息 5% 的优惠税率，只能按 10% 代扣代缴企业所得税。

7. 税务机关在调查核实时，认为不应适用特殊性税务处理的，应调整适用一般性税务处理，按照有关规定缴纳企业所得税。

三、间接转让中国应税财产

间接转让中国企业股权等财产是指非居民企业通过转让直接或间接持有中国应税财产的境外企业（不含境外注册中国居民企业，以下称境外企业）股权及其他类似权益，产生与直接转让中国应税财产相同或相近实质结果的交易，包括非居民企业重组引起境外企业股东发生变化的情形。中国居民企业股权等财产，是非居民企业直接持有，且转让获取的所得按照国内税法规定，应在中国缴纳企业所得税的中国境内机构、场所财产，中国境内不动产，在中国居民企业的权益性投资资产等。对不具有合理商业目的的间接转让，重新定性确认为直接转让中国居民企业股权等财产。

境外 A 公司持有境外 C 公司的股权，境外 C 公司持有境内 D 公司的股权。C 公司并非一个真正具有经济实质的公司，对生产经营发挥的作用非常有限。A 公司通过将所持 C 公司的股权转让给 B 公司，从而实现将 D 公司的所有权间接转让给 B 公司，构成了间接转让中国企业股权等财产，如图 3-14 所示。

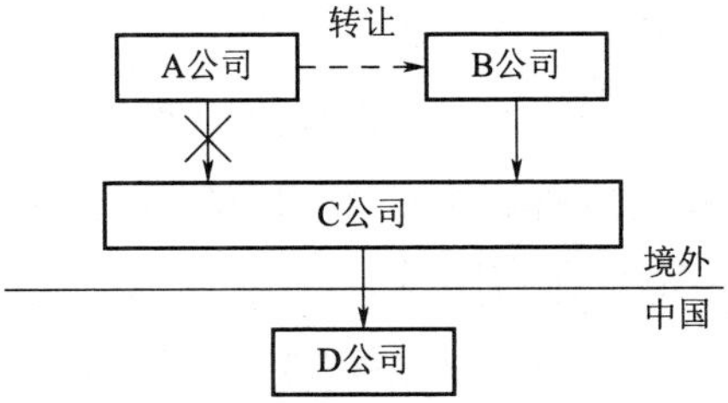

图 3-14 股权架构图（14）

（一）直接认定具有合理商业目的

符合以下三种情况之一的间接转让股权，无须重新定性确认为直接转让中国居民企业股权等财产，无须在中国缴纳企业所得税。

1. 非居民企业在公开市场买入并卖出同一上市境外企业股权获取间接转让中国应税财产所得，不属于间接转让中国企业股权等财产。

应注意，买入和卖出交易均应该在公开市场上进行，排除人为控制的可能。由于交易市场处于境外，在交易环境和方式上各地之间会存在较多差异，同一地区也可能存在多个公开交易市场，需要依据各个市场的公开程度进行具体认定。市场的公开程度主要取决于可参与竞价的独立交易主体数量和竞价过程。另外，股权转让方在公开市场卖出的上市公司股份为在公司上市之前或者上市之后通过非公开市场买入，或者股权转让方在公开市场买入上市公司股份后再通过非公开市场卖出该股份，均不符合本项规定的条件。

2. 在非居民企业直接持有并转让中国应税财产的情况下，按照可适用的税收协定、协议（安排）的规定，该项财产转让所得在中国可以免予缴纳企业所得税。这里的“非居民企业”是指转让方。

例如，新加坡 A 公司持有新加坡 B 公司 40% 股权，B 公司持有北京 C 公司 30% 股权，A 公司间接持有 C 公司 12% 股权，C 公司不动产价值占全部价值的比例为 10%。A 公司直接转让 B 公司全部股权，间接转让了 C 公司股权。如果 A 公司直接持有 C 公司 12% 股权并转让，按照中新税收协定的规定，该项财产转让所得在中国可以免予缴纳企业所得税；则 A 公司间接转让 C 公司股权，无须重新定性确认为直接转让中国居民企业股权等财产，无须在中国缴纳企业所得税。

如果，新加坡A公司持有新加坡B公司40%股权、持有中国香港D公司100%股权，B公司持有北京C公司20%的股权，D公司持有北京C公司20%股权，A公司合计间接持有C公司28%的股权，C公司不动产价值占全部价值的比例为10%。A公司直接转让B公司全部股权，间接转让了C公司股权。如果A公司直接持有C公司股权并转让，按照中新税收协定的规定，该项财产转让所得在中国缴纳企业所得税。即使B公司转让C公司全部20%股权，按照中新税收协定的规定在中国可以免予缴纳企业所得税，但A公司仍需重新定性确认为直接转让中国居民企业股权等财产，在中国缴纳企业所得税，如图3-15所示。

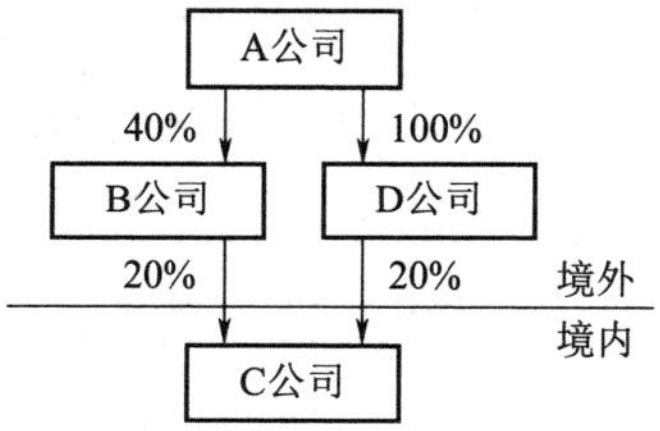

图3-15 股权架构图（15）

3. 企业集团内部重组，同时符合以下条件的，应直接认定为具有合理商业目的，不在中国缴纳企业所得税。

（1）交易双方的股权关系具有下列情形之一：

①股权转让方直接或间接拥有股权受让方80%以上的股权，如图3-16所示。

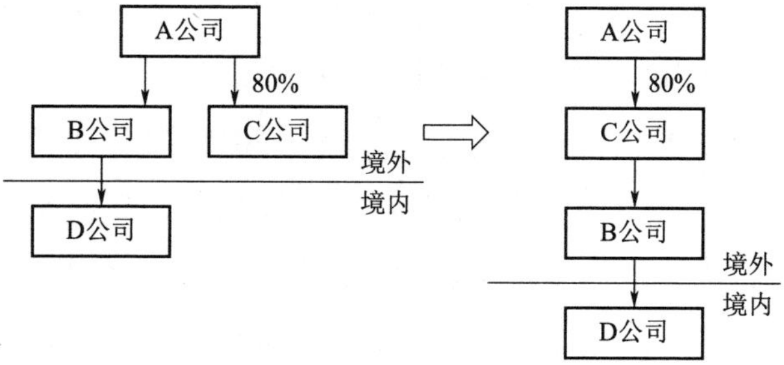

图3-16 股权架构图（16）

②股权受让方直接或间接拥有股权转让方80%以上的股权，如图3-17所示。

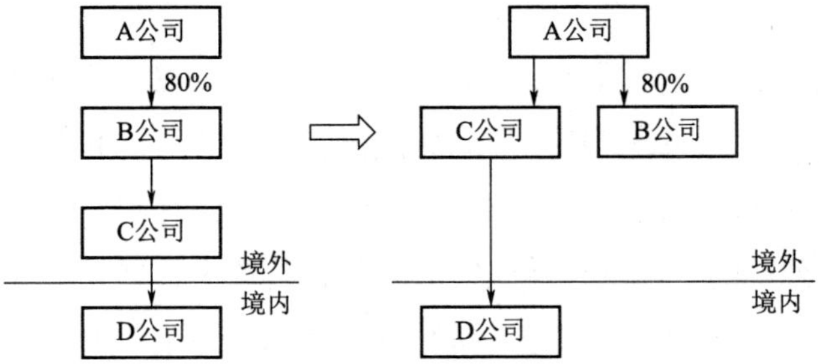

图 3-17 股权架构图（17）

③股权转让方和股权受让方被同一方直接或间接拥有 80% 以上的股权，如图 3-18 所示。

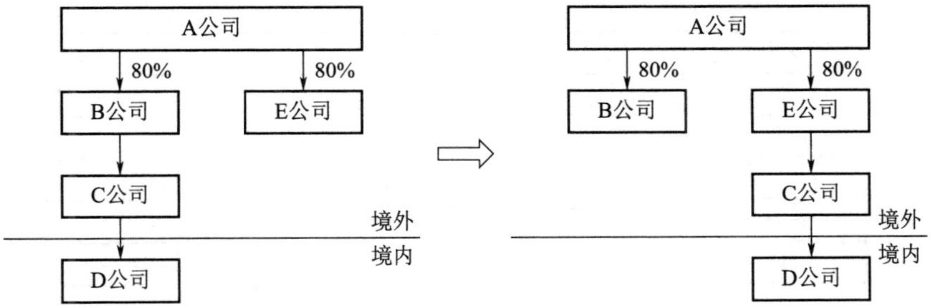

图 3-18 股权架构图（18）

必须注意的是，当境外企业股权 50% 以上（不含 50%）价值直接或间接来自中国境内不动产的，前述直接或间接拥有的股权应为 100% 而非 80%。上述间接拥有的股权按照持股链中各企业的持股比例乘积计算。

（2）本次间接转让交易后可能再次发生的间接转让交易，相比在未发生本次间接转让交易情况下的相同或类似间接转让交易，在中国所得税负担不会减少。主要是衡量非居民企业是否以通过这种安排规避在中国缴纳税款为目的。

该项要求旨在将以获取更有利的税收结果为目的的集团内部间接转让中国应税财产交易排除在安全港之外。是否构成以获取更有利的税收结果为目的的集团内部间接转让中国应税财产交易，则通过本次集团内部交易后可能再次发生的间接转让交易与在未发生本次集团内部交易情况下的相同或类似间接转让交易比较税收结果进行测试，凡前者税收结果可能优于后者的，均不能排除本次集团内部间接转让中国应税财产交易不是以获取更有利的税收结果为目的。

例如，A 公司是美国企业，分别持有 B 公司、E 公司 80% 的股权。B 公司的居民国是新加坡，E 公司的居民国为白俄罗斯，B 公司持有非居民企业 C 公司 90% 的股权，C 公司持有居民企业 D 公司 30% 的股权，B 公司将持有 C 公司的全部股权转让给 E 公司，构成间接转让 D 公司，相当于 B 公司将其持有的 27% 的 D 公司股权转让给 E 公司。根据中新税收协定，中国具有征税权，然而根据中国与白俄罗斯的协定，当 E 公司再次转让 C 公司股权时，中国没有征税权。非居民企业在中国所得税负担明显减少，这种情况不符合本条的规定。股权架构如图 3-19 所示。

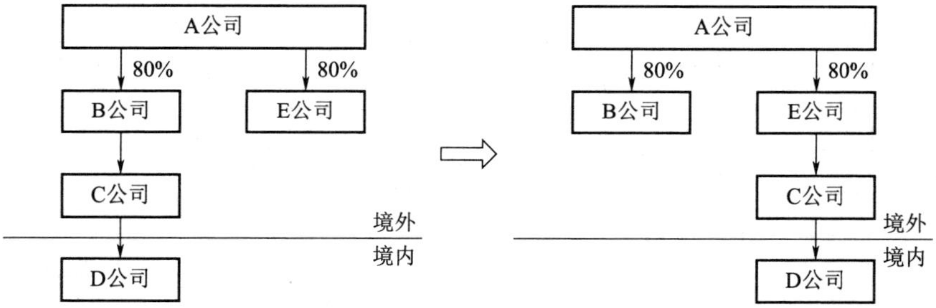

图 3-19　股权架构图（19）

（3）股权受让方全部以本企业或与其具有控股关系的企业的股权（不含上市企业股权）支付股权交易对价。

（二）直接认定不具有合理商业目的

同时符合以下情形的，应直接认定为不具有合理商业目的：

（1）境外企业股权 75% 以上价值直接或间接来自中国应税财产。实践中，计算价值比例的常用方法包括：

中国应税财产市场价值 ÷ 境外企业市场价值

中国应税财产评估价值 ÷ 本次交易转让价格

中国应税财产净资产账面价值 ÷ 境外企业净资产账面价值

境外企业对中国应税财产长期股权投资的账面价值 ÷ 境外企业总资产账面价值

（2）间接转让中国应税财产交易发生前一年内任一时点，境外企业资产总额（不含现金）的 90% 以上直接或间接由在中国境内的投资构成，或间接转让中国应税财产交易发生前一年内，境外企业获取收入的 90% 以上直接或间接来源于中国境内。实践中，计算资产比例的常用方法：

（境外企业对中国应税财产长期股权投资的账面价值 + 境外企业对中国应税财产的债权投资）÷ 境外企业资产总额账面价值

（3）境外企业及直接或间接持有中国应税财产的下属企业虽在所在国家（地区）登记注册，以满足法律所要求的组织形式，但实际履行的功能及承担的风险有限，不足以证实其具有经济实质。实践中，至少应从两个方面分析：一是根据境外企业的财务报表、审计报告分析经营资产、实收资本、费用、人员等情况（例如，资产少，人员少，发生的费用少，明显与其主张的功能和风险不相匹配）；二是分析境外企业履行的功能和承担的风险，例如，有融资职能应关注融资金额占比、融资担保及偿还能力与责任等情况（如果融资占总债权的比例低或由母公司担保贷款，说明独立融资能力不明显，其所执行的融资功能完全可由其母公司或其他关联公司替代）。

（4）间接转让中国应税财产交易在境外应缴所得税税负低于直接转让中国应税财产交易在中国境内的可能税负。

（三）需综合分析的情况

不能直接认定是否具有合理商业目的，要结合实际情况综合分析以下相关因素。

（1）境外企业股权主要价值是否直接或间接来自中国应税财产。

（2）境外企业资产是否主要由直接或间接在中国境内的投资构成，或其获取的收入是否主要直接或间接来源于中国境内。

（3）境外企业及直接或间接持有中国应税财产的下属企业实际履行的功能和承担的风险是否能够证实企业架构具有经济实质。需要通过功能风险分析，即分析履行哪些功能、承担哪些风险，判断境外企业及下属企业（中间层）的经济实质。通常通过分析企业的权益设置、人员、资产、费用、收入等信息，判断被直接转让企业是否履行或承担与其经济实质相匹配的功能和风险，如不具有经济实质，则不利于具有合理商业目的判定。

（4）境外企业股东、业务模式及相关组织架构的存续时间。通过分析存续时间考量是否具有筹划的目的，如果是在转让前较短的时间内搭建的构架，那么可能具有筹划的目的，不利于具有合理商业目的判定。

（5）间接转让中国应税财产交易在境外应缴纳所得税情况。境外应缴纳所得税包括两个层面：一是转让方在其居民国（地区）的应纳税额，二是转让方在被转让方的居民国（地区）的应纳税额。除了考虑实际应缴纳税额外，还应考虑弥补亏损等盈亏相抵的情况。如果间接转让中转让方在境外应缴纳的所得税，低于直接转让中在中国应缴纳的企业所得税，那么不利于具有合理商业目的判定。

（6）股权转让方间接投资、间接转让中国应税财产交易与直接投资、直接转让中国应税财产交易的可替代性。

例如，A 公司和 E 公司是 B 公司的股东，B 公司持有 C 公司 100% 的股权，C 公司持有 D 公司的股权。中间层 B 公司和 C 公司都可以穿透。一种情况，A 公司将所持 B 公司的全部股权转让给 F 公司，与 C 公司将 D 公司股权直接转让给 F 公司，因 E 公司而不具有可替代性。另一种情况，B 公司将所持有 C 公司的全部股权转让给 F 公司，与 C 公司将 D 公司股权直接转让给 F 公司，具有可替代性。股权架构如图 3-20 所示。

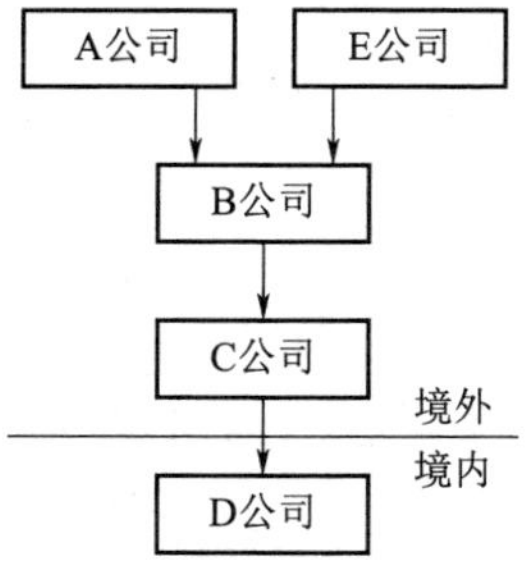

图 3-20　股权架构图（20）

（7）间接转让中国应税财产所得在中国境内可适用的税收协定或安排情况。

（8）其他相关因素。

第（1）项和第（2）项因素，要求从被转让的境外企业股权价值来源以及境外企业资产和收入构成判断间接转让交易的主要标的是否为中国应税财产。第（3）项因素，要求通过功能风险分析判断被转让的境外企业及下属其他境外中间层公司的经济实质。通常从相关企业股权设置以及人员、财产、收入等经营情况和财务信息入手，分析被转让企业股权与相关企业实际履行功能和承担风险的关联性，及其在企业集团架构中的实质经济意义，但要注意行业差异和特点。第（4）项因素，要求从时间间隔上考量间接转让交易及相关安排的筹划痕迹。举例而言，如果境外股权转让方在转让前短时间内搭建了中间层公司并完成间接转让，那么这种交易安排就具有明显的筹划痕迹，非常不利于合理商业目的的判定。第（5）项因素，要求从境外应缴税情况判断是否存在跨国税收利益。境外应缴纳所得税情况包括股权转让方在其居民国（地区）应缴税情况和被转让方所在地应缴税情况。应缴税情况不仅考虑间接转让交易在境外实际缴纳的税款，还要考虑境外盈亏抵补、亏损结转等影响境外所得税税基的境外税收法律适用情况。如果在股权转让方居民国（地区）和被转让方所在地总体应缴纳所得税低于该间接转让交易在我国应缴税数额，那么就可以证明间接转让中国应税财产交易存在跨国税收利益。第（6）项因素，要求从直接投资、直接转让中国应税财产交易与间接投资、间接转让中国应税财产交易间的可替代性分析判定间接交易是否存在合理商业实质。可替代性分析要考虑市场准入、交易审查、交易合规和交易目标等多种商业和非商业因素，不应仅凭单一因素（如市场准入限制）予以认定。第（7）项因素，要求考虑交易适用税收协定（安排）的影响，包括适用税收协定（安排）的可能性和结果（含反滥用税收协定规则的适用结果）。

（四）向税务机关提交的材料

1. 间接转让中国应税财产的交易双方及被间接转让股权的中国居民企业可以向主管税务机关报告股权转让事项，提交以下资料：

（1）股权转让合同或协议（为外文文本的需同时附送中文译本，下同）；

（2）股权转让前后的企业股权架构图；

（3）境外企业及直接或间接持有中国应税财产的下属企业上两个年度财务、会计报表；

（4）间接转让中国应税财产交易具有合理商业目的，无须重新定性确认为直接转让中国居民企业股权等财产的理由。

2. 间接转让中国应税财产的交易双方和筹划方，以及被间接转让股权的中国居民企业，应按照主管税务机关要求提供以下资料：

（1）转让时非强制的信息报告材料（已提交的除外）；

（2）有关间接转让中国应税财产交易整体安排的决策或执行过程信息；

（3）境外企业及直接或间接持有中国应税财产的下属企业在生产经营、人员、账务、财产等方面的信息，以及内外部审计情况；

（4）用于确定境外股权转让价款的资产评估报告及其他作价依据；

（5）间接转让中国应税财产交易在境外应缴纳所得税情况；

（6）与具有合理商业目的有关的证据信息；

（7）其他相关资料。

信息报告资料分为非强制性和强制性的，是由于间接转让发生于中国境外，且中国居民企业的股东并没有发生变化无须变更境内登记，税务机关难以发现。所以，税务机关希望交易各方能够主动地提交交易信息及相关资料。

（五）应纳税所得额计算

对归属于境外企业及直接或间接持有中国应税财产的下属企业在中国境内所设机构、场所财产的数额，应作为与所设机构、场所有实际联系的所得，按照《企业所得税法》第三条第二款规定征税。

除适用前项情形外，对归属于中国境内不动产的数额，应作为来源于中国境内的不动产转让所得，按照《企业所得税法》第三条第三款规定征税。

除适用前两项情形外，对归属于在中国居民企业的股权（权益性投资资产）的数额，应作为来源于中国境内的权益性投资资产转让所得，按照《企业所得税法》第三条第三款规定征税。

1. 中国应税财产的转让收入（以下简称转让收入），是股权转让方获取转让境外企业股权收入中归属于中国应税财产的数额。

债权既不是不动产，也不是权益性投资资产，只能将其判定为动产，而动产转让所得按照转让动产的企业或机构、场所所在地确定所得来源地，非居民企业转让债权不属于来源于中国境内的所得。

实务中，通常有两种方法确认转让收入：一是以中国应税财产的公允价值确认转让收入；二是以与股权价值相关的转让交易对价，减去直接或间接持有中国应税财产的境外企业的境外价值（不含与中国应税财产相关的价值）作为转让收入。无论采用哪种方式，均不能用中国应税财产的正价值抵消境外企业的负价值。

【例 3-66】A 公司持有 C 公司股权，A 公司和 C 公司都是境外企业，C 公司持有北京 D 公司股权。A 公司将持有 C 公司的全部股权转让给 B 公司，转让交易对价为 100 万元。中国应税财产 D 公司公允价值为 130 万元。此次交易属于不具有合理商业目的的间接转让，应重新定性确认为直接转让中国应税财产，转让收入应为 130 万元，而不是 100 万元。股权架构如图 3-21 所示。

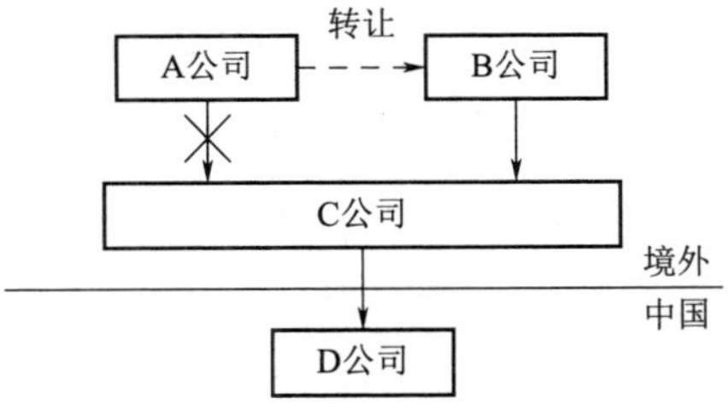

图 3-21　股权架构图（21）

实践中，普遍采用以与股权价值相关的转让交易对价减去直接或间接持有中国应税财产的境外企业的价值（不含与中国应税财产相关的价值）作为转让收入的基础。即：

转让收入 = 与股权价值相关的转让交易对价 − 企业境外净资产 = 与股权价值相关的转让交易对价 − 企业境外资产（不含与中国应税财产相关的资产，如对中国居民企业的长期股权投资）+ 企业境外负债

2. 中国应税财产的计税基础，指转让方投资时占直接投资中国应税财产的非居民企业持有中国应税财产净值（计税基础）的份额，或购买该项股权时向原转让方实际支付的金额。

如图 3-22 所示，A、B、C、D 四家公司均为境外企业，甲公司为境内企业。间接转让中国应税财产不具有合理商业目的。

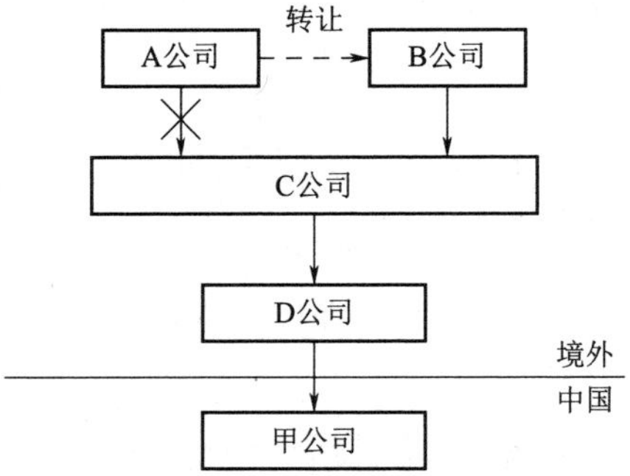

图 3-22　股权架构图（22）

情况一，A 公司出资设立 C 公司、D 公司和甲公司，持股比例均为 100%。A 公司将持有 C 公司的全部股权转让给 B 公司，转让中国应税财产甲公司的计税基础，是 D 公司直接向甲公司支付的实际出资金额。

情况二，A 公司与 C 公司原股东签订投资协议，A 公司向 C 公司投资 100 万元持股 20%，C 公司实收资本从 200 万元增加到 300 万元，甲公司实收资本从 200 万元增加到 250 万元，C、D、甲公司间的持股比例为 100%。之后 A 公司将持有 C 公司的全部股权转让给 B 公司，转让中国应税财产甲公司的计税基础是 A 公司占 D 公司直接向甲公司实际出资的份额，即 50 万元（250 × 20%）。

情况三，C 公司、D 公司和甲公司持股比例均为 100%，A 公司从境外企业 E 公司受让 C 公司股权，实现间接获取甲公司股权。之后 A 公司再次全部转让 C 公司全部股权。实践中，如果 E 公司已就转让 C 公司股权的交易所得向中国税务机关申报，则 A 公司再次转让 C 公司股权时，转让中国应税财产甲公司的计税基础，是 A 公司向 E 公司实际支付金额中归属于中国应税财产的数额。如果 E 公司未就转让 C 公司股权的交易所得向中国税务机关申报，那么 A 公司再次转让 C 公司股权时，转让中国应税财产甲公司的计税基础，是 D 公司直接向甲公司支付的实际出资金额。

情况四，C 公司、D 公司和甲公司持股比例均为 100%，A 公司从境外企业 E 公司受让 C 公司股权，实现间接获取甲公司股权。之后 C 公司全部转让D公司股权。实践中，如果E公司已就转让C公司股权的交易所得向中国税务机关申报，则C公司转让D公司股权时，转让中国应税财产甲公司的计税基础，是A公司向E公司实际支付金额中归属于中国应税财产甲公司的数额（可以理解为“成本下移”）。如果E公司未就转让C公司股权的交易所得向中国税务机关申报，则C公司转让D公司股权时，转让中国应税财产甲公司的计税基础是D公司直接向甲公司实际出资金额。

情况五，A公司出资设立C公司，C公司从境外企业X公司受让D公司股权，实现间接获取甲公司股权。之后A公司将持有C公司的全部股权转让给B公司。实践中，如果X公司已就转让D公司股权的交易所得向中国税务机关申报，则A公司转让C公司股权时，转让中国应税财产甲公司的计税基础，是C公司向X公司实际支付金额中归属于中国应税财产甲公司的数额（可以理解为“成本上移”）。如果X公司未就转让D公司股权的交易所得向中国税务机关申报，那么A公司转让C公司股权时，转让中国应税财产甲公司的计税基础，是D公司直接向甲公司实际出资金额。

情况六，A公司出资设立C公司、D公司，持股比例均为100%，D公司从Y公司受让甲公司股权。之后A公司将持有C公司的全部股权转让给B公司，转让中国应税财产甲公司的计税基础，是D公司购买甲公司股权时向Y公司实际支付的金额（可以理解为“成本上移”）。

以上情况仅为说明间接转让中国应税财产计税基础的基本确认逻辑，实践中的情况更为复杂，应积极与税务机关沟通。

3. 应纳税所得额 = 转让收入 − 计算基础。

【例3-67】新加坡A公司实际出资100万元设立中国香港B公司持有100%的股权，同时A公司借给B公司100万元。B公司实际出资200万元设立北京C公司持有100%的股权。A公司以300万元将其拥有B公司的全部股权和债权整体转让给X公司，从而间接转让C公司的股权，该交易不具有合理商业目的。假设债权公允价值100万元能够按期行权收回或偿还，B公司无其他的资产负债。股权架构如图3-23所示。

转让收入 = 与股权价值相关的转让交易对价 − 企业境外资产 + 企业境外负债 =300−100（债权公允价值）−0（B公司境外资产）+100（B公司

境外负债）=300（万元）

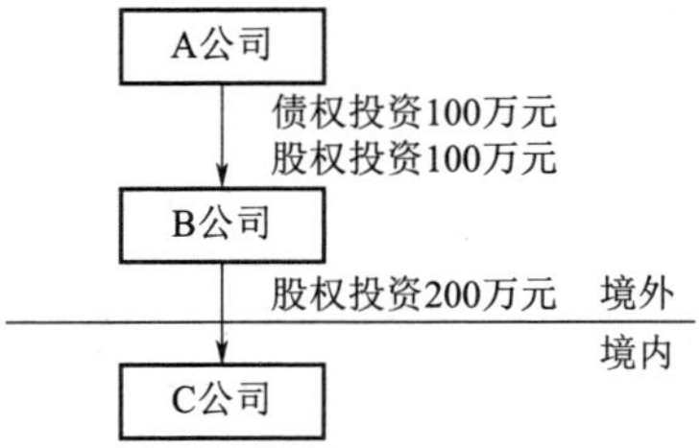

图 3-23　股权架构图（23）

计税基础 =200（万元）（B 公司的实际出资）

应纳税所得额 = 转让收入 − 计算基础 =300−200=100（万元）

【例 3-68】新加坡 A 公司实际出资 100 万元设立中国香港 B 公司持有 100% 的股权，B 公司实际出资 100 万元设立北京 C 公司持有 100% 的股权。B 公司从某银行借入 100 万元，并出借给 C 公司。A 公司以 300 万元将其拥有 B 公司的全部股权转让给 X 公司，从而间接转让 C 公司的股权，该交易不具有合理商业目的。假设债权能够按期行权收回或偿还，B 公司无其他的资产负债。股权架构如图 3-24 所示。

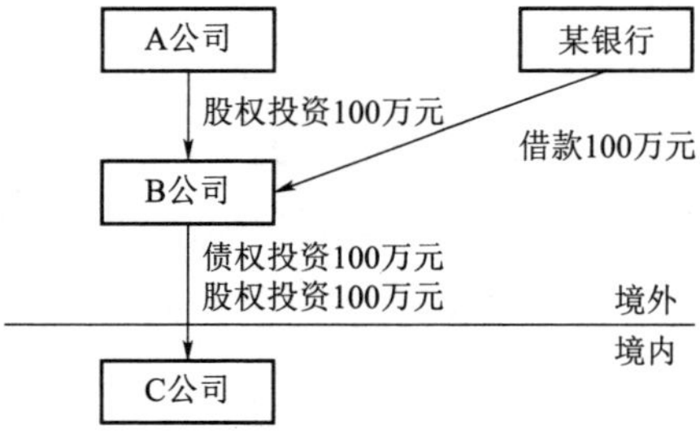

图 3-24　股权架构图（24）

转让收入 = 与股权价值相关的转让交易对价 − 企业境外资产 + 企业境外负债 =300−100（B 公司境外资产）+100（B 公司境外负债）=300（万元）

计税基础 =100（万元）（B 公司的实际出资）

应纳税所得额 = 转让收入 − 计算基础 =300−100=200（万元）

【例 3-69】新加坡 A 公司实际出资 100 万元设立中国香港 B 公司持有 100% 的股权；B 公司从某银行借入 100 万元，B 公司实际出资 200 万元设立北京 C 公司持有 100% 的股权。A 公司以 300 万元将其拥有 B 公司的全部股权转让给 X 公司，从而间接转让 C 公司的股权，该交易不具有合理商业目的。假设债权能够按期行权收回或偿还，B 公司无其他的资产负债。股权架构如图 3-25 所示。

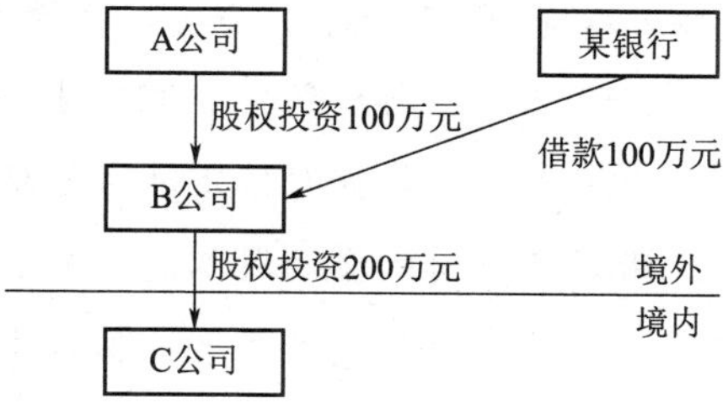

图 3-25 股权架构图（25）

转让收入 = 与股权价值相关的转让交易对价 − 企业境外资产 + 企业境外负债 =300−0（B 公司境外资产）+100（B 公司境外负债）=400（万元）

计税基础 =200（万元）（B 公司的实际出资）

应纳税所得额 = 转让收入 − 计算基础 =400−200=200（万元）

【例 3-70】新加坡 A 公司实际出资 200 万元设立中国香港 B 公司持有 100% 的股权；B 公司实际出资 100 万元设立北京 C 公司持有 100% 的股权，B 公司又出借给 C 公司 100 万元。A 公司以 300 万元将其拥有 B 公司的全部股权转让给 X 公司，从而间接转让 C 公司的股权，该交易不具有合理商业目的。假设债权能够按期行权收回或偿还，B 公司无其他的资产负债。股权架构如图 3-26 所示。

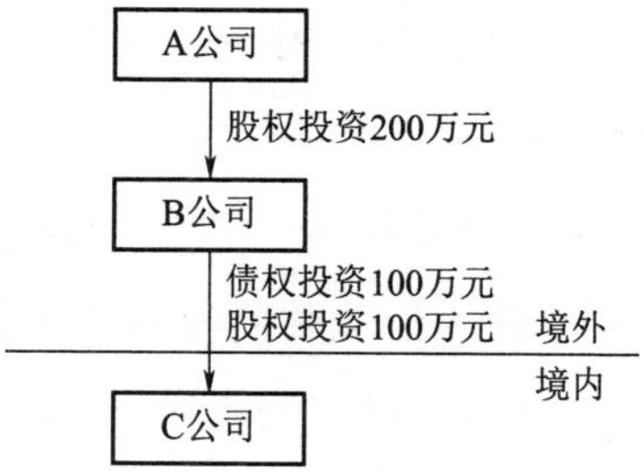

图 3-26 股权架构图（26）

转让收入 = 与股权价值相关的转让交易对价 − 企业境外资产 + 企业境外负债 =300−100（B 公司境外资产）+0（B 公司境外负债）=200（万元）

计税基础 =100（万元）（B 公司实际出资）

应纳税所得额＝转让收入－计算基础=200−100=100（万元）

【例 3-71】新加坡A公司实际出资200万元设立中国香港B公司持有100%的股权；B公司实际出资200万元设立北京甲公司持有100%的股权。多年后，C公司向B公司增资100万元，B公司实收资本增加到300万元，甲公司实收资本增加到250万元。协议约定A公司持股80%，B公司持股20%。多年后，A公司以1200万元将其拥有B公司的全部股权转让给X公司，C公司以300万元将其拥有B公司的全部股权转让给X公司，从而间接转让甲公司的股权，该交易不具有合理商业目的。假设B公司无其他的资产负债。股权架构如图3-27所示。

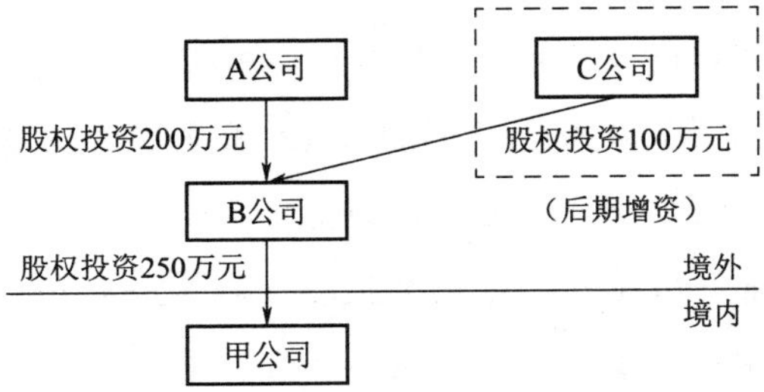

图3-27　股权架构图（27）

A公司的转让收入＝与股权价值相关的转让交易对价－企业境外资产＋企业境外负债=1200−50（B公司境外资产，C公司增资的100万元减去对甲公司增资的50万元）×80%（A公司对B公司的持股比例）+0（B公司境外负债×80%）=1200−40=1160（万元）

A公司的计税基础=250（B公司对甲公司实际出资）×80%（A公司对甲公司的间接持股比例）=200（万元）

A公司的应纳税所得额＝转让收入－计算基础=1160−200=960万元

C公司的转让收入＝与股权价值相关的转让交易对价－企业境外资产＋企业境外负债=300−50（B公司境外资产，C公司增资的100万元减去对甲公司增资的50万元）×20%（C公司对B公司的持股比例）+0（B公司境外负债×20%）=300−10=290（万元）

C公司的计税基础=250（B公司对甲公司实际出资）×20%（C公司对甲公司的间接持股比例）=50（万元）

C 公司的应纳税所得额 = 转让收入 - 计算基础 =290−50=240（万元）

C 公司间接获取甲公司股权时，实际出资金额是 100 万元。为什么间接转让甲公司股权时，实际扣减金额为 60 万元（境外企业 B 公司归属 C 公司的资产 10 万元；对甲公司实际股权投资即甲企业实收资本归属于 C 公司的金额 50 万元）？一是基于法定的计算规则，二是由于 A 公司在设立 B 公司时承担了更高的经营风险和财务风险，应获得相应补偿（C 公司少扣减的 40 万元，即 C 公司出资 100 万元中留在 B 公司的 50 万元归属于 A 公司的部分，由 A 公司扣减了）。实践中，如果全部股东（案例中的 A 公司和 C 公司）能够达成一致，约定 C 公司实际出资金额 100 万元全部由 C 扣减，也有可能获得主管税务机关的支持；但是实际业务要比案例复杂太多，实现难度非常大。

（六）间接转让两项以上中国应税财产

股权转让方通过直接转让同一境外企业股权导致间接转让两项以上中国应税财产，涉及两个以上主管税务机关的，间接转让中国应税财产的交易双方或被间接转让股权的中国居民企业选择向其中一个主管税务机关提交相关资料。

股权转让方直接转让同一境外企业股权导致间接转让两项以上中国应税财产，按照规定应予征税，涉及两个以上主管税务机关的，股权转让方应分别到各所涉主管税务机关申报缴纳企业所得税。

实践中，税务机关普遍认可（国内税法暂无规定）按照“分收入法”而非“分所得法”，确认股权转让方分别到各所涉主管税务机关申报缴纳企业所得税的金额。“分收入法”指先依据一些因素确认每一个中国应税财产的转让收入，再分别计算应纳税所得额。“分所得法”指先整体计算应纳税所得额，再依据一些因素确认每一个中国应税财产对应的金额。“分收入法”比“分所得法”更为合理，一是充分体现每一个中国应税财产的价值，避免相互独立的中国应税财产正负价值互抵，二是便于再次转让（尤其是直接转让）时，计税基础的确定。

“分收入法”只有中国境内第一层子公司可参与分配；分配因素普遍同

时采用实收资本、净资产、营业收入，各占三分之一的权重，但实操中也应根据具体案件情况具体分析选用适当的因素，净资产、营业收入等采用合并报表数据更为合理。需特别注意的是，“分收入法”“分所得法”是在实务中运用总结出来的，其中“分收入法”是被普遍认可的，在具体计算中出现的各种问题需要相关各方协商处理，其他合理的方法只要各方能够达成一致意见均可采用。

【例 3-72】2016 年新加坡 A 公司投资 3000 万元设立中国香港 B 公司，B 公司分别投资 1000 万元设立北京公司、辽宁公司、山东公司，甲公司是北京公司的全资子公司。2022 年 2 月，A 公司以 3000 万元将 B 公司的股权全部转让，从而间接转让三家中国公司（见表 3-5 和表 3-6）。该交易不具有合理商业目的。假设B公司无其他的资产负债，不考虑其他情况。图 3-28 为股权架构图。

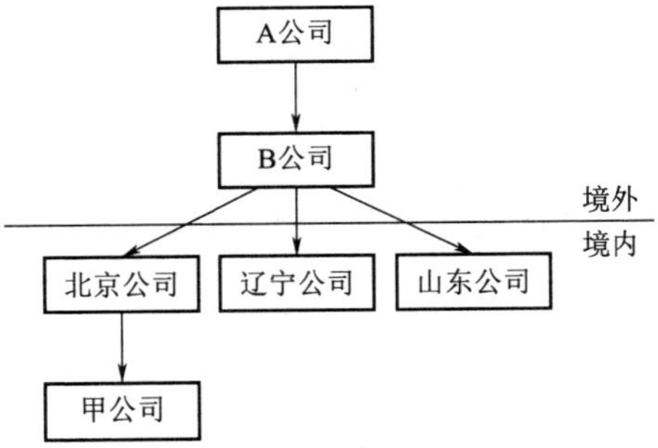

图 3-28　股权架构图（28）

表 3–5　转让时境内公司的情况　（单位：万元）

	北京公司	辽宁公司	山东公司	甲公司
净资产（2022 年 2 月）	1000	−200	750	1000
实收资本	1000	1000	1000	500
营业收入（2021 年）	300	100	400	200

1. 按照“分税款法”，中国应税财产的转让收入 3000 万元减去中国应税财产的计税基础 3000 万元，应纳税所得额为 0。股权转让方应分别到各所涉主管税务机关申报缴纳企业所得税为 0。

2. 按照“分收入法”计算如下：各方确认只有中国境内第一层子公司

可参与分配，采用实收资本、净资产、营业收入作为分配因素，净资产、营业收入等采用合并报表数据。

表 3-6 各公司情况 （单位：万元）

	北京公司	辽宁公司	山东公司	合计
净资产（2022 年 2 月）	2000	−200	750	2550
实收资本	1000	1000	1000	3000
营业收入（2021 年）	500	100	400	1000

北京公司权重 =2000÷2550×1/3+1000÷3000×1/3+500÷1000×1/3=0.54

辽宁公司权重 =−200÷2550×1/3+1000÷3000×1/3+100÷1000×1/3=0.12

山东公司权重 =750÷2550×1/3+1000÷3000×1/3+400÷1000×1/3=0.34

转让北京公司收入 =3000×0.54=1620（万元）

转让辽宁公司收入 =3000×0.12=360（万元）

转让山东公司收入 =3000×0.34=1020（万元）

转让北京公司应纳税所得额 =1620−1000=620（万元）

转让辽宁公司应纳所得税额 =360−1000=−640（万元）

转让山东公司应纳所得税额 =1020−1000=20（万元）

转让北京公司应纳税额 =620×10%=62（万元）

转让辽宁公司应纳税额 =0×10%=0（万元）

转让山东公司应纳税额 =20×10%=2（万元）

股权转让方应到北京主管税务机关申报缴纳企业所得税 62 万元；到辽宁主管税务机关申报缴纳企业所得税 0 万元；到山东主管税务机关申报缴纳企业所得税 2 万元。

“分收入法”比“分所得法”更合理的核心，在于“分收入法”更符合“对不具有合理商业目的的间接转让，重新定性确认为直接转让中国居民企业股权等财产”。例 3-72 中按照“分收入法”计算的结果，更接近于 B 公司分别转让北京公司、辽宁公司、山东公司的应纳税额，各公司的价值变动得以充分地体现。

（七）可变利益实体（VIE）架构

可变利益实体（variable interest entities，VIE）架构是指境外特殊目的公司通过其在中国境内的全资子公司，以协议控制的方式控制一家从事外资受限业务的境内运营实体公司，从而实现境外特殊目的公司对该境内运营实体公司在没有股权控制关系下的财务并表，并得以在境外融资或上市的运作模式。VIE 架构利用协议控制境内企业权益的形式代替直接控股，国内许多知名互联网企业都是 VIE 架构代表企业。

常见的 VIE 架构如下，第一层可以是一个或多个英属维尔京群岛（BVI）公司，通常由境内实际控制人、境外投资者及员工持股平台构成。第二层大多是开曼公司作为海外上市或融资主体，开曼相对于 BVI 因公司治理和透明性相对较高而被境外大多数交易所认可，美国和中国香港的交易所都明确不接受 BVI 公司作为上市主体。第三层大多数是 BVI、新加坡、中国香港公司，主要是开曼公司未来处置底层资产或业务资产剥离时，可通过转让该层公司的股权实现，有的也可以不设立该层。第四层一般是新加坡、中国香港公司，用于直接持有中国境内外商独资企业（WFOE）的股份，目的主要是从 WFOE 获取股息分红并根据相关税收协定（安排）享受优惠税率。第五层是第四层公司在中国境内注册的外商独资企业（WFOE），从事对外资没有限制的经营活动，并通过与 VIE 签订一系列协议，为 VIE 提供垄断性的技术、管理和咨询等经营服务，获取特许权使用费收入或服务费收入，进而将 VIE 全部或绝大部分收入转移至 WFOE，纳入开曼公司的合并财务报表。第六层 VIE 作为境内的经营实体，主营业务属于外商投资产业指导目录中的限制类和禁止类产业，比如互联网信息服务、旅游、教育、娱乐等，外国企业无法直接通过股权层层控制的模式搭建；VIE 的股东全部是国内的自然人或机构；VIE 拥有相关业务的运营牌照、获取实际业务经营收入；VIE 与 WFOE 签署一系列控制协议，这些协议包括但不限于贷款协议、股权质押协议、独家顾问服务协议、资产运营控制协议、认购股权协议、投票权协议等，按照国际会计准则，VIE 可以被 WFOE 控制并纳入合并报表。

对不具有合理商业目的的间接转让，股权转让方获取转让境外企业股权所得中归属于中国应税财产应包括 WFOE 和 VIE。

四、税收协定规定

（一）《中新协定》财产转让条款

1. 缔约国一方居民转让第六条所述位于缔约国另一方的不动产获取的收益，可以在该缔约国另一方征税。

2. 转让缔约国一方企业在缔约国另一方的常设机构营业财产部分的动产，或缔约国一方居民在缔约国另一方从事独立个人劳务的固定基地的动产获取的收益，包括转让常设机构（单独或随同整个企业）或固定基地获取的收益，可以在该缔约国另一方征税。

3. 缔约国一方居民转让从事国际运输的船舶或飞机，或转让属于经营上述船舶、飞机的动产获取的收益，应仅在该缔约国征税。

4. 缔约国一方居民转让股份获取的收益，如果股份价值的 50% 以上直接或间接由位于缔约国另一方的不动产构成，可以在缔约国另一方征税。

5. 除第四款外，缔约国一方居民转让其在缔约国另一方居民公司或其他法人资本中的股份、参股或其他权利获取的收益，如果该收益人在转让行为前的 12 个月内，曾经直接或间接参与该公司或其他法人至少 25% 的资本，可以在该缔约国另一方征税。

6. 缔约国一方居民转让本条以上各款所述财产以外的其他财产获取的收益，应仅在转让者为其居民的缔约国征税。

（二）转让财产收益的征税原则

1. 转让不动产获取的收益应由不动产所在国（地区）征税。

2. 转让企业常设机构用于营业的财产中的动产，可以在常设机构所在国（地区）征税。

3. 转让从事国际运输的船舶和飞机，或转让附属于经营上述船舶和飞机的动产获取的收益，应仅在经营上述船舶和飞机的企业为其居民的国家（地区）征税。

4. 中国与其他国家（地区）签订的税收协定中，通常约定缔约对方居民企业转让中国居民企业股份（股权）获取的收益可以在缔约对方国家征税，中国作为该收益的来源国也保留了征税权，包括但不限于以下几种情况，具体规定以相关税收协定的内容为准。

（1）被转让公司的股份价值的 50% 以上（不含 50%）直接或间接由位于中国境内的不动产所构成，则缔约对方居民企业转让该公司股份获取的收益，无论其持股比例是多少，中国对股份转让收益都有权征税。如中国与新加坡签订的税收协定。

（2）缔约对方居民企业持有中国居民企业股权比例符合一定条件的（如至少 25%），中国对股份转让收益有权征税。如中国与新加坡签订的税收协定。

（3）缔约对方居民企业转让中国居民企业股权，中国无权征税。如中国与白俄罗斯签订的税收协定。

（4）缔约对方居民企业转让中国居民企业股权，中国有权征税。如中国与捷克签订的税收协定。

5. 转让协定列举条款所述财产以外的财产而获取的收益，按转让“其他财产”处理，即仅在转让者为其居民的国家（地区）征税。

6. 与股息、利息、特许权使用费不同，中国与其他国家（地区）签订的税收协定中转让财产所得没有优惠税率。因此，非居民企业转让中国应税财产一律按 10% 征收企业所得税。

（三）参与被转让公司 25% 的资本

根据中国与新加坡签订的税收协定，新加坡税收居民转让其在中国居民公司或其他法人资本中的股份、参股或其他权利获取的收益，如果收益人在转让行为前的 12 个月内曾经直接或间接参与被转让公司 25% 的资本，则中国有权对该收益征税。

新加坡税收居民转让中国居民公司或其他法人资本中的股份、参股或其他权利，在一般情况下（除滥用情形外）是指直接转让情形。如果被转让的股份不属于中国居民公司或其他法人资本中的股份、参股或其他权利，无论被转让股份的公司是否拥有中国居民公司或其他法人资本中的股份、参股或其他权利，均不能按照拥有中国居民企业一定比例以上的资本，确定中国拥有征税权，应视具体情形适用本条其他款项规定。但是，对滥用企业组织形式，不是出于真正商业意图，而是以逃避税款或获取优惠的税收待遇为目的，间接转让居民企业股份的情况，中国有权根据《中新协定》的规定启动反避税调查程序，以防止中国税收权益的流失。

新加坡税收居民直接或间接参与一个中国居民公司的资本包括以下几种情况。

1. 该新加坡税收居民直接参与该中国居民公司的资本。如果该新加坡税收居民通过其他名义参与人（含个人、公司和其他实体）参与中国居民公司的资本，且该新加坡税收居民对于该名义参与人参与的资本享有排他性资本参与利益，并实质承担资本参与风险，该名义参与人参与的该中国居民公司资本可以视同该新加坡税收居民直接参与该中国居民公司的资本。

2. 该新加坡税收居民通过具有 10% 以上（含 10%）直接资本关系的单层或多层公司或其他实体（含单个或多个参与链）间接参与该中国居民公司的资本。间接参与的资本按照每一参与链中各公司或其他实体的资本比例乘积计算。

例如，新加坡税收居民甲拥有第三方居民公司乙 50% 股份，乙拥有中国居民公司丙 50% 股份，则乙为甲持股且具有直接或间接 10% 以上（含 10%）资本关系的公司，甲通过乙间接拥有中国居民公司丙的股份为 25%（50% × 50%），可以确定甲在丙中直接或间接拥有的权益已经达到 25%。在这一情况下，如果甲同时直接拥有丙 5% 的股份，那么当其转让该 5% 的股份时，就应该考虑其间接拥有的 25% 的股份，从而达到本款规定的征税条件。但如果甲没有直接拥有中国居民公司丙的股份，只是通过乙间接拥有丙，此款所说的间接拥有股份的规定并不针对甲转让乙的股份收益问题（除滥用情形外）。

3. 与该新加坡税收居民具有显著利益关系的关联集团内其他成员在该

中国居民公司直接参与或通过具有10%以上（含10%）直接资本关系的单层或多层公司或其他实体（含单个或多个参与链）间接参与该中国居民公司的资本。间接参与的资本按照每一参与链中各公司或其他实体的资本比例乘积计算，但在汇总计算该关联集团直接或间接参与该中国居民公司总资本份额时，符合前述规定的每一参与链所参与的资本份额不重复计算。上述与新加坡税收居民具有显著利益关系的关联集团内成员包括：①在该新加坡税收居民为个人的情况下，与该新加坡个人居民具有相同资本参与利益的个人（包括其配偶、父母及父母以上前辈直系亲属、子女及子女以下后辈直系亲属）；②在该新加坡税收居民为公司或其他实体的情况下，直接或间接拥有该新加坡税收居民100%资本的个人（包括与其配偶、父母及父母以上前辈直系亲属、子女以及子女以下后辈直系亲属共同拥有的情形）、公司或其他实体。

例如：新加坡税收居民公司乙直接拥有中国居民公司丙20%资本；乙的母公司甲（100%控股）直接拥有中国居民公司丙3%资本；甲拥有公司丁50%股份，而公司丁直接拥有中国居民公司丙6%资本。在此种情形下，甲为与乙具有显著利益关系的关联集团内其他成员，在计算乙直接和间接拥有中国居民公司丙的资本份额时，可以考虑一是甲直接拥有中国居民公司丙的3%资本份额；二是甲通过丁间接拥有中国居民公司丙的3%资本份额（50%×6%），丁为甲直接拥有10%以上资本份额的公司，甲通过丁间接参与该中国居民公司的资本也应考虑。将上述三项直接或间接拥有的股份合并计算，该关联集团直接或间接拥有中国居民公司丙的股份应为26%。因此，如果新加坡公司乙转让其在公司丙的股份获取收益，中国则因其在公司丙的参股比例达到了25%而拥有征税权。

【例3-73】减持上市公司股份不当适用财产收益条款⑫

2015年6月，香港公司C与内地某基金管理有限公司签署了一份股权转让协议，香港公司C将其持有的内地某上市公司的1000万股（占上市公司股份5%）转让给内地基金的资产管理计划，标的股份转让价为20元/股，转让价款为人民币2亿元。2015年6月，香港公司C董事签署董事会

⑫ 国家税务总局国际税务司. 税收协定执行案例集[M]. 北京：中国税务出版社，2019.

决议，7月完成股份登记过户手续。香港公司C取得股权转让所得后7日内向主管税务机关自行申报非居民企业所得税，并依据内地和香港税收安排第十三条“财产收益”条款规定，“该项股份相当于一方居民公司至少25%的股权，可以在该一方征税。转让第一款至第五款所述财产以外的其他财产取得的收益，应仅在转让者为其居民的一方征税”。

香港公司C持有内地上市公司股份比例为24.99%，且内地上市公司股权价值不是主要由不动产组成，企业认为符合内地和香港税收安排规定条件，自行申报享受税收安排待遇，减免企业所得税2000万元。具体股权架构如图3-29所示。

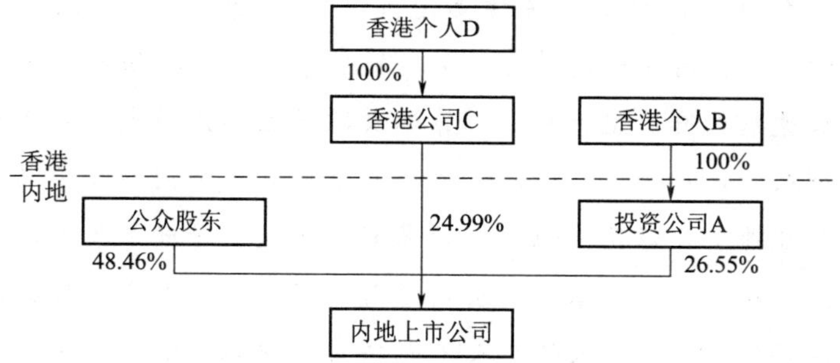

图3-29 股权架构图（29）

主管税务机关按照有关规定开展税收安排后续管理，审核企业报送的资料，企业提交了符合规定的香港税收居民身份证明，香港公司C成立于2011年2月，由香港居民个人D 100%持有，在股份减持前12个月内持有内地上市公司的股权比例一直为24.99%，低于25%的比例，从形式上看符合税收安排的相关条件。

由于为财产收益所得、减免税款金额较大、同时持股比例为24.99%，非居民企业是如何取得该笔股权？是否可能存在滥用企业组织形式，不当享受安排待遇的情形？税务人员查阅了上市公司相关公告，在企业上市的招股说明书“一致行动人”部分详细披露了香港公司C的背景资料，香港公司C与内地控股股东构成“一致行动人”。企业在上市前的股改过程中，由内地控股股东配偶（已经取得香港永久居民身份）D设立香港公司C，再由香港公司C持股内地上市公司，从而实现了香港个人D间接持有内地上市公司24.99%的股份，持股比例自上市以后没有变化。香港个人D作为香港公司C的控股股东，同时也是内地上市公司最终控制人香港个人B的配偶，属于显著利益关系的关联集团内的其他成员，在申请享受税收安排时其相关人员的持股比例应该合计考虑。

《国家税务总局关于税收协定中财产收益条款有关问题的公告》（国家税务总局公告2012年第59号，以下简称59号公告）第四条第三款规定："与该新加坡居民具有显著利益关系的关联集团内其他成员，在该中国居民公司直接参与或通过具有10%以上（含10%）直接资本关系的单层或多层公司或其他实体（含单个或多个参与链）间接参与该中国居民公司的资本。间接参与的资本按照每一参与链中各公司或其他实体的资本比例乘积计算，但在汇总计算该关联集团直接或间接参与该中国居民公司总资本份额时，符合前述规定的每一参与链所参与的资本份额不重复计算，上述与新加坡居民具有显著利益关系的关联集团内成员包括：①在该新加坡居民为个人的情况下，与该新加坡个人居民具有相同资本参与利益的个人（包括其配偶、父母及父母以上前辈直系亲属、子女及子女以下后辈直系亲属）；②在该新加坡居民为公司或其他实体的情况下，直接或间接拥有该新加坡居民100%资本的个人（包括与其配偶、父母及父母以上前辈直系亲属、子女以及子女以下后辈直系亲属共同拥有的情形）、公司或其他实体。"

因此，香港居民个人D持有香港公司100%的资本，同时是内地上市公司最终控制人B的配偶，属于具有显著利益关系的关联集团内成员，应该考虑关联集团内成员即香港个人B直接参与或通过具有10%以上直接资本关系的单层或多层间接参与该内地居民公司的资本，两者合计持股51.54%，超过25%的持股比例，内地税务机关可以征税。

（四）不动产占股份价值的50%以上

根据中国与新加坡签订的税收协定，新加坡税收居民拥有中国公司的股份（或购买在新加坡上市的中国公司的股份），如该中国公司股份价值的50%以上直接或间接由位于中国境内的不动产所组成，无论该新加坡税收居民持有中国公司股份比例如何，中国对该新加坡税收居民转让该公司股份获取的收益都可以征税。再如，如果新加坡税收居民拥有某中国境外公司的股份，如果该公司股份价值的50%以上直接或间接由位于中国境内的不动产所构成，则上述新加坡税收居民转让该中国境外公司股份（股票）获取的收益，中国作为不动产所在国根据协定拥有征税权。

1. 不动产，均应包括各种营业用或非营业用房屋等建筑物和土地使用权，以及附属于不动产的财产。

2. 公司股份价值50%以上直接或间接由位于中国境内的不动产所组成，是指公司股份被转让之前（不含转让当月）的连续36个公历月份内任一时间，被转让股份的公司直接或间接持有位于中国境内的不动产价值占公司全部财产价值的比率在50%以上。

3. 不动产的价值计量，被转让公司财产和不动产均应按照当时有效的中国会计制度有关资产（不考虑负债）处理的规定进行确认和计价，但相关不动产所含土地或土地使用权价值额不得低于按照当时可比相邻或同类地段的市场价格计算的数额。纳税人不能进行可靠计算的，相关资产确认和计价由税务机关参照规定合理估定。

例如，从事制造业的甲公司在2011年年末的资产负债表列示的资产构成为厂房2000万元，土地使用权为1800万元，除厂房和土地使用权以外的非不动产为5000万元。其中土地使用权为2006年年底通过竞标从地方政府受让的10000平方米厂房用地，受让价格为每平方米2000元，共支付2000万元受让金，按使用年限50年平均摊销后至2011年的折余价值为1800万元（对应折余价格为每平方米1800元）。在2011年末，当地政府又公开出让了毗邻该公司厂房的相同工业用途地块，该新地块使用年限同为50年，出让价格为每平方米4000元，按公司厂房用地五年后折余口径调整，可比价格为每平方米3600元。由于该新地块出让价格为该公司厂房用地的可比市场价格，且高于会计核算价格，按照可比市场价格调整后的厂房用地2011年年末折余价值应为3600万元。因此，尽管按照会计核算结果，甲公司2011年年末不动产3800万元（2000+1800）占公司全部资产8800万元（2000+1800+5000）的比例不超过44%，但将公司土地使用权按可比市场价格调整计价后，甲公司2011年年末不动产5600万元（2000+3600）占公司全部资产 10600 万元（2000+3600+5000）的比例超过 52%，仍可以确定 2011 年末甲公司股份价值 50% 以上直接或间接由位于中国境内的不动产构成。

执行该款规定时还应注意“间接持有”的问题，即除了应考虑被转让公司本身财产构成以外，还应注意被转让股份的公司是否有参股其他公司股份及该参股公司的财产价值构成情况。例如，新加坡税收居民在转让其在中国公司中的股份获取的转让收益时可能会提出，由于该中国公司财产价值的不动产部分低于 50%，并且该新加坡税收居民持有中国居民公司股份低于 25%，对其转让收益应享受协定不予征税的待遇。对此，如果上述中国公司又参股其他中国公司，并且其参股的其他中国公司的财产价值主要由在中国境内的不动产组成，则该被参股的中国公司的财产价值中一部分（按参股比例计算）应属于前面提及的中国公司，在计算被转让股份公司的财产价值时，应将后一个被控股公司的不动产价值按参股比例计算的归属部分一并考虑，计算该被转让股份的中国居民公司的财产价值的不动产比例是否达到 50%。

【例 3-74】新加坡税收居民公司 A 拥有中国居民公司乙 20% 的股份，公司乙的财产价值为 100（单位略），其中不动产价值为 40。如果该公司乙又持有中国居民公司丙 80% 的股份，如公司丙的财产价值为 100，其中不动产价值为 90，则在计算公司乙的财产价值时，剔除公司乙和丙之间内部交易影响，应将公司丙财产价值的 80% 计算在内，即公司乙直接或间接拥有的财产价值为 100+100×80%=180，其中不动产价值为 40+90×80%=112，不动产价值比例为 62%。因此，当新加坡税收居民公司 A 转让中国居民公司乙的股份时，由于该中国公司乙的财产价值中 50% 以上的价值直接或间接来自中国的不动产，根据协定规定，对此项转让收益中国拥有征税权。

第七节　阶段检测

一、单 选 题

1. 下列表述不符合税收规定的是（　　）。

A. 非居民企业获取来源于中国境内的股息、红利等权益性投资收益和利息、租金、特许权使用费所得、转让财产所得及其他所得应当缴纳的企业所得税，实行源泉扣缴，以对非居民企业直接负有支付相关款项义务的单位或个人为扣缴义务人

B. 对非居民企业直接负有支付义务的支付人自行委托代理人或指定其他第三方代为支付相关款项，或因担保合同或法律规定等原因由第三方保证人或担保人支付相关款项的，由受托人、被指定人或保证人、担保人承担扣缴义务

C. 扣缴义务人应当自扣缴义务发生之日起 7 日内向扣缴义务人所在地主管税务机关申报和解缴代扣税款

D. 非居民企业获取应源泉扣缴的所得为股息、红利等权益性投资收益的，相关应纳税款扣缴义务发生之日为股息、红利等权益性投资收益实际支付之日

参考答案：B

2. 新加坡 A 企业在中国境内获取了多笔应源泉扣缴税款的收入，依据中国企业所得税相关规定，关于所得发生地主管税务机关的确定原则，以下表述错误的是（　　）。

A. 不动产转让所得，为不动产所在地税务机关

B. 股息、红利等权益性投资所得，为分配所得企业的主管税务机关

C. 利息所得、租金所得、特许权使用费所得，为负担、支付所得的单位或个人的主管税务机关

D. 权益性投资资产转让所得，为负担、支付所得的单位或个人的主管税务机关

参考答案：D

3. 某非居民企业从中国境内获取以外币支付的所得，自行申报缴纳应源泉扣缴的税款，使用的外币折算汇率是（　　）。

A. 扣缴义务发生之日人民币汇率中间价

B. 办理纳税申报之日前一日人民币汇率中间价

C. 填开税收缴款书之日前一日人民币汇率中间价

D. 填开税收缴款书之日人民币汇率中间价

参考答案：C

4. 扣缴义务人以人民币以外的货币支付款项的，在扣缴企业所得税应当按照（　　）折合成人民币，计算非居民企业应纳税所得额。

A. 本月 1 日人民币汇率中间价

B. 上月平均人民币汇率中间价

C. 扣缴义务发生之日人民币汇率中间价

D. 扣缴义务人支付款项当日人民币汇率中间价

参考答案：C

5. 主管税务机关责令获取收入的非居民企业限期缴纳应源泉扣缴税款的，应当按照（　　）人民币汇率中间价折合成人民币，计算非居民企业应纳税所得额。

A. 扣缴义务发生之日

B. 填开税收缴款书之日前一日

C. 主管税务机关作出限期缴税决定之日

D. 主管税务机关作出限期缴税决定之日前一日

参考答案：D

6. 扣缴义务人应扣未扣的，扣缴义务人所在地主管税务机关应当自确定应纳税款未依法扣缴之日（　　）个工作日内，向所得发生地主管税务机关发送非居民企业税务事项联络函，告知非居民企业涉税事项。

A. 3　　　　B. 5　　　　C. 7　　　　D. 15

参考答案：B

7. 境内 A 企业作为非居民企业 B 的境内税款扣缴义务人，应当源泉扣缴税款的款项已经由 A 企业实际支付，但其未在规定的期限内解缴应扣税款，且发生规定情形之一的属于税款已扣但未解缴。以下不属于 A 企业税款已扣但未解缴规定情形的是（　　）。

A. A 企业已明确告知 B 企业已代扣税款的

B. A 企业已在财务会计处理中单独列示应扣税款的

C. A 企业已在财务报表中开始单独摊销扣除应扣税款的

D. 其他证据证明 A 企业已代扣税款的

参考答案：C

8. 香港市场投资者甲公司通过沪港通投资中国居民企业乙公司在上海证券交易所上市的 A 股，获取股息 200 万元，其预提税的扣缴义务人是（　　）。

A. 分配股息的上市公司乙公司

B. 中国证券登记结算有限责任公司

C. 香港联合交易所证券交易服务公司

D. 香港中央结算有限公司

参考答案：A

9. 在香港上市的境内居民企业派发股息时，可凭香港中央结算（代理人）有限公司确定的社保基金所持 H 股证明，应按（　　）代扣代缴企业所得税。

A. 10%　　B. 5%　　C. 7%　　D. 不予

参考答案：D

10. 香港 A 拥有中国居民甲企业的股份并获取股息所得，如果 A 要按享受协定待遇，下列条件表述错误的是（　　）。

A. A 直接拥有甲企业股份比例必须达到 25% 以上

B. 在甲企业的全部所有者权益和有表决权股份中，A 直接拥有的比例必须均符合规定比例

C. A 拥有甲企业的股份比例在获取股息前连续 12 个月以内任何时候均

符合规定比例

D. A 根据税收协定规定应限于香港居民

参考答案：D

11. 非居民企业获取应源泉扣缴的所得为股息、红利等权益性投资收益的，相关应纳税款扣缴义务发生之日为（　　）。

A. 被投资企业股东大会或股东大会作出利润分配或转股决定的当日

B. 被投资企业股东大会或股东大会作出利润分配或转股决定的次月 7 日内

C. 为股息、红利等权益性投资收益实际支付当日

D 企业对未分配利润及盈余公积做账务处理当日

参考答案：C

12. 企业的下列收入不免税的有（　　）。

A. 居民企业直接投资非上市的居民企业获取的股息、红利

B. 非居民企业在中国境内设立机构、场所，该机构投资于非上市居民企业，获取的股息、红利

C. 非居民企业在中国境内设立的机构、场所，该机构持有的居民企业公开发行并上市流通的股票 6 个月所获取的投资收益

D. 非居民企业在中国境内设立的机构、场所，持有的居民企业公开发行并上市流通的股票 13 个月所获取的投资收益

参考答案：C

13. 下列关于股息说法不正确的是（　　）。

A. 未分配利润转增资本视同分配，应扣缴预提税

B. 资本公积转增资本视同分配，应扣缴预提税

C. 盈余公积转增资本视同分配，应扣缴预提税

D. 外方撤资、减少投资额中，属于累计未分配利润所占比例部分，应视同股息所得征收预提税

参考答案：B

14. 非居民通过委托投资获取投资收益提出享受税收协定待遇申请，向税务机关提交相关资料，税务机关的处理方式错误的是（　　）。

A. 如果所得类型为股息，且有凭据证明该所得实际返回至该非居民，则该非居民能够享受税收协定相应条款规定的待遇

B. 如果投资链条上除该非居民以外的各方收取的费用与利息有关，则该部分费用不得享受税收协定利息条款规定的待遇

C. 如果投资收益的所得类型为财产收益，则应按税收协定相应条款的规定处理

D. 如果提供的资料不能区分非居民委托投资收益与投资链条上其他各方报酬的，税务机关不予批准相应的税收协定待遇

参考答案：A

15. 下列哪项投资不适用递延纳税优惠政策（　　）。

A. 新增或转增中国境内居民企业实收资本或资本公积

B. 在中国境内投资新建居民企业

C. 从关联方收购中国境内居民企业股权

D. 财政部、税务总局规定的其他直接投资方式

参考答案：C

16. 居民企业甲公司于 2023 年 3 月向股东新加坡 A 公司分配 2020 年的利润 5000 万元，其中 2000 万元汇往 A 公司境外账户，3000 万元直接转入 A 公司在华投资新设乙公司的账户，乙公司主要从事机械设备生产销售。甲公司应代扣代缴 A 公司企业所得税是多少？（不考虑享受协定待遇情况）（　　）。

A. 500 万元　　B. 300 万元　　C. 200 万元　　D. 100 万元

参考答案：C

17. 境外投资者甲公司在 2022 年以境内乙公司分配的利润增加境内丙公司（非上市公司）实收资本，按现行规定可享受暂不征收预提所得税优惠，但因其不熟悉该政策，导致未实际享受。甲公司可申请追补享受该政策，退还已缴纳的税款的时间要求是（　　）。

A. 乙公司股东大会作出利润分配决策之日起一年内

B. 乙公司实际支付股息之日起一年内

C. 甲公司实际缴纳股息税款之日起三年内

D. 丙公司实际收到投资款之日起三年内

参考答案：C

18. 居民企业 C 公司为境外 B 公司的全资子公司，2018 年 1 月成立，注册资本 1000 万元人民币。2021 年 2 月境外 B 公司从境内 A 公司获取分配利润 800 万元人民币，全部用于增加境内 C 公司实收资本。2023 年 2 月 B 公司转让 C 公司 50% 的股权给 D 公司，获取股权转让收入 1000 万元人民币。B 公司 2023 年应缴纳企业所得税是多少？（不考虑 B 公司其他所得）（　　）。

A. 200 万元　　B. 110 万元　　C. 100 万元　　D. 90 万元

参考答案：D

19. 境外甲企业 2022 年获取境内乙企业股权，2022 年 2 月乙企业向甲企业分配股息 1000 万元，甲企业将其全部用于在境内新建全资子公司丙企业，丙企业注册资本 3000 万元。2023 年 6 月丙企业被丁企业合并，按一般性重组进行税务处理，甲企业分得剩余资产 3200 万元（其中相当于丙企业累计未分配利润部分是 100 万元），甲企业应缴纳的企业所得税是(　　)。

A. 110 万元　　B. 120 万元　　C. 125 万元　　D. 150 万元

参考答案：B

20. 甲企业为中外合资企业，2020 年 7 月向境外 A 企业借入资金 100 万元，年利率为 6%，由于资金困难，甲企业未按期支付利息，但当年列支财务费用 3 万元。2021 年 5 月 10 日甲企业在完成年度所得税申报时，扣缴境外 B 企业应纳的企业所得税（　　）万元。

A. 6　　B. 0.6　　C. 3　　D. 0.3

参考答案：D

21. 境内居民企业 A 向非居民企业 B 借款，约定借款期限自 2020 年 1 月 1 日起至 2020 年 12 月 31 日，2020 年 12 月 31 日一次还本付息。而 A 企业实际支付利息时间为 2021 年 6 月 30 日。A 企业在 2020 年 12 月 31 日将该项利息支出计入自建固定资产原值，并于 2021 年 3 月 31 日进行 2020 年度企业所得税汇算清缴申报。则 A 企业应就该利息支出代扣代缴企业所得税的时点为（ ）。

A. 2020 年 12 月 31 日　　B. 2021 年 3 月 31 日

C. 2021 年 6 月 30 日　　D. 2021 年 12 月 31 日

参考答案：B

22. 非居民企业 A 公司是通过基金互认投资境内证券市场的香港市场投资者，其从内地基金分配获取的收益属于债券利息的，对 A 公司代扣所得税的税率是（ ）。

A. 5%　　B. 7%　　C. 10%　　D. 20%

参考答案：B

23. QFII 获取来源于中国境内的股息、红利和利息收入，应当按照《企业所得税法》规定缴纳（ ）的企业所得税。如果是股息、红利，则由（ ）股息、红利的企业代扣代缴；如果是利息，则由企业在（ ）时代扣代缴。

A. 10%；收到；支付　　B. 10%；派发；支付

C. 20%；派发；收到　　D. 20%；派发；支付

参考答案：B

24. 在中国境内未设立机构、场所的非居民企业，以融资租赁方式将设备、物件等租给中国境内企业使用，租赁期满后设备、物件所有权归中国境内企业（包括租赁期满后作价转让给中国境内企业），非居民企业按照合同约定的期限收取租金，应以（ ），作为（ ）计算缴纳企业所得税。

A. 租赁费（包括租赁期满后作价转让给中国境内企业的价款），贷款利息

B. 租赁费（包括租赁期满后作价转让给中国境内企业的价款扣除设备、物件价款后的余额），贷款利息

C. 租赁费（包括租赁期满后作价转让给中国境内企业的价款），特许权使用费

D. 租赁费（包括租赁期满后作价转让给中国境内企业的价款扣除设备、物件价款后的余额），特许权使用费

参考答案：B

25. 中国居民企业甲银行在某国设立 A 分行，A 分行 2023 年 2 季度从境内获取下列利息：向境内企业提供贷款获取利息收入 2000 万元；作为境外银团贷款牵头行，为境外银行代收利息 1800 万元。假设以上金额均不含增值税，A 分行在获取上述利息时，支付方应代扣代缴的企业所得税是（　　）。

A. 180 万元　　B. 200 万元　　C. 0 万元　　D. 380 万元

参考答案：A

26. 中国企业延期向非居民企业支付的利息，已计入企业当期成本、费用，且在年度申报时税前扣除的，扣缴义务发生时间为（　　）。

A. 合同约定的应付利息的日期

B. 计入企业当期成本、费用的日期

C. 税前扣除年度企业所得税年度纳税申报时

D. 实际支付时

参考答案：C

27. 下列利息所得中，不免征企业所得税的是（　　）。

A. 外国政府向中国政府提供贷款获取的利息所得

B. 国际金融组织向中国政府提供优惠贷款获取的利息所得

C. 国际金融组织向中国居民企业提供优惠贷款获取的利息所得

D. 外国银行的中国分行向中国居民企业提供贷款获取的利息所得

参考答案：D

28. 非居民企业 A 公司在中国境内无机构、场所，2023 年 6 月以融资租赁方式将设备租给中国境内 B 公司使用，租赁期 3 年，每年收取租金 200 万元，租赁期满后设备作价 5 万元转让给 B 公司，该设备买价是 500 万元。B 公司三年合计应代扣代缴的企业所得税（　　）。

A. 10 万元　　B. 10.5 万元　　C. 20 万元　　D. 60 万元

参考答案：B

29. 下列应按特许权使用费征税的是（　　）。

A. 单纯货物贸易项下作为售后服务的报酬

B. 产品保证期内卖方为买方提供服务所获取的报酬

C. 专门从事工程、管理、咨询等专业服务的机构或个人提供的相关服务所获取的款项

D. 技术使用权转让费

参考答案：D

30. 非居民企业与境内某公司签订特许权使用费合同，合同价款为 400 万元人民币，合同约定各项税费由非居民企业承担，假定增值税适用税率 6%，则该境内公司应扣缴非居民企业所得税（　　）万元。

A. 80　　B. 40　　C. 37.74　　D. 24

参考答案：C

31. 税收协定中的特许权使用费不包括（　　）。

A. 使用文学、艺术或科学著作的版权支付的款项

B. 使用科学商业设备支付的款项

C. 为有关工业、商业、科学经验的信息支付的款项

D. 为获取技术的所有权支付的款项

参考答案：D

32. 境外 A 公司将自己研发的 E 软件，刻录在光盘上销售给中国境内的 B 公司仅用于日常办公，以下说法正确的是（　　）。

A. B 公司按特许权使用费扣缴企业所得税

B. 按照销售软件产品 B 公司无须扣缴企业所得税

C. 按照提供劳务 B 公司无须扣缴企业所得税

D. 以上说法都不对

参考答案：B

33. 下列所得在中国不征税的是（　　）。

A. 中国银行深圳分行向中国银行悉尼分行支付贷款利息

B. 俄罗斯芭蕾舞演员来中国演出获取的出场费

C. 法国 A 企业受德国 B 企业委托，在中国境内提供咨询服务持续 210 天，合同在境外签订，款项在境外支付

D. 日本 C 企业获取中国境内 D 企业支付的担保费，日本 C 企业未在中国境内设立机构场所

参考答案：A

34. 新加坡 A 公司 2023 年 2 月发现北京甲公司侵害其专利权，向法院起诉后判决甲公司应向 A 公司赔偿 200 万元，双方协商后甲公司可以继续使用 A 公司专利，须每年支付 1000 万元，2023 年 5 月甲公司向 A 公司支付赔偿款和专利使用费 1200 万元。当月甲公司向新加坡 B 公司租用境内闲置仓库一年，支付租金 50 万元。甲公司应代扣代缴的企业所得税是（　　）。（仅考虑企业所得税）

A. 105 万元　　B. 122.5 万元

C. 123 万元　　D. 125 万元

参考答案：D

35. 甲企业是中国居民企业，2022 年开始筹建，2023 年 1 月开始生产经营，发生开办费 1200 万元，其中包括 2023 年 1 月发生的应向非居民企业 A 企业支付的特许权使用费 300 万元，双方约定该项特许权使用费延期至 2025 年 1 月支付。甲企业开办费按 3 年摊销，下列税务处理正确的是（　　）。

A. 甲企业应在 2023 年申报 2022 年年度企业所得税时代扣代缴企业所得税 30 万元

B. 甲企业应于 2024 年申报 2023 年年度企业所得税时代扣代缴企业所得税 30 万元

C. 甲企业应于 2024-2026 年申报上一年度企业所得税时按摊销的特许权使用费金额代扣代缴企业所得税

D. 甲企业应于 2025 年实际支付特许权使用费时代扣代缴企业所得税 30 万元

参考答案：B

36. 境内某居民公司向境外公司（关联企业）支付专利许可费 200 万元，境外公司为税收协定受益所有人，假定该专利许可费的市场公允价值 100 万元，税收协定的限制税率为 5%。该企业境外公司获取上述收入应向中国缴纳企业所得税（　　）万元。

A. 12.5　　B. 15　　C. 10　　D. 20

参考答案：D

37. 属于中国有形动产租金采用的确认所得来源地的原则是（　　）。

A. 产生租金的财产所在地　　B. 所有者居住地

C. 支付者的住所地　　D. 租赁合同签订地

参考答案：C

38. “受益所有人”一般从事（　　）的经营活动。

A. 形式性　　B. 偶然性　　C. 实质性　　D. 间接性

参考答案：C

39. 计算股权转让收益时，关于股权成本价说法正确的是（　　）。

A. 股权成本价不包括非货币性的出资额

B. 外资企业用资本公积中股本溢价转增资本的部分增加股权成本

C. 外资企业用未分配利润转增股本的部分不得计入股权成本价

D. 投资方原始投资时，注册资本未到位的部分，不得计入股权成本价

参考答案：D

40. 对香港市场投资者（包括企业和个人）投资上交所上市 A 股获取的转让差价所得，按（　　）征收所得税。

A. 5%　　B. 7%　　C. 10%　　D. 暂免

参考答案：D

41. 境外 A 企业为非居民企业，境内 B 企业和 C 企业为居民企业，A 企业经过两次投资共 700 万元持有 C 企业 60% 的股权。现 A 企业与 B 企业签订股权转让合同，以人民币 850 万元的价格转让其持有的 C 企业 30% 的股权给 B 企业。不考虑其他条件，境外 A 企业应纳所得税额为(　　)万元。

A. 100　　B. 30　　C. 50　　D. 150

参考答案：C

42. 境外 A 企业为非居民企业，境内 B 企业和 Y 企业为居民企业。A 企业经过前后两次投资 Y 企业，合计持有 Y 企业 40% 的股权。2009 年 10 月 1 日第一次出资 100 万美元（假设当时人民币汇率中间价为：1 美元 =8.5 元人民币），2012 年 8 月 1 日第二次投资 50 万欧元（假设当时人民币汇率中间价为：1 欧元 =8.9 元人民币）。2021 年 4 月 10 日 A 企业以人民币 2000 万元将其拥有的 Y 企业所有股权转让给 B 企业，合同于当天生效，B 企业

于2021年4月15日向A企业支付了股权转让款2000万元人民币。（假设2021年4月15日，人民币兑美元和欧元的中间价分别为：1美元=6.5元人民币，1欧元=7.5元人民币）。假设本次财产转让交易由扣缴义务人扣缴企业所得税，请问本次交易的应纳税所得额是（　　）。

A. 705万元　　B. 775万元　　C. 905万元　　D. 975万元

参考答案：D

43. 非居民企业A公司在中国境内无机构、场所，2020—2022年分别投资1500万元、1000万元、1800万元获取中国居民企业甲公司20%、10%、30%的股权，2023年转让甲公司30%的股权获取收入3000万元，则A公司本次股权转让的应纳税所得额是（　　）。

A. 500万元　　B. 650万元　　C. 850万元　　D. 1200万元

参考答案：C

44. 某非居民企业2023年6月将中国境内房屋转让给境内A企业，获取收入2500万元，该房屋原值是1500万元，已提折旧300万元，转让时发生费用10万元，A企业应代扣代缴的企业所得税是（　　）。

A. 70万元　　B. 100万元　　C. 129万元　　D. 130万元

参考答案：D

45. 新加坡A企业持有中国B企业100%的股权。该项股权的计税基础为1000万元人民币。2022年，新加坡A企业将该项股权转让给中国C企业，转让收入3000万元人民币，转让过程中发生相关费用200万元人民币。该项股权转让所得应在中国缴纳预提所得税（　　）。

A. 180万元　　B. 200万元　　C. 450万元　　D. 500万元

参考答案：B

46. 非居民企业股权转让选择特殊性税务处理的，应于股权转让合同或协议生效且完成工商变更登记手续（　　）日内进行备案。

A. 7　　B. 15　　C. 20　　D. 30

参考答案：D

47. 非居民企业向与其具有100%直接控股关系的居民企业转让其拥有的另一居民企业股权，适用特殊性税务处理的，应当由（　　）向（　　）

所在地主管税务机关办理备案。

A. 转让方，被转让企业　　　B. 受让方，被转让企业

C. 被转让企业，被转让企业　　D. 受让方，受让方

参考答案：D

48. 股权收购，收购企业购买的股权不低于被收购企业全部股权的75%，且收购企业在该股权收购发生时的股权支付金额不低于其交易支付总额的85%，那么下列特殊性税务处理，可以选择的是（　　）。

A. 被收购企业的股东获取收购企业股权的计税基础，以收购企业股权的原有计税基础确定

B. 被收购企业的股东获取收购企业股权的计税基础，以被收购股权的原有计税基础确定

C. 收购企业获取被收购企业股权的计税基础，以收购企业的原有计税基础确定

D. 被收购企业的原有各项资产和负债的计税基础和其他相关所得税事项需调整为与收购企业一致

参考答案：B

49. 下列关于中国与新加坡税收协定的表述中，不正确的是（　　）。

A. 发生于缔约国一方而支付给缔约国另一方居民的特许权使用费，可以在该缔约国另一方征税

B. 为使用或有权使用工业、商业、科学设备所支付的作为报酬的各种款项，按特许权使用费总额的50%征税

C. 演艺人员活动包括演艺人员从事的舞台、影视、音乐等各种艺术形式的活动

D. 缔约国一方企业以船舶从事国际运输业务从缔约国另一方获取的收入，在缔约国另一方免予征税

参考答案：B

50. 间接转让中国应税财产的交易双方及被间接转让股权的中国居民企业可以向主管税务机关报告股权转让事项，下列需要提交的资料中表述错误的是（　　）。

A. 股权转让合同或协议

B. 股权转让前后的企业股权架构图

C. 境外企业及直接或间接持有中国应税财产的下属企业上三个年度财务、会计报表

D. 间接转让中国应税财产交易不适用不具有合理商业目的的理由

参考答案：C

51. 非居民企业通过实施不具有合理商业目的的安排，间接转让中国居民企业股权等财产，应税财产不包括（　　）。

A. 中国境内机构、场所财产

B. 中国境内不动产

C. 在中国居民企业的权益性投资资产

D. 中国居民企业的债权

参考答案：D

52. 国家税务总局《关于非居民企业间接转让财产企业所得税若干问题的公告》（国家税务总局公告 2015 年第 7 号）所称间接股权转让纳税义务发生之日是指（　　）。

A. 股权转让方支付股权转让价款之日

B. 股权转让方支付股权转让价款之日起七日后

C. 股权转让合同或协议生效，且境外企业完成股权变更之日

D. 股权转让合同或协议生效，且境内企业完成股权变更之日

参考答案：C

53. 非居民企业通过实施不具有合理商业目的的安排，间接转让中国居民企业股权等财产，规避企业所得税纳税义务的，应按照《企业所得税法》第四十七条的规定，重新定性该间接转让交易，确认为直接转让境内财产。对于上述所得中，归属于境外企业及直接或间接持有中国应税财产的下属企业在中国境内所设机构、场所的财产，应当按照（　　）税率进行征税。

A. 5%

B. 10%

C. 25%

D. 视是否符合小型微利企业税收优惠而定

参考答案：C

54. 转让财产中最有可能被认定为具有合理商业目的的是（　　）。

A. 间接转让中国应税财产交易发生前一年内任一时点，境外企业资产总额（不含现金）的 90% 以上直接或间接由在中国境内的投资构成

B. 间接转让中国应税财产交易在境外应缴所得税税负低于直接转让中国应税财产交易在中国境内的可能税负

C. 境外企业股权 50% 价值直接或间接来自中国应税财产

D. 境外企业股权 75% 价值直接或间接来自中国应税财产

参考答案：C

55. 一家设立在开曼的境外企业（不是中国居民企业）持有中国应税财产和非中国应税财产两项资产，非居民企业转让开曼企业股权所得为 200，假设其中归属于中国应税财产的所得为 220，归属于非中国应税财产的所得为 −20，根据 7 号公告中国税务机关有权征税的应纳税所得额为（　　）。

A. 200　　　　B. 220

C. 180　　　　D. 100

参考答案：B

56. 按照中国和新加坡税收协定的规定，非居民企业从中国获取的下列所得中，仅在非居民纳税人居民国征税的有（　　）。

A. 出租不动产所得

B. 附属于国际海运的利息收入

C. 专利许可合同包含的指导费

D. 非境内注册居民企业支付的股息

参考答案：B

二、多 选 题

1. 关于源泉扣缴说法正确的有（　　）。

A. 非居民企业获取来源于中国境内的股息、红利等权益性投资收益和利息、租金、特许权使用费所得、转让财产所得应当缴纳的企业所得税，

实行源泉扣缴

B. 股权转让交易双方均为非居民企业且在境外交易的，被转让中国企业为扣缴义务人

C. 扣缴义务人在每次向非居民企业支付或到期应支付源泉扣缴的所得时，应从支付或到期应支付的款项中扣缴企业所得税

D. 扣缴义务人对外支付或到期应支付的款项为人民币以外货币的，在申报扣缴企业所得税时按当日国家公布的人民币汇率中间价，折合成人民币计算应纳税所得额

参考答案：AC

2. 关于非居民企业获取境内所得应源泉扣缴税款的以下税务处理表述正确的有（　　）。

A. 中国境内企业和非居民企业签订与利息、租金、特许权使用费等所得有关的合同或协议。虽未按约定支付上述所得款项或变更或协议延期支付，但已计入企业当期成本、费用，并在企业所得税年度纳税申报中作税前扣除的，应在年度纳税申报时依法代扣代缴企业所得税

B. 非居民企业获取应源泉扣缴的所得为股息、红利等权益性投资收益的，相关应纳税款扣缴义务发生之日为被投资企业股东大会或股东大会作出利润分配或转股决定之日

C. 扣缴义务人应扣未扣需要向纳税人追缴税款的，由扣缴义务人所在地主管税务机关依法执行

D. 主管税务机关责令获取收入的非居民企业限期缴纳应源泉扣缴税款的，应当按照主管税务机关作出限期缴税决定之日前一日人民币汇率中间价折合成人民币，计算非居民企业应纳税所得额

参考答案：AD

3. 关于非居民企业所得税源泉扣缴时点规定，以下表述正确的有（　　）。

A. 中国境内企业和非居民企业签订与利息、租金等所得有关的合同或协议，如变更或修改合同或协议延期支付，但已计入企业当期成本、费用，并在企业所得税年度纳税申报中作税前扣除的，境内企业应在企业所得税

年度纳税申报时按照《企业所得税法》有关规定代扣代缴企业所得税

B. 如果境内企业到期未支付的利息、租金等所得款项，不是一次性计入当期成本、费用，而是计入相应资产原价或企业筹办费，在该类资产投入使用或开始生产经营后分期摊入成本、费用，分年度在企业所得税前扣除的，应在企业计入相关资产的年度纳税申报时就上述所得全额代扣代缴企业所得税

C. 如果企业在合同或协议约定的支付日期之前支付利息、租金、特许权使用费等，仍应按照合同或协议约定的应付款时间代扣代缴企业所得税

D. 非居民企业采取分期收款方式获取应源泉扣缴所得税的同一项转让财产所得的，支付人应在支付第一期转让款时全额代扣代缴企业所得税

E. 非居民企业获取应源泉扣缴的所得为股息、红利等权益性投资收益的，相关应纳税款扣缴义务发生之日为股息、红利等权益性投资收益实际支付之日

参考答案：ABE

4. 按照中国国内税法规定，非居民企业获取来源于中国境内的下列应源泉扣缴的所得中，以收入全额为应纳税所得额的是（ ）。

A. 股息　　B. 利息

C. 特许权使用费　　D. 土地使用权转让所得

参考答案：ABC

5. 在中国境内未设立机构、场所的非居民企业，计算企业所得税应纳税所得额，所用的下列方法中，符合税法规定的是（ ）。

A. 租金所得以租金收入减去房屋折旧为应纳税所得额

B. 股息所得以收入全额为应纳税所得额

C. 特许权使用费所得以收入减去特许权摊销费用为应纳税所得额

D. 财产转让所得以转让收入减去财产净值为应纳税所得额

参考答案：BD

6. 按照规定应当源泉扣缴税款的款项已经由扣缴义务人实际支付，但未在规定的期限内解缴应扣税款，并具有（ ）以下情形之一的，应作为税款已扣但未解缴情形，按照有关法律、行政法规规定处理。

A. 收款人已明确告知由扣缴义务人代扣税款的

B. 已在财务会计处理中单独列示应扣税款的

C. 已在其纳税申报中单独扣除或开始单独摊销扣除应扣税款的

D. 其他证据证明已代扣税款的

参考答案：BCD

7. 关于扣缴义务人应扣未扣预提税的情况，说法正确的有（　　）。

A. 非居民企业应到所得发生地主管税务机关申报纳税

B. 对扣缴义务人处以税款的 50% 以上 3 倍以下的罚款

C. 向扣缴义务人追缴税款

D. 对逾期仍未缴纳的税款征收滞纳金

参考答案：ABD

8. 扣缴义务人未依法扣缴或无法履行扣缴义务的，由纳税人在所得发生地缴纳。纳税人未依法缴纳的，税务机关可以从该纳税人在中国境内其他收入项目的支付人应付的款额中，追缴该纳税人的应纳税款。税务机关在追缴该纳税人应纳税款时，应当将（　　）等告知。

A. 追缴理由　　B. 追缴数额　　C. 缴纳期限　　D. 缴纳方式

参考答案：ABCD

9. 扣缴义务人支付或到期应支付非居民企业的款项以人民币以外的货币支付或计价的，关于外币折算说法正确是（　　）。

A. 扣缴义务人扣缴企业所得税的，应当按照扣缴义务发生之日人民币汇率中间价折合成人民币，计算非居民企业应纳税所得额。扣缴义务发生之日为相关款项实际支付或到期应支付之日

B. 扣缴义务人扣缴企业所得税的，应当按照申报代扣代缴税款之日人民币汇率中间价折合成人民币，计算非居民企业应纳税所得额。

C. 获取收入的非居民企业在主管税务机关责令限期缴纳税款前自行申报缴纳应源泉扣缴税款的，应当按照填开税收缴款书之日前一日人民币汇率中间价折合成人民币，计算非居民企业应纳税所得额

D. 主管税务机关责令获取收入的非居民企业限期缴纳应源泉扣缴税款的，应当按照主管税务机关作出限期缴税决定之日前一日人民币汇率中间

价折合成人民币，计算非居民企业应纳税所得额

参考答案：ACD

10. 按照中国国内税法规定，非居民企业获取来源于中国境内的下列所得中，应按照“股息”源泉扣缴所得税的有（　　）。

A. 受资本弱化管理不得列支的利息

B. 非境内注册居民企业支付的股息

C. 对境内居民公司撤资获取的未分配利润部分

D. 香港市场投资者通过基金互认买卖内地基金份额获取的转让差价所得

参考答案：ABC

11. 合格境外机构投资者（QFII）从中国境内获取的下列所得中，可免征企业所得税的有（　　）。

A. 持有 A 股获取的股息

B. 转让 A 股获取的价差所得

C. 持有上市公司可转换债券获取的利息

D. 转让创新企业 CDR 获取的差价所得

E. 转让上市企业债券获取的价差所得

参考答案：BD

12. 中国居民甲公司 2022 年 10 月向新加坡税收居民 A 公司支付利息 100 万元，下列情形，中国可根据资本弱化的国内法规定将利息作为股息处理（　　）。

A. 该贷款大大超过企业资本中的其他投资形式，并与公司可变现资产严重不符

B. 该贷款的偿还次于其他贷款人的债权或股息的支付

C. 利息的支付水平取决于合同约定的利率

D. 所签订的贷款合同对具体的偿还日期作出明确的规定

E. 债权人将分享公司的任何利润

参考答案：ABE

13. 甲国 A 公司 2023 年 2 月从中国境内 B 公司获取股息所得，A 公司不符合“受益所有人”条件，下列条件下，应认定 A 公司具有“受益所有人”

身份的有（　　）。

A. 甲国C公司直接持有A公司80%的股权,C公司符合“受益所有人”条件

B. 甲国C公司直接持有甲国D公司100%的股权，D公司直接持有A公司100%的股权，C公司符合“受益所有人”条件

C. 乙国C公司直接持有A公司100%的股权,C公司符合“受益所有人”条件

D. 乙国C公司直接持有中国D公司80%的股权，D公司直接持有A公司100%的股权，C公司符合“受益所有人”条件

E. 乙国C公司直接持有丙国D公司100%的股权，D公司直接持有A公司100%的股权，C公司和D公司均符合“受益所有人”条件

参考答案：BCE

14. 关于申请人“受益所有人”身份判定的安全港规则，下列从中国获取股息所得的申请人为“受益所有人”的有（　　）。

A. 缔约对方居民且在缔约对方上市的公司

B. 缔约对方政府

C. 被缔约对方个人直接持股90%的申请人

D. 被缔约对方非上市公司间接持股100%的申请人

E. 缔约对方居民个人

参考答案：ABE

15. 对境外投资者从中国境内居民企业分配的利润，实行递延纳税政策，暂不征收预提所得税需同时满足（　　）。

A. 境外投资者以分得利润进行的直接投资

B. 境外投资者分得的利润属于中国境内居民企业向投资者实际分配已经实现的留存收益而形成的股息、红利等权益性投资收益

C. 境外投资者用于直接投资的利润以现金形式支付的，相关款项从利润分配企业的账户直接转入被投资企业或股权转让方账户

D. 境外投资者直接投资非禁止类投资项目

E. 境外投资者用于直接投资的利润以实物、有价证券等非现金形式支

付的，相关资产所有权直接从利润分配企业转入被投资企业或股权转让方，在直接投资前不得由其他企业、个人代为持有或临时持有

参考答案：ABCDE

16. 境外投资者以境内居民企业分配的利润进行直接投资享受暂不征收预提所得税待遇。满足条件的直接投资包括（　　）。

A. 新增或转增中国境内居民企业实收资本或资本公积

B. 在中国境内投资新建居民企业

C. 新增、转增、收购上市公司股份

D. 从关联方收购中国境内居民企业股权

E. 财政部、税务总局规定的其他方式

参考答案：ABE

17. 境外投资者甲公司持有中国境内乙公司 30% 的股权，乙公司持有境内丙公司 20% 的股权，2023 年 5 月甲公司将其从乙公司分得的利润，用于境内直接投资，如果要享受暂不征收预提所得税的优惠，相关条件表述正确的有：

A. 甲公司投资的形式可以是以其分得的利润转增乙企业的实收资本

B. 甲公司投资的形式可以是收购丙公司所持居民企业的股权

C. 甲公司用于直接投资的利润如果以现金形式支付，款项必须从乙公司账户直接转入甲公司账户，再从甲企业账户直接转入被投资企业或转让方账户

D. 甲公司用于直接投资的利润如果以有价证券支付，有价证券所有权必须直接从乙公司转入被投资企业或股权转让方

E. 甲公司用于投资的利润必须是乙企业实际分配已经实现的留存收益而形成的股息、红利等权益性投资收益

参考答案：ABDE

18. 2022 年 1 月 2 日，境外投资者 A 从境内 B 企业分得的股息投资于境内 C 公司，并在 B 企业所在税务机关办理了递延纳税的备案手续，2023 年 3 月 23 日，境外投资者 A 将 C 公司的股权转让给境内 D 企业，以下说法正确的是（　　）。

A. 境外投资者A就其获取股权转让C公司的所得在C公司所在税务机关代扣代缴企业所得税

B. 境外投资者A需在B企业所属税务机关补缴股息部分的企业所得税

C. 境外投资者A就其获取股权转让C公司的所得，由D公司在其主管税务机关代扣代缴企业所得税

D. 境外投资者A未补缴股息部分企业所得税，企业主管税务机关追究境外投资者A延迟缴纳税款责任，税款延迟缴纳期限自实际收取相关款项后第8日（含当日）起计算

参考答案：BCD

19. 除另有规定外，非居民企业A公司2022年10月通过转让其直接持股的境外企业M公司股权从而间接转让某中国境内房地产公司的股权，股权受让方为W公司。如果判断该交易具有合理商业目的的，在下列表述中，属于应同时符合的条件有（　　）。

A. M公司股权80%的价值直接来自中国应税财产

B. M公司在2021年获取收入的95%直接来源于中国境内

C. A公司间接拥有W公司100%的股权

D. W公司全部以与其具有控股关系的企业的股权（不含上市企业股权）支付股权交易对价

E. 本次间接转让交易后可能再次发生的间接转让交易相比在未发生本次间接转让交易情况下的相同或类似间接转让交易，在中国所得税负担不会减少

参考答案：CDE

20. 非居民企业甲公司在中国境内无机构、场所，从境内乙公司获取利息所得，申请享受税收协定待遇，下列不利于对其“受益所有人”身份判定的因素有（　　）。

A. 甲公司曾经在收到所得的12个月内将所得的50%支付给第三方（地区）居民

B. 甲公司主要从事的是具有实质性的投资控股管理活动

C. 甲公司所在国对所得征税，但适用税率极低

D. 在甲公司与乙公司的贷款合同之外，甲公司与丙公司签订了在数额、利率和签订时间等方面相近的贷款合同

E. 甲公司向乙公司贷款的金额远高于其注册资本

参考答案：CD

21. 在中国和新加坡的税收协定中，属于特许权使用费标的物的有（　　）。

A. 文学、艺术或科学著作，包括电影影片、无线电或电视广播使用的胶片、磁带的版权

B. 专利、商标、设计或模型、计划、秘密配方或程序

C. 为使用或有权使用工业、商业或科学设备所支付的作为报酬的各种款项

D. 为有关工业、商业、科学经验的信息所支付的作为报酬的各种款项

参考答案：ABCD

22. 下列不应作为特许权使用费（　　）。

A. 单纯货物贸易项下作为售后服务的报酬

B. 产品保证期内卖方为买方提供服务所获取的报酬

C. 专门从事工程、管理、咨询等专业服务的机构或个人提供的相关服务所获取的款项

D. 技术所有权转让费

参考答案：ABCD

23. 对于税收协定中关于特许权使用费条款理解正确的有（　　）。

A. 有关工业、商业或科学经验的情报属于特许权使用费的范畴

B. 服务合同中，如果提供方在服务过程中使用了专有技术，但不转让或许可这些技术，则此类服务不属于特许权使用费范围

C. 单纯货物贸易项下作为售后服务的报酬属于特许权使用费

D. 产品保证期内卖方为买方提供服务所获取的报酬属于特许权使用费

参考答案：AB

24. 关于非居民企业股权转让相关事项，说法正确的是（　　）。

A. 股权的计税基础是股权转让方投资入股时向中国居民企业实际支付

的出资成本，或购买该项股权时向该股权的原转让方实际支付的股权受让成本

B. 多次投资或收购的同项股权被部分转让的，从该项股权全部成本中按照先进先出的方法确定被转让股权对应的成本

C. 非居民企业采取分期收款方式获取应源泉扣缴所得税的同一项转让财产所得的，其分期收取的款项应先行扣缴应扣税款

D. 财产净值或财产转让收入的计价货币按照获取或转让财产时实际支付或收取的计价币种确定

参考答案：AD

25. 一个新加坡税收居民企业直接转让一个中国公司的股份获取收益，且同时符合相关条件，按照中国与新加坡签订的“中新税收协定”，该项财产收益可免于在中国缴纳预提所得税。“相关条件”具体包括（　　）。

A. 被转让股份的公司直接或间接持有位于中国境内的不动产价值占公司全部财产价值的比例不足 50%

B. 该新加坡税收居民企业在转让行为前的 12 个月内持有该中国公司资本的比例不足 25%

C. 被转让股份的公司直接或间接持有位于中国境内的不动产价值占公司全部财产价值的比例不足 75%

D. 该新加坡税收居民企业在转让行为前的 12 个月内持有该中国公司资本的比例不足 50%

参考答案：AB

26. 2021 年 5 月，新加坡税收居民 A 公司投资 2000 万元获取中国居民 B 公司 15% 的股份，2023 年 1 月转让其在 B 公司的股份获取收益，下列情形，中国税务机关有权征税的有（　　）

A. 从 2021 年 2 月开始，B 公司股份价值 60% 直接由位于中国境内的不动产组成

B. 从 2022 年 5 月开始，B 公司股份价值 20% 直接由位于中国境内的不动产组成，30% 间接由位于中国境内的不动产组成

C. 2019 年 7 月，A 公司获取 C 公司 5% 的股份，C 公司持有 B 公司

100% 的股份

D. C 公司持有 A 公司 100% 的股份，2022 年 2 月，C 公司获取 B 公司 15% 的股份

E. 2022 年 4 月，A 公司获取 C 公司 15% 的股份，C 公司持有 B 公司 80% 的股份

参考答案：ABDE

27. 适用特殊性税务处理的企业重组应具备的有（　　）。

A. 具有合理的商业目的，且不以减少、免除或推迟缴纳税款为目的

B. 企业重组后的连续 12 个月内不改变重组资产原来的实质性经营活动

C. 企业重组中获取股权支付的原主要股东，在重组后连续 36 个月内，不得转让所获取的股权

D. 重组交易对价中涉及股权支付金额符合规定比例

参考答案：ABD

28. 根据现行文件，企业重组适用特殊性税务处理规定应当符合的条件描述正确的是（　　）。

A. 企业重组中获取股权支付的原主要股东，在重组后连续 12 个月内不得转让所获取的股权

B. 被收购、合并或分立部分的资产或股权比例不低于被收购企业全部股权的 50%

C. 企业重组后的连续 6 个月内不改变重组资产原来的实质性经营活动

D. 收购企业在该股权收购发生时的股权支付金额不低于其交易支付总额的 75%

参考答案：AB

29. 非居民企业发生涉及中国境内与境外之间（包括港澳台地区）的股权和资产收购交易，除应符合《财政部国家税务总局关于企业重组业务企业所得税处理若干问题的通知》（财税〔2009〕59 号）第五条规定的条件外，还应同时符合下列哪些条件，才可选择适用特殊性税务处理规定（　　）。

A. 非居民企业向其 100% 直接控股的另一非居民企业转让其拥有的居民企业股权，没有因此造成以后该项股权转让所得预提税负担变化，且转

让方非居民企业向主管税务机关书面承诺在 3 年（含 3 年）内不转让其拥有受让方非居民企业的股权

B. 非居民企业向 100% 直接控股自身的另一非居民企业转让其拥有的居民企业股权，没有因此造成以后该项股权转让所得预提税负担变化，且受让方非居民企业向主管税务机关书面承诺在 3 年（含 3 年）内不转让其拥有居民企业的股权

C. 非居民企业向其 100% 直接控股的居民企业转让其拥有的另一居民企业股权

D. 非居民企业向 100% 直接控股自身的居民企业转让其拥有的另一居民企业股权

参考答案：ACD

30. 非居民企业股权转让适用特殊性税务处理正确的是（　　）。

A. 非居民企业股权转让选择特殊性税务处理的，应于股权转让合同或协议生效且完成工商变更登记手续 30 日内进行备案

B. 股权转让方或受让方可以委托代理人办理备案事项；代理人在代为办理备案事项时，应向主管税务机关出具备案人的书面授权委托书

C. 境外投资者从中国境内居民企业分配的利润，实行递延纳税政策暂不征收预提所得税政策待遇后，被投资企业发生重组符合特殊性重组条件，并实际按照特殊性重组进行税务处理的，不可继续享受暂不征收预提所得税政策待遇

D. 办理特殊性税务处理备案事项时，提交的资料应包括截至股权转让时，转让企业历年的未分配利润资料

E. 股权转让业务总体情况说明应包括股权转让的商业目的、证明股权转让符合特殊性税务处理条件、股权转让前后的公司股权架构图等资料

参考答案：ABE

31. 下列重组行为，如果具有合理的商业目的，重组后连续 12 个月内不改变重组资产原来的实质性经营活动，获取股权支付的原主要股东在重组后连续 12 个月内不转让所获取的股权，可适用特殊性税务处理的有（　　）。

A. 非居民企业甲直接100%控股非居民企业乙，同时持有居民企业丙100%的股权，甲向乙转让丙90%的股权，乙全部使用股权支付

B. 非居民企业甲直接100%控股居民企业乙，同时持有居民企业丙100%的股权，甲向乙转让丙50%的股权，乙股权支付金额占全部交易金额的90%

C. 非居民企业甲直接100%控股居民企业乙，甲以其50%的资产向乙投资，乙股权支付金额占全部交易金额的85%

D. 居民企业甲直接100%控股非居民企业乙，同时持有居民企业丙80%的股权，甲以其持有的丙70%的股权向乙投资，乙股权支付金额占全部交易金额的85%

E. 居民企业甲100%直接控股非居民企业乙，甲以其50%的资产向乙投资，乙股权支付金额占全部交易金额的75%

参考答案：BD

32. 对于非居民企业间接转让中国境内财产，判断合理商业目的，应整体考虑与间接转让中国应税财产交易相关的所有安排，结合实际情况综合分析以下相关因素：

A. 境外企业股权主要价值是否直接或间接来自中国应税财产

B. 境外企业资产是否主要由直接或间接在中国境内的投资构成，或其获取的收入是否主要直接或间接来源于中国境内

C. 境外企业及直接或间接持有中国应税财产的下属企业实际履行的功能和承担的风险是否能够证实企业架构具有经济实质

D. 境外企业股东、业务模式及相关组织架构的存续时间

E. 间接转让中国应税财产交易在境外应缴纳所得税情况

参考答案：ABCDE

33. 间接转让中国应税财产的交易双方及被间接转让股权的中国居民企业可以向主管税务机关报告股权转让事项，并提交以下资料：

A. 股权转让合同或协议（为外文文本的需同时附送中文译本）

B. 股权转让前后的企业股权架构图

C. 境外企业及直接或间接持有中国应税财产的下属企业上两个年度财

务、会计报表

D. 间接转让中国应税财产交易具有合理商业目的的理由

参考答案：ABCD

34. 在间接转让财产，如要认定具有合理商业目的，以下交易双方股权关系可能符合要求的是（　　）。

A. 股权转让方直接或间接拥有股权受让方 80% 以上的股权

B. 股权受让方直接或间接拥有股权转让方 75% 以上的股权

C. 股权转让方和股权受让方被同一方直接或间接拥有 75% 以上的股权

D. 股权转让方和股权受让方被同一方直接或间接拥有 80% 以上的股权

参考答案：AD

35. 间接转让中国应税财产相关的整体安排不需重新定性的是（　　）。

A. 非居民企业甲公司 2022 年 1 月买入境外乙公司股权，乙公司当年 5 月上市，2023 年 6 月甲通过公开市场卖出股权，获取间接转让中国应税财产所得

B. 非居民企业甲公司 2023 年 6 月通过公开市场买入境外上市公司乙公司股权，当月又通过公开市场卖出其股权，获取间接转让中国应税财产所得

C. 非居民企业甲公司 2023 年 6 月通过公开市场买入境外上市公司乙公司股权，当月又通过非公开市场卖出其股权，获取间接转让中国应税财产所得

D. 如果非居民企业甲公司直接持有并转让中国应税财产，按照可适用的税收协定的规定，该项财产转让所得在中国可免予缴纳企业所得税

参考答案：BD

三、综 合 题

1. 新加坡 L 公司主要从事生物制药，2023 年在中国境内发生下列业务，L 公司申请并符合享受税收协定待遇：

① 2023 年 3 月将特殊研发设备租给中国境内 D 公司使用，租赁期一年，当月一次性获取租金收入 450 万元。

② 2023 年 5 月在境外为中国境内 E 公司提供技术服务形成非专利技术，

E 公司拥有所有权，E 向 L 公司支付费用 620 万元。

③2022 年 8 月 10 日获取中国居民企业 F 公司 10% 的股权，成本 400 新元，当日新加坡元兑人民币汇率中间价是 5.2325。2023 年 6 月 20 日出售该股权，收到款项 550 万新元，当日新加坡元兑人民币汇率中间价是 5.3305。F 公司的财产价值是 4000 万元，其中不动产价值是 1800 万元。F 公司持有中国居民企业 G 公司 60% 股份 G 公司财产价值是 3000 万元，其中不动产价值是 2500 万元。G 公司持有中国居民企业 H 公司 80% 股份，H 公司财产价值 1500 万元，其中不动产价值是 700 万元。

（1）对于业务①和业务②的税务处理正确的有（　　）。

A. 业务①应按租金收入代扣代缴企业所得税

B. 业务①应按特许权使用费代扣代缴企业所得税

C. 业务②无须代扣代缴企业所得税

D. 业务②应按特许权使用费代扣代缴企业所得税

参考答案：BC

（2）业务③中，中国税务机关确定征税权时计算的 F 公司不动产价值比例是（　　）。

A. 45%　　　　B. 55.14%

C. 56.9%　　　　D. 58.82%

参考答案：C

答案解析：

根据协定释意，只能计算至被参股中国公司 G 公司的财产，不能再往下计算至 H 公司。

F 公司直接或间接持有的财产价值 =4000+3000×60%=5800（万元）

不动产价值 =1800+2500×60%=3300（万元）

不动产价值比例 =3300÷5800=56.9%

故中国对此有征税权。

（3）2023 年 L 公司在境内的业务应代扣代缴的企业所得税是（　　）。

A. 45 万元　　　　B. 106.96 万元

C. 124.96 万元　　　　D. 190.96 万元

参考答案：B

答案解析：

业务（1）应代扣代缴的企业所得税 =450×60%×10%=27（万元）

业务（2）不缴纳企业所得税。

业务（3）应代扣代缴的企业所得税 =（550−400）×5.3305×10%=79.96（万元）

2023 年度合计应代扣代缴企业所得税 =27+79.96=106.96（万元）

2. 2021 年 A 公司（香港公司）出资 1500 万元成立 B 公司（BVI 公司），并持有 B 公司 100% 的股份，此外 A 公司还向 B 公司出借资金 500 万元。之后，B 公司出资 1300 万元（全部为股权投资）成立，并持有 C 公司（北京公司）100% 的股份，出资 200 万成立 D 公司（香港公司）。2022 年 B 公司又从境外银行借款 500 万元，全部对 C 公司进行增资（全部为股权投资）。2023 年 A 公司与 M 公司签订股权转让协议，A 公司将其持有的 B 公司 100% 的股权和债权转让给 M 公司，协议转让价格为 4000 万元。中国内地税务机关经过分析，认定 A 公司转让 B 公司间接转让 C 公司的行为不具有合理商业目的，应当在中国征税。不考虑 B 公司与题目无关的其他资产负债，请分别确定本次间接股权转让归属于中国境内的股权转让收入、计税基础和应纳企业所得税额。

答案解析：

间接股权转让收入（剥离债权）=4000−500=3500（万元）

归属于中国应税财产转让收入 =3500−（B 公司与中国无关的资产 500+200）+（B 公司负债 500+500）=3800（万元）

中国应税财产计税基础 =1300+500=1800（万元）

应纳企业所得税额 =（3800−1800）×10%=200（万元）

3. 境外 A 公司通过境外 B 公司间接投资中国 C 公司，A 公司投资 B 公司的长期股权投资成本为 1000 万元，B 公司投资 C 公司的长期股权投资成本为 980 万元。A 公司将 B 公司以 1800 万元的价格转让给非关联的 D 公司，该股权交易采用现金作为对价方式，B 公司资产负债表见表 3-7。

表 3–7 B 公司资产负债表 （单位：万元）

资产	金额	负债和所有者权益	金额
银行存款	130	其他应付款	60
长期股权投资	980	实收资本	1000
		未分配利润	50
合计	1110	合计	1110

该交易不具有合理商业目的，计算应该在中国缴纳的企业所得税。

答案解析：

归属于中国应税财产转让收入 =1800−130（B 公司与中国无关的资产）+60（B 公司负债）=1730（万元）

中国应税财产计税基础 =980（万元）

应纳企业所得税额 =（1730−980）×10%=75（万元）

第四章　享受协定待遇与对外支付备案

第一节　非居民企业享受协定待遇

在中国境内发生纳税义务的非居民纳税人需要享受协定待遇的，采取“自行判断、申报享受、相关资料留存备查”的方式办理。非居民纳税人自行判断符合享受协定待遇条件的，可在纳税申报时，或通过扣缴义务人在扣缴申报时，自行享受协定待遇，同时按规定归集和留存相关资料备查，并接受税务机关后续管理。

“协定”包括税收协定和国际运输协定。国际运输协定包括中华人民共和国政府签署的航空协定、海运协定、道路运输协定、汽车运输协定、互免国际运输收入税收协议或换函及其他关于国际运输的协定。

“协定待遇”是指按照协定可以减轻或免除按照国内税收法律规定应当履行的企业所得税、个人所得税纳税义务。

“扣缴义务人”是指按国内税收法律规定，对非居民纳税人来源于中国境内的所得负有扣缴税款义务的单位或个人，包括法定扣缴义务人和《企业所得税法》规定的指定扣缴义务人。

一、申报享受

（一）非居民企业自行申报

非居民纳税人自行申报的，自行判断符合享受协定待遇条件且需要享受协定待遇，应在申报时报送非居民纳税人享受协定待遇信息报告表（见表 4-1），并按规定归集和留存相关资料备查。非居民纳税人发现不应享受而享受了协定待遇，并少缴或未缴税款的，应当主动向主管税务机关申报补税。

表 4–1　非居民纳税人享受协定待遇信息报告表

Information Reporting Form for Non-resident Taxpayers

Claiming Treaty Benefits

金额单位：人民币元（列至角分）

Monetary unit：RMB Yuan（Keep two decimal places）

非居民纳税人填写第 1 项至第 17 项信息，并对填报信息的真实性、准确性、合法性承担法律责任。 Non-resident Taxpayers fill in the blanks of item 1 to 17 and take legal responsibility for the authenticity, accuracy and legitimacy of the information.			
1. 中文名称 Name in Chinese		2. 在中国的纳税人识别号（统一社会信用代码） Tax identification number in China（Uniform social credit code）	
3. 在居民国（地区）名称 Name in resident jurisdiction		4. 在居民国（地区）的纳税人识别号 Tax identification number in resident jurisdiction	
5. 在中国的联系地址、邮政编码 Contact address and zip code in China		6. 在中国的联系电话 Telephone number in China	
7. 在居民国（地区）的联系地址、邮政编码 Contact address and zip code in resident jurisdiction		8. 在居民国（地区）的联系电话 Telephone number in resident jurisdiction	
9. 居民国（地区） Resident jurisdiction		10. 电子邮箱 E-mail address	
11. 享受协定名称 The applicable treaty		12. 适用协定条款名称 Applicable articles of the treaty	
13. 非居民纳税人是否获取缔约对方税务主管当局开具的证明非居民纳税人获取所得的当年度或上一年度税收居民身份的税收居民身份证明 Whether the non-resident taxpayer obtained the tax resident certificate issued by the competent tax authority of the other contracting jurisdiction to prove the residence status of non-resident taxpayer for the year or its previous year during which the payment is received			□是 Yes □否 No

14. 享受协定待遇所得金额 Amount of the income with respect to which tax treaty benefits are claimed		15. 享受协定待遇减免税额 Amount of tax reduced or exempted	

16. 适用股息、利息、特许权使用费条款时，非居民纳税人为“受益所有人”的政策依据是《国家税务总局关于税收协定中“受益所有人”有关问题的公告》(国家税务总局公告 2018 年第 9 号）的：

☐第二条；☐第三条第（一）项；☐第三条第（二）项；☐第四条；☐其他：请说明_______________

If the article of dividends, interest or royalties is applied, the policy basis for non-resident taxpayer to be the “beneficial owner” is the ☐ Article 2；☐ Item 1 of Article 3；☐ Item 2 of Article 3； ☐ Article 4； ☐ Others：Please specify ________ of the Public Notice of the State Taxation Administration on "Beneficial Owner" set forth in Double Taxation Agreements (Public Notice〔2018〕No.9 of the State Taxation Administration).

17. 我谨声明：根据缔约对方法律法规和税收协定居民条款，我为缔约对方税收居民，相关安排和交易的主要目的不是获取税收协定待遇。我自行判断符合协定待遇条件，自行享受协定待遇，承担相应法律责任。我将按规定归集和留存相关资料备查，接受税务机关后续管理。

I hereby declare：According to the laws, regulations of the other contracting jurisdiction and the article of resident of the tax treaty, I am a resident of the other contracting jurisdiction, the principal purpose of the relevant arrangement and transaction is not to obtain tax treaty benefits.Through self-assessment, I believe that I am in conformity with the conditions for claiming tax treaty benefits, so I will enjoy tax treaty benefits.Therefore, I take due legal responsibilities.I will collect and retain relevant materials for review in accordance with the regulations, and accept the follow-up administration of the tax authority.

非居民纳税人签章或签字

年　月　日

Seal or signature of non-resident taxpayer

Y　M　D

以下信息不需要非居民纳税人填写

Non-resident taxpayers do not need to fill in the following blanks

18. 扣缴义务人名称 Name of withholding agent	

19. 扣缴义务人纳税人识别号（统一社会信用代码）：☐☐☐☐☐☐☐☐☐☐☐☐☐☐☐☐☐☐☐☐

Tax identification number of withholding agent (Uniform social credit code)

经办人签字： Signature of the case handler： 经办人身份证件号码： ID number of the case handler： 扣缴义务人签章： Seal of the withholding agent：	经办人签字： Signature of the case handler： 经办人身份证件号码： ID number of the case handler： 代理机构签章： Seal of the tax agent： 代理机构统一社会信用代码： Uniform social credit code of the tax agent：	受理人： Received by： 受理税务机关（章）： Tax authority in charge (Seal)： 受理日期：　年　月　日 Date of case acceptance： Y　M　D

国家税务总局监制

（二）扣缴义务人代扣代缴

源泉扣缴和指定扣缴情况下，非居民纳税人自行判断符合享受协定待遇条件且需要享受协定待遇的，应当如实填写非居民纳税人享受协定待遇信息报告表，主动提交给扣缴义务人，并按规定归集和留存相关资料备查。

扣缴义务人收到非居民纳税人享受协定待遇信息报告表后，确认非居民纳税人填报信息完整的，依据国内税收法律规定和协定规定扣缴，并如实将非居民纳税人享受协定待遇信息报告表作为扣缴申报的附表报送主管税务机关。

非居民纳税人未主动提交非居民纳税人享受协定待遇信息报告表给扣缴义务人或填报信息不完整的，扣缴义务人依据国内税收法律规定扣缴。

（三）补充享受协定待遇

非居民纳税人可享受但未享受协定待遇而多缴税款的，可在《税收征管法》规定期限内自行或通过扣缴义务人向主管税务机关要求退还多缴税款，同时提交规定的资料。

主管税务机关应当自接到非居民纳税人或扣缴义务人退还多缴税款申请之日起30日内查实，对符合享受协定待遇条件的多缴税款办理退还手续。

查实时间不包括非居民纳税人或扣缴义务人补充提供资料、个案请示、相互协商、情报交换的时间。税务机关因上述原因延长查实时间的，应书面通知退税申请人相关决定及理由。

二、备查资料及责任

（一）应留存备查的资料

1. 由协定缔约对方税务主管当局开具的证明非居民纳税人获取所得的当年度或上一年度税收居民身份的税收居民身份证明；享受税收协定国际运输条款或国际运输协定待遇的，可用能够证明符合协定规定身份的证明代替税收居民身份证明。

2. 与获取相关所得有关的合同、协议、董事会或股东大会决议、支付凭证等权属证明资料。

3. 享受股息、利息、特许权使用费条款协定待遇的，应留存证明“受益所有人”身份的相关资料。

4. 非居民纳税人认为能够证明其符合享受协定待遇条件的其他资料。

5. 非居民纳税人享受协定待遇留存备查资料应保存 10 年。

《国家税务总局关于内地使用香港居民身份证明有关问题的公告》（国家税务总局公告 2016 年第 35 号）规定：“香港特别行政区税务主管当局为香港居民就某一年度出具的居民身份证明书，可用作证明该香港居民在该公历年度及其后续两个公历年度的香港居民身份。如有关香港居民的情况发生变化，不再符合享受《安排》待遇条件，原适用于该公历年度的居民身份证明书不能用作证明其在情况发生变化后的香港居民身份。”

（二）限期提供资料

各级税务机关应当对非居民纳税人享受协定待遇开展后续管理，准确执行协定，防范协定滥用和逃避税风险。主管税务机关应在受理纳税申报或扣缴申报环节，确认信息报告表各项信息是否填报完整，做好信息报告表采集工作。

主管税务机关在后续管理时，可要求非居民纳税人限期提供留存备查资料。主管税务机关在后续管理或税款退还查实工作过程中，发现依据规定的资料不足以证明非居民纳税人符合享受协定待遇条件，或非居民纳税人存在逃避税嫌疑的，可要求非居民纳税人或扣缴义务人限期提供相关资料并配合调查。

资料原件为外文文本的，按照主管税务机关要求提供时，应当附送中文译本，并对中文译本的准确性和完整性负责。

非居民纳税人、扣缴义务人可以向主管税务机关提供资料复印件，但是应当在复印件上标注原件存放处，加盖报告责任人印章或签章。主管税务机关要求报验原件的，应报验原件。

（三）法律责任

1. 非居民纳税人对非居民纳税人享受协定待遇信息报告表填报信息和留存备查资料的真实性、准确性、合法性承担法律责任。

2. 非居民纳税人不符合享受协定待遇条件而享受了协定待遇且未缴或少缴税款的，除因扣缴义务人未按规定扣缴申报外，视为非居民纳税人未按照规定申报缴纳税款，主管税务机关依法追缴税款并追究非居民纳税人延迟纳税责任。在扣缴情况下，税款延迟缴纳期限自扣缴申报享受协定待遇之日起计算。

3. 扣缴义务人未按规定扣缴申报，或未按规定提供相关资料，发生不符合享受协定待遇条件的非居民纳税人享受协定待遇且未缴或少缴税款情形的，主管税务机关依据有关规定追究扣缴义务人责任，并责令非居民纳税人限期缴纳税款。

4. 扣缴义务人未代扣代缴税款，非居民纳税人未依法缴纳税款的，主管税务机关可以从该非居民纳税人在中国境内其他收入项目的支付人应付的款项中，追缴该非居民纳税人的应纳税款。

5. 非居民纳税人、扣缴义务人应配合主管税务机关进行非居民纳税人享受协定待遇的后续管理与调查。非居民纳税人、扣缴义务人均未按照税务机关要求提供相关资料，或逃避、拒绝、阻挠税务机关进行后续调查，主管税务机关无法查实其是否符合享受协定待遇条件的，应视为不符合享受协定待遇条件。

三、非居民合伙人及合伙企业

（一）非居民企业合伙人

依照中国法律在中国境内成立的合伙企业，其合伙人为税收协定缔约对方居民的，该合伙人在中国负有纳税义务的所得被缔约对方视为其居民的所得的部分，可以在中国享受协定待遇。

《中华人民共和国合伙企业法》（以下简称《合伙企业法》）规定，合伙企业是指自然人、法人和其他组织依法在中国境内设立的普通合伙企业和有限合伙企业。普通合伙企业由普通合伙人组成，合伙人对合伙企业债务承担无限连带责任。有限合伙企业由普通合伙人和有限合伙人组成，普通合伙人对合伙企业债务承担无限连带责任，有限合伙人以其认缴的出资额为限对合伙企业债务承担责任。合伙企业的生产经营所得和其他所得，按照国家有关税收规定，由合伙人分别缴纳所得税。

《财政部　国家税务总局关于合伙企业合伙人所得税问题的通知》(财税〔2008〕159号)规定："合伙企业以每一个合伙人为纳税义务人，合伙人是法人和其他组织的，缴纳企业所得税。"合伙企业生产经营所得和其他所得采取"先分后税"的原则。合伙企业的合伙人按照下列原则确定应纳税所得额：合伙企业的合伙人以合伙企业的生产经营所得和其他所得，按照合伙协议约定的分配比例确定应纳税所得额；合伙协议未约定或约定不明确的，以全部生产经营所得和其他所得，按照合伙人协商决定的分配比例确定应纳税所得额；协商不成的，以全部生产经营所得和其他所得，按照合伙人实缴出资比例确定应纳税所得额；无法确定出资比例的，以全部生产经营所得和其他所得，按照合伙人数量平均计算每个合伙人的应纳税所得额。合伙协议不得约定将全部利润分配给部分合伙人。

非居民企业作为境内合伙企业的合伙人，既可以是普通合伙人，也可以是有限合伙人。

1. 非居民企业为普通合伙人

普通合伙企业合伙人对执行合伙事务享有同等的权利；按照合伙协议的约定或经全体合伙人决定，可以委托一个或数个合伙人对外代表合伙企业，执行合伙事务；作为合伙人的法人、其他组织执行合伙事务的，由其委派的代表执行。有限合伙企业由普通合伙人执行合伙事务。

非居民企业作为普通合伙企业的普通合伙人，既可以委派代表执行合伙事务，也可以委托其他合伙人执行合伙事务；作为有限合伙企业的普通合伙人，委派代表执行合伙事务。非居民企业合伙人委派代表执行合伙事务，或委托其他合伙人执行合伙事务，都属于开展生产经营活动，均构成非居民企业在中国境内设立机构、场所，其开展生产、经营活动，应当就所设机构、场所获取的源于中国境内的所得，和虽然发生在境外但与所设机构、场所有实际联系的所得，在中国缴纳企业所得税，适用税率25%。

按照“先分后税”原则，境内合伙企业以全部生产经营所得和其他所得按照约定或规定的比例向合伙人分配，作为合伙人的应纳税所得额。非居民合伙人境内的机构场所应就取得的利润向税务机关自行申报缴纳企业所得税，税后剩余金额向境外支付时不再缴纳企业所得税。

2. 非居民企业为有限合伙人

非居民企业作为普通合伙人分得的应纳税所得额作为生产经营活动的营业利润，按照机构场所或常设机构计算缴纳企业所得税，符合国内税法和税收协定。但非居民企业作为有限合伙人分得的应纳税所得额属于哪种所得类型，现有税收规定并不明确。笔者假定三个方向进行探讨。

（1）按照普通合伙人的方式处理，也就是认定其在境内设立机构、场所。

这个方向的核心问题是非居民企业是否在境内构成机构场所。有限合伙人不执行合伙事务，不得对外代表有限合伙企业，有限合伙人可以基于保护权益需要，对合伙企业的经营管理提出建议，或采取特定措施，但这种行为不被视为执行合伙事务。因此，一般情况下，有限合伙人因其自身不具备“执行合伙事务”的权利，没有必要委派代表到境内“执行合伙事务”，也不存在委托普通合伙人执行合伙事务的法理基础。假设实务中有限合伙人没有控制或影响普通合伙人执行合伙事务的行为，那么很难认定非居民企业作为有限合伙人在境内开展生产经营活动，或是普通合伙人构成其营业代理人。也就是非居民企业在境内未设立机构场所，不存在常设机构。所以，这个假定无效。

（2）认为非居民企业在境内未设立机构、场所，对合伙企业分配的应纳税所得额，统一适用10%的税率征收企业所得税，不考虑获取的所得属于哪种类型。

这个方向改变了国内税法和税收协定对非居民企业按照不同所得类型差异征税（包括优惠）的框架，为跨境避税留下了筹划空间。同时，非居民企业因无法确认所得类型，难以适用税收协定具体条款，无法享受优惠。所以，这个假定无效。

（3）根据合伙企业获取所得的类型，对非居民企业有限合伙人采取不同的税收处理方式。从税款计算的角度，应纳税额等于应纳税所得额乘以适用税率，非居民企业作为有限合伙人的应纳税所得额相对是确定的，即合伙企业向非居民企业分配的盈利份额；需要进一步确定的就是适用税率。合伙企业以每一个合伙人为纳税义务人，合伙企业生产经营所得和其他所得采取“先分后税”的原则，参见财税〔2008〕159号文件。所以，可根据合伙企业获取所得的类型，确定非居民企业的适用税率，如合伙企业获取的所得为销售货物、提供劳务等经营所得（积极所得）的，则适用25%的税率；如合伙企业获取的所得为股息、利息、特许权使用费、财产转让等消极所得，则适用10%的税率或是税收协定约定的税率。

这个方向将合伙企业获取的经营所得和其他所得，“穿透”合伙企业，分配至非居民有限合伙人；经营所得适用25%的税率；其他所得适用10%的税率。当非居民有限合伙人需要享受税收协定待遇时，再将其他所得根据合伙企业的实际细化为股息、利息、特许权使用费、财产转让等消极所得，适用税收协定约定的税率。所以，这个假定有效。

以上关于非居民企业合伙人的所得税处理，并未得到税务机关的认可，仅作为处理实务问题的探讨。建议合伙企业及非居民企业合伙人事先主动与主管税务机关沟通。如有可能，尽量争取税务部门的“事先裁定”，增强税务处理的确定性，降低交易事后的税务风险。

（二）非居民合伙企业

依照外国（地区）法律成立的合伙企业，其实际管理机构不在中国境内，但在中国境内设立机构、场所的，或在中国境内未设立机构、场所，但有来源于中国境内所得的，是中国企业所得税的非居民企业纳税人。除税收协定另有规定的以外，只有当该合伙企业是缔约对方居民的情况下，其在中国负有纳税义务的所得才能享受协定待遇。该合伙企业的由缔约对方税务主管当局开具的税收居民身份证明，应能证明其根据缔约对方国内法，因住所、居所、成立地、管理机构所在地或其他类似标准，在缔约对方负有纳税义务。

税收协定另有规定的情况是指税收协定规定当根据缔约对方国内法，合伙企业获取的所得被视为合伙人获取的所得，则缔约对方居民合伙人应就其从合伙企业获取所得中分得的相应份额享受协定待遇。

【例 4-1】境外成立的合伙企业享受税收协定待遇[13]

境内 A 公司是一家成立于 2001 年的外商投资企业，2017 年 A 公司作出利润分配决议：将累计未分配利润中的一部分按照持股比例分配给三个股东，其中法国 B 公司分得 2700 余万元。B 公司于 2017 年 11 月申报享受股息条款协定待遇，并按照 5% 的税率缴纳了企业所得税 130 余万元。

主管税务机关对 B 公司享受协定待遇开展了后续管理，重点核实了以下三个方面。

一、B 公司的税收居民身份

B 公司填报了非居民纳税人税收居民身份信息报告表（企业适用）和非居民纳税人享受税收协定待遇情况报告表（企业所得税 A 表），递交了法国税务主管当局出具的 2016 年度税收居民身份证明，境内 A 公司进行利润分配的董事会决议以及 60 号公告第 7 条要求的其他相关资料。经审核，上述形式要件符合规定。

二、股息所得享受协定优惠需满足的持股条件

根据中法税收协定股息条款的相关规定，如果股息“受益所有人”是法国居民，在其是公司并直接拥有支付股息的公司至少 25% 资本的情况下，中国所征税款不应超过股息总额的 5%。

主管税务机关结合境内 A 公司的外商投资企业批准证书、验资报告及金税三期系统中关于 A 公司的基本信息进行分析，认为 B 公司持有境内 A 公司股权比例超过 25%，且在取得上述股息前连续 12 个月以内没有发生股权变动，符合中法税收协定股息条款关于持股比例及时间的要求。

三、合伙企业享受协定待遇资格

B 公司提交的商业登记资料显示，该企业注册形式为“简单两合公司”。经税务机关询问，B 公司表示根据法国有关法律规定，其是一家法国合伙

⑬ 国家税务总局国际税务司 . 税收协定执行案例集 [M]. 北京：中国税务出版社，2019.

企业。作为合伙企业，B 公司能否享受协定待遇是税务机关后续管理审核的重点。

中法税收协定第四条第四款第（二）项规定：“一项所得、利润或收益：1. 如果是通过在缔约国一方设立的合伙企业、团体或其他类似实体从缔约国另一方取得；2. 在该缔约国一方的税收法律中被视为该合伙企业、团体或其他类似实体的所得；应有资格享受本协定的待遇，前提是该合伙企业、团体或其他类似实体是该缔约国一方居民，且满足本协定规定的任何其他条件，不论该所得在缔约国另一方的税收法律中是否被视为该合伙企业、团体或其他类似实体的所得。”根据上述规定，税务机关认为 B 公司如果是符合中法税收协定规定的法国居民，应有资格享受协定待遇。

税务机关认真审核了 B 公司报送的协定待遇资料。根据 B 公司提交的非居民纳税人税收居民身份信息报告表（企业适用）中第 3 栏显示，法国判断税收居民身份的依据是《法国一般税法》，法国税务主管当局根据相关规定于 2016 年为 B 公司出具了居民身份证明，证明其在 2016 年度是法国税收居民。另依据法国国内法的相关规定，B 公司负有公司所得税纳税义务。B 公司提供的 2015—2017 年公司所得申报表显示，根据法国公司所得税参股免税的规定，B 公司在 2015 年底前取得来自全球的股息应税部分为 5%，2016 年及以后取得的来自法国及欧盟持股在 95% 以上的公司的股息应税部分为 1%，其他子公司（包括中国子公司）的股息应税部分为 5%。B 公司按照规定计算出其取得的股息收入，并填写了公司所得税申报表 2058A 表。此外，B 公司还提交了经法国公证部门公证的办公场所证明、商业登记证书和雇员劳动合同等资料。

综合以上情况，根据中法税收协定和《国家税务总局关于税收协定执行若干问题的公告》（国家税务总局公告 2018 年第 11 号，以下简称 11 号公告）的有关规定，税务机关认为 B 公司根据法国国内法，在法国负有纳税义务，属于法国税收居民，具有享受协定待遇的资格。同时，经过分析，税务机关认定 B 公司具有股息所得“受益所有人”身份，符合享受协定待遇的条件。

【例 4-2】境外合伙企业主张适用间接转让“安全港”[14]

N 公司是注册在卢森堡的公司，该公司通过美国 C 企业及其下属的开曼群岛及中国香港公司进行海外投资。G 企业为合伙制的基金平台，在美国不构成纳税实体。N 公司为 G 企业有限合伙人，占有 G 企业 99.8% 的权益。股权架构如图 4-1 所示。

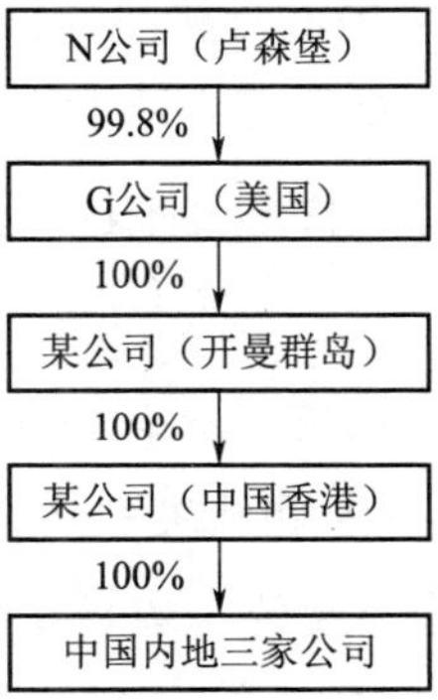

图 4-1　股权架构图（1）

2018 年，G 企业签署协议将持有的开曼公司 5.05% 的股权转让，从而间接转让三家中国境内企业 5.05% 的股权。由于 G 企业在美国不构成纳税实体，此项转让所得由 N 公司在卢森堡承担纳税义务。企业认为，应由 N 公司申请享受中卢税收协定待遇，对该笔间接股权转让所得免于在中国缴纳企业所得税。其理由如下：

第一，参照执行中法税收协定关于透明体的特殊规定。

根据 2014 年生效的中法税收协定第四条第四款第（五）项规定：“一项所得、利润或收益：

“1. 如果是通过在缔约国双方之外的国家设立的合伙企业、团体或其他类似实体从缔约国一方取得；

“2. 在缔约国另一方和该实体设立地国家的税收法律中被视为该合伙企业、团体或其他类似实体的受益人、合伙人、成员或参与者的所得；

“应有资格享受本协定的待遇，就像是该合伙企业、团体或其他类似实体中作为该缔约国另一方居民的受益人、合伙人、成员或参与者直接取

⑭ 国家税务总局国际税务司 . 税收协定执行案例集 [M]. 北京：中国税务出版社，2019.

得一样，前提是该受益人、合伙人、成员或参与者是该缔约国另一方居民，且满足本协定规定的任何其他条件，无论该所得在该缔约国一方的税收法律中是否被视为该受益人、合伙人、成员或参与者的所得，但条件是该合伙企业、团体或其他类似实体的设立地国家与缔约国双方签有包括旨在防止偷漏税的信息交换条款的协议。”

企业主张，借鉴中法税收协定条款精神，中美和美卢签订的税收协定均包含信息交换条款，因此，N公司可以就本次交易享受中卢税收协定待遇。

第二，该项股权转让所得不在美国而在卢森堡缴税。

1. 从美国税法角度

G 企业是一家在美国注册的有限合伙企业，根据美国国内税收法规第701 条规定：“合伙企业不缴纳本章规定的所得税”。即有限合伙企业默认为非税收实体，有限合伙企业的合伙人就其在合伙企业中的权益纳税。

由于合伙企业可以主动选择成为美国税收居民企业，但如果合伙企业不主动做该选择，将默认适用上述规定。

企业提供了美国 1065 类申报表，证明企业勾选的是国内有限合伙企业（domestic limited partnership），没有选择成为美国税收居民企业。同时该表还显示，N 公司是一家卢森堡企业，作为 G 企业的合伙人，拥有 G 企业99.8% 的损益所有权。

2. 从卢森堡税法角度

N 公司是一家私营有限责任公司，依据卢森堡法律于 2012 年注册成立并有效存续。N 公司由位于卢森堡的董事会及管理层负责经营管理，其实际管理机构所在地位于公司所在地。N 公司在卢森堡主管税务机关登记为居民企业纳税人，每年在卢森堡申报企业所得税。

1967 年卢森堡颁发的《收入所得税法案（修订版）》第 159 条第 1 款 A-1 列出了被视为不透明的国内企业和税收居民企业的情况，第 175 条列示了被视为税收可穿透实体的情况。根据该法案，G 企业应被视为可穿透实体，其资产和负债应被认为是直接由 N 公司按份额持有。在任何一个财政年度内，G 企业所产生的任何收入或损失都直接由 N 公司在同一财政年度内直接承担，不管 G 企业是否决定有效地分配这些收入。N 公司通过企业 G 实现的收入或亏损对于N公司计税基础的影响，应根据卢森堡国内税收法规来确定，同时也受限于卢森堡和该收入来源地之间签订的双边税收协定的规定。

综上所述，G企业的设立国家（即美国）与中国和卢森堡分别签订了包含信息交换条款的税收协定，且该项所得不在美国而在卢森堡缴纳税款，因此企业认为，N公司可以就该项所得享受中卢税收协定待遇。

主管税务机关审核了企业提供的相关资料，并分别查阅了中美、中卢税收协定，对企业的主张有以下质疑。

第一，美国G合伙企业在直接持有并转让境内公司股权的情况下，不能适用中美税收协定。

《国家税务总局关于税收协定执行若干问题的公告》（国家税务总局公告2018年第11号，以下简称11号公告）第五条第（二）项规定："依照外国（地区）法律成立的合伙企业，其实际管理机构不在中国境内，但在中国境内设立机构、场所的，或者在中国境内未设立机构、场所，但有来源于中国境内所得的，是中国企业所得税的非居民企业纳税人。除税收协定另有规定的以外，只有当该合伙企业是缔约对方居民的情况下，其在中国负有纳税义务的所得才能享受协定待遇。"合伙企业G不是美国税收居民，因此，其在中国负有纳税义务的所得不能享受中美协定待遇。

第二，卢森堡N公司作为合伙人，在美国G合伙企业直接持有并转让境内公司股权的情况下，其从G企业分得的所得不能适用中卢税收协定。

从中卢协定财产收益条款来看，缔约国一方居民转让一个公司财产股份的股票取得的收益，当该公司的财产不是主要直接或间接由位于缔约国一方的不动产所组成，且该项股票又相当于缔约国一方居民公司25%以下的股权时，应仅在转让者为其居民的缔约国征税。其中，根据第四条第一款规定，"缔约国一方居民"一语是指按照该缔约国法律，由于住所、居所、总机构（实际管理机构）所在地，或其他类似的标准，在该缔约国负有纳税义务的人。在此股权转让中，间接转让中国境内股权的企业为在美国注册成立的G企业，不是卢森堡居民，且中卢税收协定中没有类似中法税收协定关于透明体的特殊条款，因此，不能适用中卢税收协定。

综上两点，主管税务机关判定，美国合伙企业G在直接持有并转让境内企业股权的情况下，无论是卢森堡公司N，还是美国合伙企业G均不得享受税收协定待遇，不符合7号公告第五条规定。经综合调查，该交易应按照7号公告规定重新定性为直接转让中国境内企业股权，并最终在中国缴纳企业所得税700万元。

【例4-3】识别“S型公司”身份实质，准确适用居民条款[15]

A公司是1998年在境内注册成立的中外合资企业，并于2012年5月25日在深圳证券交易所正式挂牌上市，注册资本6.6亿元，其中B公司持有A公司股份1755万股，占A公司股份的16.5%。B公司于1996年12月在美国注册成立，注册资本100万美元。

2018年3月8日，B公司在公开市场出售A公司股份，取得所得7900万元。3月29日，B公司委托A公司对外支付该笔所得时，因当时B公司没有取得美国税务主管当局开具的税收居民身份证明，无法享受税收协定优惠待遇，在A公司所在地主管税务机关缴纳企业所得税790万元。2018年4月，B公司取得了税收居民身份证明之后，委托A公司对上述股份转让所得申请享受税收协定免税待遇，要求退还已缴税款。其理由如下。

第一，B公司已经取得了美国税务主管当局开具的税收居民身份证明，B公司持有A公司股份的比例低于25%，符合中美税收协定第十二条规定，其在中国境内取得的股份转让所得应免于缴纳企业所得税。B公司可享受但未享受协定待遇，且因未享受协定待遇而多缴税款的，可在《税收征管法》规定期限内自行或通过扣缴义务人向主管税务机关要求退还。

第二，B公司对其作为合伙企业及类似实体是否能适用税收协定待遇问题提出质疑，即使税务机关判定其属于《国家税务总局关于税收协定执行若干问题的公告》（国家税务总局公告2018年第11号，以下简称11号公告）第五条所述“其他类似实体”的合伙企业，B公司仍坚持认为其属于该条“除税收协定另有规定的以外”的情形，即B公司取得的所得应视为其股东取得的所得，B公司股东应就其从B公司取得所得中分得的相应份额享受协定待遇。

---

⑮ 国家税务总局国际税务司.税收协定执行案例集[M].北京：中国税务出版社，2023.

主管税务机关重点从以下两方面进行了查证和分析。

其一，B 公司的税收居民身份。

主管税务机关对 B 公司提供的税收居民身份证明、注册信息及纳税申报表等资料进行了审核，对 B 公司税收居民身份提出了质疑，税收居民身份证明原文译文如下：

纳税人：B 公司代码：×××××× 纳税年度：××××

此证明，该“S 型公司”（B 公司）已经提交了 1120S 表，要求“S 型公司”在所得税申报时必须填报该表。据我们所知，该“S 型公司”的下列股东是美国税收意义上的居民，姓名：×××。

该证明不反映自上述首次签署日期以来可能已经发生或新增的任何活动。

有关上述股东所适用的支付比例请联系该“S 型公司”。

根据该证明表述，构成美国税收居民的主体是 B 公司的股东 ×××，而非 B 公司本身。为进一步了解确认美国对“S 型公司”的定义和性质，主管税务机关查阅了美国税务主管当局官方网站，英文原文如下：

S corporations are corporations that elect to pass corporate income, losses, deductions, and credits through to their shareholders for federaltax purposes. Shareholders of S corporations report the flow-through of income and losses on their personal tax returns and are assessed tax at their individual income tax rates.

中文翻译如下：

S 型公司是指选择将公司收入、亏损、扣除和抵免穿透给股东、由股东缴纳联邦税的公司，由 S 型公司的股东在其个人纳税申报表上报告收入和损失，并按股东个人所得税税率评估税款。

“S 型公司”只是法律形式上的法人公司，非纳税实体公司，即税收透明体，税务由其股东负担，由股东缴纳个人所得税。综上可以判断，B 公司不是美国税收居民。

其二，关于合伙企业及类似实体适用税收协定待遇问题。

11 号公告第五条规定：“……（二）依照外国（地区）法律成立的合伙企业，其实际管理机构不在中国境内，但在中国境内设立机构、场所的，或在中国境内未设立机构、场所，但有来源于中国境内所得的，是中国企业所得税的非居民企业纳税人。除税收协定另有规定的以外，只有当该合伙企业是缔约对方居民的情况下，其在中国负有纳税义务的所得才能享受协定待遇。”

因B公司不是美国税收居民，其在中国负有纳税义务的所得不能享受协定待遇，而关于“税收协定另有规定”问题，11号公告明确规定：“税收协定另有规定的情况是指，税收协定规定当根据缔约对方国内法，合伙企业取得的所得被视为合伙人取得的所得，则缔约对方居民合伙人应就其从合伙企业取得所得中分得的相应份额享受协定待遇”，例如，2013年中国与法国新签订的税收协定中，即增加了关于合伙企业享受税收协定的相关规定，但中美税收协定没有对合伙企业有类似规定。综上所述，B公司因不具有税收居民身份，税收协定也未做特殊规定，不符合享受税收协定待遇的条件。

主管税务机关根据以上事实，在B公司未能进一步提供有效证明资料的情况下，判定B公司不是美国税收居民，也不能以其股东的名义在中国享受协定待遇，B公司在中国负有纳税义务，据理驳回B公司的要求，对B公司缴纳的非居民企业所得税790万元不予退税。

四、委托投资

委托投资是非居民将自有资金直接委托给境外专业机构用于对居民企业的股权、债权投资，其中的“境外专业机构”指经其所在地国家或地区政府许可从事证券经纪、资产管理、资金及证券托管等业务的金融机构。在委托投资期间，境外专业机构将受托资金独立于其自有资金进行专项管理。境外专业机构根据相应的委托或代理协议收取服务费或佣金。受托资金的投资收益和风险应由该非居民获取和承担。

（一）应提交的资料

1. 非居民通过委托投资获取投资收益提出享受税收协定待遇申请的，应向税务机关提供以下资料。

（1）投资链条各方（包括该非居民、投资管理人或投资经理、各级托管人、证券公司等）签署的与投资相关的合同或协议，以及能够说明投资业务的其他资料，资料内容应包括委托投资本金来源和组成情况及各方收取费用或获取所得的约定。

（2）投资收益和其他所得逐级返回至该非居民的信息和凭据，以及对所得类型认定与划分的说明资料。

（3）税务机关为认定受益所有人所需要的其他资料。

2. 非居民或其委托代理人拒绝提供资料，或提供的资料不能区分非居民委托投资收益与投资链条上其他各方报酬的，税务机关应不予批准相应的税收协定待遇。

3. 非居民与投资链条上一方或多方形成关联关系的，应向税务机关提供关联交易定价原则、方法及相关资料。不提供资料或提供资料不足以证明各关联方的交易符合独立交易原则的，税务机关可拒绝给予相应的税收协定待遇。

4. 对于非居民或其委托代理人提供的凭据、所得类型认定与划分及其他相关证明资料，税务机关可视情况通过信息交换方式核实其真实性和准确性。

（二）税务机关分所得类型处理

1. 税务机关应对非居民提交的资料进行审核，并区分所得类型进行处理。

（1）如果投资收益的所得类型为股息或利息，该所得在逐级返回至该非居民的过程中所得性质未发生改变，且有凭据证明该所得实际返回至该非居民，则可以认定该非居民为该笔所得的受益所有人，能够享受税收协定相应条款规定的待遇。

（2）如果投资链条上除该非居民以外的各方收取的费用或获取的报酬与股息、利息有关，则该非居民不是该部分费用或报酬的受益所有人，该部分费用或报酬不得享受税收协定股息和利息条款规定的待遇。

（3）如果投资收益的所得类型为财产收益，或其他不适用受益所有人规则的所得类型，则应按税收协定相应条款的规定处理。

2. 该非居民与受益所有人身份认定有关的信息发生变化的，应及时告知主管税务机关。该非居民因信息变化不能继续享受税收协定待遇的，应自发生变化之日起停止享受有关税收协定待遇，并按国内税法规定申报纳税。

【例 4-4】委托投资判定“受益所有人”[16]

非居民企业 A 注册成立于阿联酋，负责制定具体的 H 股投资决策，指定 J 投资银行（托管人）及 J 投资银行香港分行（托管银行），负责具体 H 股委托投资事宜。J 投资银行是一家全球知名的投资金融机构，经所在国政府许可主要从事证券基金、资产管理、资金及证券托管等业务。

集团股权架构如图 4-2 所示。

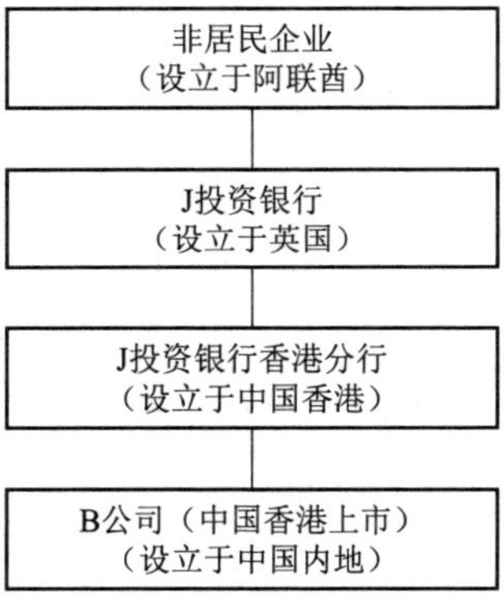

图 4-2　股权架构图（2）

一、中阿税收协定相关规定

中阿税收协定第十条第三款规定：“如果股息的受益所有人是缔约国另一方政府、其政府机构，或为该缔约国另一方政府直接或间接全部拥有资本的其他实体，则股息应仅在该缔约国另一方征税。”根据非居民企业 A 提供关于某投资局改组中的相关条文，该非居民企业 A 为国家所有并受其监管的公共机构。

二、委托投资“受益所有人”相关规定

国家税务总局公告 2014 年第 24 号公告第二条规定：“非居民通过委托投资取得投资收益提出享受税收协定待遇申请的，应向税务机关提供以下

⑯　国家税务总局国际税务司 . 税收协定执行案例集 [M]. 北京：中国税务出版社，2019.

资料。

1. 投资链条各方（包括该非居民、投资管理人或投资经理、各级托管人、证券公司等）签署的与投资相关的合同或协议，以及能够说明投资业务的其他资料，资料内容应包括委托投资本金来源和组成情况及各方收取费用或取得所得的约定。

2. 投资收益和其他所得逐级返回至该非居民企业A的信息和凭据以及对所得类型认定与划分的说明资料。”

针对第1项：

企业提供了非居民企业A与J投资银行的全球托管协议及托管费用协议。根据该协议，在委托投资期间，H股的投资决策具体由非居民企业A制定，J投资银行按照非居民企业A的投资指示，买卖B公司在香港上市的H股。J投资银行负责具体H股的持有和接受托管事宜，根据托管协议收取佣金，受托资金的投资收益和风险全部由非居民企业A取得和承担，J投资银行将受托资金独立于其自有资金进行专项管理，且J投资银行的账目中按照每一个客户设置单独的资金账户，集合客户的投资资金，按照客户指示进行具体日股的交易操作。

企业还提供了J投资银行与J投资银行香港分行的次托管协议及收费标准。上述两项材料都证明J投资银行和J投资银行乔港分行所收取的费用均为单独收取，与非居民企业A取得的股息无关。企业还提供了该非居民企业A官网公布的年度总结证明了其资金全部来源于政府的预算盈余。

针对第2项：

（1）投资收益回流路径一：B公司支付给J投资银行香港分行。企业提供了派息公告和中华人民共和国税收通用缴款书，B公司宣告并向股份登记的名义持有人香港中央结算有限公司支付股息，在支付股息时为其股东代扣代缴了10%的企业所得税。所有通过中央结算及交收系统交易的投资者持有的港交所股票（包括H股），均由香港中央结算有限公司作为名义持有人。香港中央结算有限公司在向J投资银行香港分行的客户支付相关股息时，通过中央结算及交收系统将相关股息在J投资银行香港分行持有的账户中进行结算。J投资银行香港分行收到中央结算及交收系统终端生成的电子扣税凭证“享有法定权利的投资报告”，显示J投资银行香港分行的客户在派发股息日持有的某一股票收到的股息红利的金额。

（2）投资收益回流路径二：J投资银行香港分行支付给J投资银行。企业提供了J投资银行香港分行证券交易信息，J投资银行香港分行在收到B公司股息分红时支付给J投资银行。该支付通过电子形式，并有环球银行间财务通信系统（SWIFT）代码进行支持，可以证明上述情况说明的股息流向。

（3）投资收益回流路径三：J投资银行支付给非居民企业A。企业提供了J投资银行股息派发凭证（该凭证显示了股息派发日的持股数量、每股派息、股息总额、扣缴税额及税后金额）和非居民企业A从B公司取得股息的凭据，证明从B公司取得的股息收入已计入非居民企业A的账户。J投资银行收到J投资银行香港分行支付的股息红利后，立即支付给非居民企业A。

综上，通过对投资各链条以及股息回流各环节的分析可见，非居民企业A委托投资B公司，B公司派发的股息在逐级返回至该非居民企业A的过程中，所得性质未发生改变，且所有凭据证明该股息实际返回至非居民企业A，可以认定非居民企业A为该笔所得的“受益所有人”，能够享受中阿税收协定相应条款规定的待遇。

（三）三年内免予重复认定的条件

税务机关认定非居民为受益所有人，且根据税收协定股息或利息条款的规定，该非居民获取股息或利息应仅在缔约国对方征税的，如果该非居民通过委托投资获取投资收益同时符合以下条件，则在其首次享受股息或利息条款税收协定待遇之日起三个公历年度内（含本年度），同一主管税务机关可免于对其受益所有人身份进行重复认定，但应对其获取的投资收益所得类型进行审核。

1. 通过同一架构安排进行委托投资。

2. 投资链条上除被投资企业之外的各方保持不变。

3. 投资链条上除被投资企业之外的各方签署的与投资相关的合同或协议保持不变。

第二节　对外支付备案

一、需要办理支付备案的情形

境内机构和个人向境外单笔支付等值5万美元以上(不含等值5万美元)的外汇资金，除不需要办理备案的，均应向所在地主管税务机关进行税务备案，包括但不限于：

1. 境外机构或个人从境内获得的包括运输、旅游、通信、建筑安装及劳务承包、保险服务、金融服务、计算机和信息服务、专有权利使用和特许、体育文化和娱乐服务、其他商业服务、政府服务等服务贸易收入。

2. 境外个人在境内的工作报酬，境外机构或个人从境内获得的股息、红利、利润、直接债务利息、担保费及非资本转移的捐赠、赔偿、税收、偶然性所得等收益和经常转移收入。

3. 境外机构或个人从境内获得的融资租赁租金、不动产的转让收入、股权转让所得及外国投资者其他合法所得。

二、不需要办理对外支付备案的情形

1. 境内机构在境外发生的差旅、会议、商品展销等各项费用。

2. 境内机构在境外代表机构的办公经费，以及境内机构在境外承包工程的工程款。

3. 境内机构发生在境外的进出口贸易佣金、保险费、赔偿款。

4. 进口贸易项下境外机构获得的国际运输费用。

5. 保险项下保费、保险金等相关费用。

6. 从事运输或远洋渔业的境内机构在境外发生的修理、油料、港杂等各项费用。

7. 境内旅行社从事出境旅游业务的团费及代订、代办的住宿、交通等相关费用。

8. 亚洲开发银行和世界银行集团下属的国际金融公司从中国获取的所得或收入，包括投资合营企业分得的利润和转让股份所得、在华财产（含房产）出租或转让收入及贷款给中国境内机构获取的利息。

9. 外国政府和国际金融组织向中国提供的外国政府（转）贷款（含外国政府混合（转）贷款）和国际金融组织贷款项下的利息。本项所称国际金融组织指国际货币基金组织、世界银行集团、国际开发协会、国际农业发展基金组织、欧洲投资银行等。

10. 外汇指定银行或财务公司自身对外融资如境外借款、境外同业拆借、海外代付及其他债务等项下的利息。

11. 中国省级以上国家机关对外无偿捐赠援助资金。

12. 境内证券公司或登记结算公司向境外机构或境外个人支付其依法获得的股息、红利、利息收入及有价证券卖出所得收益。

13. 境内个人境外留学、旅游、探亲等因私用汇。

14. 境内机构和个人办理服务贸易、收益和经常转移项下退汇。

15. 外国投资者以境内直接投资合法所得在境内再投资。

16. 财政预算内机关、事业单位、社会团体非贸易非经营性付汇业务。

17. 国家规定的其他情形。

三、多次支付一次备案

境内机构和个人对同一笔合同需要多次对外支付的，仅需在单笔支付首次超过 5 万美元时办理税务备案。

四、办理方式

境内机构和个人（以下称备案人）在办理对外支付税务备案时，应向主管税务机关提交加盖公章的合同（协议）或相关交易凭证复印件（外文文本应同时附送中文译本），并填报服务贸易等项目对外支付税务备案表。备案人可以通过以下方式获取和填报服务贸易等项目对外支付税务备案表

（以下简称备案表）：

1. 通过电子税务局等在线方式填报。

2. 从各省、自治区、直辖市和计划单列市税务局官方网站下载并填报。

3. 在主管税务机关办税服务厅领取并填报。

备案人选择在电子税务局等在线方式办理备案的，应完整、如实填写备案表并提交相关资料。备案人完成备案后，可凭备案表编号和验证码，按照外汇管理相关规定，到银行办理付汇手续。

备案人选择在办税服务厅办理备案的，对于提交资料齐全、备案表填写完整的，主管税务机关无须当场进行纳税事项审核，应在系统录入备案表信息、生成备案表编号和验证码。备案人可凭备案表编号和验证码，按照外汇管理相关规定，到银行办理付汇手续。

在完成税务备案后，若发现备案表填写有误或备案项目发生变化，在尚未发生支付时，备案人可以选择在办税服务厅或电子税务局修改或作废备案表；如已发生对外支付，则不能将备案表作废，仅可对备案表进行修改。

第三节　阶段检测

一、单 选 题

1. 在源泉扣缴和指定扣缴时，由（　　）是否符合享受协定待遇条件且需要享受协定待遇，并在申报时报送非居民纳税人享受协定待遇信息报告表。

A. 国内税务机关判断　　　　B. 境外税务机关判断

C. 纳税人自行判断　　　　D. 中介机构判断

参考答案：C

2. 关于中国香港特别行政区税务主管当局为香港居民就某一公历年度出具的居民身份证明书，下列说法正确的是（　　）。

A. 仅可用作证明该香港居民在该公历年度及上一公历年度的香港居民身份

B. 仅可用作证明该香港居民在该公历年度香港居民身份

C. 仅可用作证明该香港居民在该公历年度及其后一个公历年度的香港居民身份

D. 仅可用作证明该香港居民在该公历年度及其后两个公历年度的香港居民身份

参考答案：D

3. 2023 年非居民纳税人享受协定待遇程序为（　　）。

A. 审批　　B. 先征后退　　C. 备查　　D. 备案

参考答案：C

4. 关于非居民纳税人享受税收协定待遇的税务管理，下列表述错误的是（　　）

A. 非居民纳税人自行申报的，应当自行判断能否享受协定待遇，如实申报并报送相关报告表和资料

B. 在源泉扣缴和指定扣缴的情况下，非居民纳税人认为自身符合税收协定待遇条件，需要享受协定待遇的，应当主动向扣缴义务人提出

C. 非居民纳税人未向扣缴义务人提出需享受协定待遇，扣缴义务人依据国内税收法律规定扣缴

D. 非居民纳税人可享受但未享受协定待遇而多缴税款的，不得要求退还多缴税款

参考答案：D

5. 2023 年，境内企业甲公司需向境外分别支付单笔 10 万美元以下资金，应向所在地主管税务机关进行税务备案的是（　　）。

A. 境内机构甲发生在境外的进出口贸易佣金、保险费、赔偿款

B. 甲企业的外国投资者以境内直接投资合法所得在境内再投资

C. 境内机构甲在境外某国承包工程的工程款

D. 境外机构或个人从境内甲企业获得的融资租赁租金

参考答案：D

6. 2022 年境内机构对外支付下列外汇资金时，须办理和提交服务贸易等项目对外支付税务备案表的是（　　）。

A. 境内机构在境外承包工程的工程款

B. 境内机构在境外发生的商品展销费用

C. 进口贸易项下境外机构获得的国际运输费用

D. 中国区县级国家机关对外无偿捐赠援助资金

参考答案：D

7. 境内 A 企业与境外 B 企业签订合同，由 B 企业在境外向 A 企业提供技术咨询服务，合同总金额为 20 万美元，共分三笔支付，即 2021 年 7 月 31 日合同签订时支付 3 万美元，2021 年 12 月 31 日支付 12 万美元，2022 年 6 月 30 日合同期限届满支付尾款 5 万美元。以下关于该对外支付税务备案的说法正确的是（　　）。

A. 无须进行税务备案

B. 2021 年 7 月 31 日前

C. 2021 年 12 月 31 日前

D. 2022 年 6 月 30 日前

参考答案：C

8. 境内机构和个人对外支付 2013 年 40 号公告规定金额以上下列外汇资金，需要办理和提交备案表的有（　　）。

A. 境内机构发生在境外的进出口贸易佣金、保险费、赔偿款

B. 境内机构在境外代表机构的办公经费，以及境内机构在境外承包工程的工程款

C. 外国投资者以境内直接投资合法所得在境内再投资单笔 5 万美元以上的

D. 境外机构从境内获得的政府服务收入

参考答案：D

9. 境内机构和个人在办理对外支付税务备案时，下列资料可容缺办理的是（　　）。

A. 税务登记证

B. 加盖公章的合同（协议）或相关交易凭证复印件

C. 服务贸易等项目对外支付税务备案表

D. 非居民对有关事项的书面说明

参考答案：B

二、多 选 题

1. 境内机构和个人对外支付下列外汇资金，属于免于进行服务贸易等项下对外支付税务备案范围的有（ ）。

A. 境内个人境外留学、旅游、探亲等因私用汇

B. 保险项下保费、保险金等相关费用

C. 外国投资者以境内直接投资合法所得在境内再投资

D. 财政预算内机关、事业单位、社会团体非贸易非经营性付汇业务

参考答案：ABCD

2. 境内机构和个人选择在办税服务厅办理服务贸易等项目对外支付税务备案的，在银行付汇环节需要出具税务备案资料的有（ ）。

A. 主管税务机关盖章的服务贸易等项目对外支付税务备案表

B. 服务贸易等项目对外支付税务备案表编号

C. 服务贸易等项目对外支付税务备案表验证码

D. 备案人税务登记证件

参考答案：BC

3. 向境外支付外汇的情形中，需要向税务机关备案的有（ ）。

A. 境内机构在境外发生的 6 万美元的差旅费用

B. 境内机构发生在境外的 8 万美元进出口贸易佣金

C. 境内机构和个人向境外机构支付其从境内获得的 6 万美元信息服务收入

D. 境内机构和个人向境外个人支付在境内的 8 万美元工作报酬

E. 境内个人境外留学由于私人原因用汇 8 万美元

参考答案：CD

4. 境内机构和个人对外支付（ ）外汇资金，无须办理和提交备案表。

A. 外汇指定银行或财务公司自身对外融资如境外借款、境外同业拆借、海外代付及其他债务等项下的利息

B. 境内机构在境外代表机构的办公经费，以及境内机构在境外承包工程的工程款

C. 境内机构发生在境外的进出口贸易佣金、保险费、赔偿款

D. 进口贸易项下境外机构获得的国际运输费用

E. 亚洲开发银行和世界银行集团下属的国际金融公司从中国获取的所得或收入，包括投资合营企业分得的利润和转让股份所得、在华财产（含房产）出租或转让收入及贷款给中国境内机构获取的利息

参考答案：ABCDE

5. 关于对外支付备案描述正确的有（　　）。

A. 同一笔合同需要多次对外支付，仅需在首次付汇前办理税务备案

B. 外国投资者以境内直接投资合法所得在境内再投资无须办理对外支付备案

C. 财政预算内的机关、事业单位、社会团体非贸易非经营性付汇业务无须办理对外支付备案

D. 企业只需凭备案表编号和验证码，到银行办理付汇

参考答案：BCD

6. 境内机构和个人向境外支付的下列外汇资金达到规定标准以上，需要办理税务备案的（　　）。

A. 非资本转移的税收

B. 进口贸易项下境外机构获得的国际运输费用

C. 保险项下保费、保险金等相关费用

D. 境内证券公司向境外机构支付其依法获得的股息

E. 经常转移收入

参考答案：AE

7. 境内机构外支付的下列外汇资金，无须办理的有（　　）。

A. 外国投资者用于境内再投资的境内直接投资合法所得

B. 境内机构办理服务贸易、收益和经常转移项下退汇

C. 外汇指定银行自身对外融资的利息

D. 境外机构从境内获得的服务贸易收入

E. 境外机构从境内获得的融资租赁租金

参考答案：ABC

8. 非居民企业 A 公司通过委托投资获取来源于中国境内的所得，税务机关通过对非居民企业提交的资料进行审核，认定该非居民为该笔所得的受益所有人，能够享受税收协定相应条款规定的待遇的，在下列表述中，属于应同时符合的条件有（　　）。

A. 投资收益的所得类型为股息或利息

B. 该所得在逐级返回至该非居民的过程中所得性质未发生改变

C. 有凭据证明该所得实际返回至该非居民

D. 该笔所得与投资链条上除该非居民以外的各方收取的费用或获取的报酬有关

E. 非居民企业与受托人不存在关联关系

参考答案：ABC

第五章　增值税及其他税费

第一节　增值税

一、纳税义务

非居民企业在中华人民共和国境内销售货物或加工、修理修配劳务（以下简称劳务），销售服务、无形资产、不动产及进口货物，应当依照《中华人民共和国增值税暂行条例》缴纳增值税。

1. 在境内销售服务、无形资产或不动产的情形：服务（租赁不动产除外）或无形资产（自然资源使用权除外）的销售方或购买方在境内；所销售或租赁的不动产在境内；所销售自然资源使用权的自然资源在境内；财政部和国家税务总局规定的其他情形。

2. 不属于在境内销售服务或无形资产的情形：境外单位或个人向境内单位或个人销售完全在境外发生的服务；境外单位或个人向境内单位或个人销售完全在境外使用的无形资产；境外单位或个人向境内单位或个人出租完全在境外使用的有形动产；财政部和国家税务总局规定的其他情形。

3. 非居民在中国境内发生增值税应税行为，在中国境内设立经营机构的，应自行申报缴纳增值税。

4. 需要特别注意的是，非居民企业不属于中国增值税小规模纳税人，不适用按照销售额和征收率计算应纳税额的简易办法。

二、转让股票、股权

《财政部　国家税务总局关于全面推开营业税改征增值税试点的通知》（财税〔2016〕36 号）的规定："金融服务是指经营金融保险的业务活动，包括贷款服务、直接收费金融服务、保险服务和金融商品转让。金融商品转让，是指转让外汇、有价证券、非货物期货和其他金融商品所有权的业务活动。"同时，暂未有文件规定就企业转让股权征收增值税。所以，非居民企业转让境内企业（上市公司）股票属于增值税应税行为，而转让境内企业（非上市公司）股权不属于增值税应税行为。

1. 金融商品转让，按照卖出价扣除买入价后的余额为销售额。转让金融商品出现的正负差，按盈亏相抵后的余额为销售额。若相抵后出现负差，可结转下一纳税期与下期转让金融商品销售额相抵，但年末时仍出现负差的，不得转入下一个会计年度。

2. 限售股在解禁流通后对外转让的增值税处理。

（1）上市公司实施股权分置改革时，在股票复牌之前形成的原非流通股股份，以及股票复牌首日至解禁日期间由上述股份孳生的送、转股，以该上市公司完成股权分置改革后股票复牌首日的开盘价为买入价。

（2）公司首次公开发行股票并上市形成的限售股，以及上市首日至解禁日期间由上述股份孳生的送、转股，以该上市公司股票首次公开发行（IPO）的发行价为买入价。

（3）因上市公司实施重大资产重组形成的限售股，以及股票复牌首日至解禁日期间由上述股份孳生的送、转股，以该上市公司因重大资产重组股票停牌前一交易日的收盘价为买入价。

3. 香港市场投资者（包括单位和个人）通过深港通买卖深交所上市 A 股获取的差价收入，免征增值税。

三、承包工程提供劳务

非居民企业在境内承包工程提供劳务的，进行增值税纳税申报，应当如实填写报送纳税申报表，并附送工程（劳务）决算（结算）报告或其他说明材料，参与工程或劳务作业或提供加工、修理修配的外籍人员的姓名、国籍、出入境时间、在华工作时间、地点、内容、报酬标准、支付方式、相关费用等有关资料。工程作业发包方、劳务受让方或购买方，在项目合同签订之日起30日内，未能向其所在地主管税务机关提供非居民纳税人境内机构和个人的工商登记和税务登记证明复印件及其从事经营活动的证明资料，非居民委托境内机构和个人代理事项委托书及受托方的认可证明的，应履行增值税扣缴义务。

四、非居民企业增值税优惠政策

1. 海峡两岸直航免税。

台湾航运公司、航空公司从事海峡两岸海上直航、空中直航业务在大陆获取的运输收入。

台湾航运公司，是指获得“台湾海峡两岸间水路运输许可证”且该许可证上注明的公司登记地址在台湾的航运公司。

台湾航空公司，是指获取中国民用航空局颁发的“经营许可”或依据海峡两岸空运协议和海峡两岸空运补充协议规定，批准经营两岸旅客、货物和邮件不定期（包机）运输业务，且公司登记地址在台湾的航空公司。

2. 国际货物运输代理服务免税。

纳税人提供直接或间接国际货物运输代理服务，向委托方收取的全部国际货物运输代理服务收入，以及向国际运输承运人支付的国际运输费用，必须通过金融机构进行结算。纳税人为大陆与香港、澳门、台湾省之间的货物运输提供的货物运输代理服务参照国际货物运输代理服务有关规定执行。具体参见财税〔2016〕36号附件3第十八条。

3. 统借统还收取的利息免税。

统借统还业务中，企业集团或企业集团中的核心企业及集团所属财务公司按不高于支付给金融机构的借款利率水平或支付的债券票面利率水平，向企业集团或集团内下属单位收取的利息。

统借方向资金使用单位收取的利息，高于支付给金融机构借款利率水平或支付的债券票面利率水平的，应全额缴纳增值税。

统借统还业务，是企业集团或企业集团中的核心企业向金融机构借款或对外发行债券获取资金后，将所借资金分拨给下属单位（包括独立核算单位和非独立核算单位，下同），并向下属单位收取用于归还金融机构或债券购买方本息的业务；企业集团向金融机构借款或对外发行债券获取资金后，由集团所属财务公司与企业集团或集团内下属单位签订统借统还贷款合同并分拨资金，并向企业集团或集团内下属单位收取本息，再转付企业集团，由企业集团统一归还金融机构或债券购买方的业务。

4. 下列金融商品转让收入免税。

（1）合格境外投资者（QFII）委托境内公司在中国从事证券买卖业务。

（2）香港市场投资者（包括单位和个人）通过沪港通买卖上海证券交易所上市 A 股。

（3）对香港市场投资者（包括单位和个人）通过基金互认买卖内地基金份额。

（4）证券投资基金（封闭式证券投资基金，开放式证券投资基金）管理人运用基金买卖股票、债券。

5. 符合条件的技术服务免税。

技术转让、技术开发，可参考《财政部　国家税务总局关于全面推开营业税改增值税试点的通知》（财税〔2016〕36 号）附件中关于“转让技术”“研发服务”范围内的业务活动。技术咨询，指就特定技术项目提供可行性论证、技术预测、专题技术调查、分析评价报告等业务活动。

与技术转让、技术开发相关的技术咨询、技术服务，是指转让方（或受托方）根据技术转让或开发合同的规定，为帮助受让方（或委托方）掌握所转让（或委托开发）的技术，而提供的技术咨询、技术服务业务，且这部分技术咨询、技术服务的价款与技术转让或技术开发的价款应当在同一张发票上开具。

纳税人申请免征增值税时，须持技术转让、开发的书面合同，到纳税人所在地省级科技主管部门进行认定，并持有关的书面合同和科技主管部门审核意见证明文件报主管税务机关备查。

6. 国际运输服务适用零税率或免税。

国际运输服务，是指在境内载运旅客或货物出境；在境外载运旅客或货物入境；在境外载运旅客或货物。

按照国家有关规定应获取相关资质的国际运输服务项目，纳税人获取相关资质的，适用增值税零税率政策，未获取的，适用增值税免税政策。

7. 中外合作办学免征增值税。

境外教育机构与境内从事学历教育的学校开展中外合作办学，提供学历教育服务获取的收入免征增值税。中外合作办学，是指中外教育机构按照《中华人民共和国中外合作办学条例》(国务院令第372号)的有关规定，合作举办的以中国公民为主要招生对象的教育教学活动。上述“学历教育”“从事学历教育的学校”“提供学历教育服务获取的收入”的范围，按照《营业税改征增值税试点过渡政策的规定》(财税〔2016〕36号文件附件3)第一条第（八）项的有关规定执行。

五、增值税代扣代缴

1. 中华人民共和国境外的单位或个人在境内销售劳务，在境内未设有经营机构的，以其境内代理人为扣缴义务人；在境内没有代理人的，以购买方为扣缴义务人。

中华人民共和国境外单位或个人在境内销售服务、无形资产或不动产，在境内未设有经营机构的，以购买方为增值税扣缴义务人。财政部和国家税务总局另有规定的除外。

2. 扣缴义务人应当向其机构所在地或居住地的主管税务机关申报缴纳其扣缴的税款。

3. 从境外单位或个人购进服务、无形资产或不动产，自税务机关或扣缴义务人获取的解缴税款的完税凭证上注明的增值税额，购买方可以作为进项税额从销项税额中抵扣。纳税人凭完税凭证抵扣进项税额的，应当具备书面合同、付款证明和境外单位的对账单或发票。资料不全的，其进项税额不得从销项税额中抵扣。

第二节　其他税费

一、印花税

1. 在中华人民共和国境外书立在境内使用的应税凭证，应当按规定缴纳印花税。包括以下几种情形：

（1）应税凭证的标的为不动产的，该不动产在境内。

（2）应税凭证的标的为股权的，该股权为中国居民企业的股权。

（3）应税凭证的标的为动产或商标专用权、著作权、专利权、专有技术使用权的，其销售方或购买方在境内，但不包括境外单位或个人向境内单位或个人销售完全在境外使用的动产或商标专用权、著作权、专利权、专有技术使用权。

（4）应税凭证的标的为服务的，其提供方或接受方在境内，但不包括境外单位或个人向境内单位或个人提供完全在境外发生的服务。

2. 香港市场投资者通过深港通买卖、继承、赠与深交所上市A股，按照内地现行税制规定缴纳证券（股票）交易印花税。内地结算和香港结算可互相代收上述税款。

3. 香港市场投资者通过沪股通和深股通参与股票担保卖空涉及的股票借入、归还，暂免征收证券（股票）交易印花税。

二、城市维护建设税

自2021年9月1日起，进口货物或境外单位和个人向境内销售劳务、服务、无形资产缴纳的增值税、消费税税额，不征收城市维护建设税。

第三节 阶段检测

单选题

1. 境外单位或个人发生的（　　），需要缴纳增值税。

A. 为出境的函件、包裹在境外提供的邮政服务、收派服务

B. 向境内单位或个人提供的工程施工地点在境外的建筑服务、工程监理服务

C. 向境内单位或个人提供的会议展览地点在境外的会议展览服务

D. 向境内单位或个人提供培训地点在境内的培训服务

参考答案：D

2. 自（　　）起，进口货物或境外单位和个人向境内销售劳务、服务、无形资产缴纳的增值税、消费税税额，不征收城市维护建设税。

A. 2021 年 7 月 1 日　　B. 2021 年 9 月 1 日

C. 2021 年 10 月 1 日　　D. 2022 年 1 月 1 日

参考答案：B

第六章　综合检测

一、单 选 题

1. 在中国境内未设立机构、场所的非居民企业获取的下列所得，需要在中国缴纳企业所得税的有（　　）。

A. 将使用过的机器设备转让给境内企业获取的所得

B. 将其持有的境内某公司股权转让给境外企业获取的所得

C. 将位于境外的办公楼转让给境内企业获取的所得

D. 获取实际管理机构在境外的境外企业分配的股息所得

参考答案：B

2. 扣缴义务人未依法履行扣缴义务或无法履行扣缴义务的，由非居民企业在项目所在地申报缴纳。主管税务机关应在（　　）起 15 日内通知非居民企业在项目所在地申报纳税。

A. 合同约定的付款之日

B. 确定未履行扣缴义务之日

C. 扣缴义务发生之日

D. 税务机关发现未履行扣缴义务之日

参考答案：B

3. 下列关于指定扣缴说法不正确的是（　　）。

A. 对非居民企业在中国境内获取工程作业和劳务所得应缴纳的所得税，税务机关可以指定工程价款或劳务费的支付人为扣缴义务人

B. 扣缴义务人，由县级以上税务机关指定，并同时告知扣缴义务人所扣税款的计算依据、计算方法、扣缴期限和扣缴税额

C. 指定扣缴义务人应当在申报期限内向主管税务机关报送扣缴企业所

得税报告表及其他有关资料

D. 非居民企业没有办理税务登记或临时税务登记，且未委托中国境内的代理人履行纳税义务的，属于《企业所得税法》规定的可以指定扣缴义务人的情形

参考答案：B

4. 境外A公司在中国境内未设立机构、场所，2023年6月获取境内B公司支付的不含增值税财产转让收入1060万元，该项财产净值600万元；获取境内C公司支付的含增值税贷款利息106万元，2023年6月A公司在中国应缴纳企业所得税（　　）。

A. 50万元　　B. 56万元　　C. 56.6万元　　D. 126万元

参考答案：B

5. 下列关于非居民企业所得税核定征收说法错误的是（　　）。

A. 非居民企业因会计账簿不健全，资料残缺难以查账或因其他原因不能准确计算并据实申报其应纳税所得额的，税务机关有权核定其应纳税所得额

B. 从事承包工程作业、设计和咨询劳务的，利润率为30%～50%

C. 税务机关对其境内外收入划分的合理性和真实性有疑义的，可以要求非居民企业提供真实有效的证明，并根据工作量、工作时间、成本费用等因素合理划分其境内外收入

D. 按收入总额核定应纳税所得额，适用于能够正确核算收入或通过合理方法推定收入总额，但不能正确核算成本费用的非居民企业

参考答案：B

6. 下列表单必须由扣缴义务人签章的有（　　）。

A. 中华人民共和国扣缴企业所得税报告表

B. 非居民企业所得税征收方式鉴定表

C. 非居民企业递延缴纳预提所得税信息报告表

D. 非居民纳税人享受协定待遇信息报告表

参考答案：C

7. 有关非居民企业所得税预缴、汇算清缴的表述正确的是（　　）。

A. 按照上一纳税年度应纳税所得额平均额预缴的，应向税务机关办理

行政许可事项相关手续

B. 按照实际利润额预缴，按营业利润总额乘以适用税率计算应纳税额

C. 非居民企业汇算清缴不区分计税方法，均应填报非居民企业所得税年度纳税申报表

D. 临时来华承包工程和提供劳务不足一年的，不参加汇算清缴

参考答案：C

8. 主管税务机关向其他项目支付人发出非居民欠税追缴告知书，其他项目支付人应当自收到告知书(　　)日内从应付款项中扣缴税款及滞纳金、罚款并化解到相应账户。

A. 5　　B. 7　　C. 10　　D. 15

参考答案：D

9. 非居民企业 A 公司，分别在北京、上海、深圳设有甲、乙、丙机构场所，其中甲为主要机构场所，乙不从纳入汇总缴纳企业所得税的其他机构、场所之外获取营业收入，仅具有内部辅助管理或服务职能，各机构场所均符合汇总纳税的条件。2022 年汇总纳税机构场所当期应纳税所得额 60 万元，2021 年甲营业收入 100 万元，职工薪酬 30 万元，资产总额 50 万元，营业利润 20 万元；乙营业收入 80 万元，职工薪酬 30 万元，资产总额 40 万元，营业利润 13 万元；丙营业收入 100 万元，职工薪酬 40 万元，资产总额 50 万元，营业利润 10 万元。2022 年度，丙应就地分摊缴纳企业所得税（　　）万元。（保留 2 位小数点，适用税率 25%）

A. 2.50　　B. 7.95　　C. 7.50　　D. 4.2

参考答案：C

10. 以下关于常设机构的说法正确的是（　　）。

A. 在确定承包工程是否持续时间六个月以上而构成常设机构时应注意，活动的起止时间按所签订的合同从实施合同（包括一切准备活动）开始之日起，至作业（不包括试运行）全部结束交付使用之日止计算

B. 对于采取转包形式的承包工程，分包商就其所承担的工程作业单独判定其是否构成常设机构，分包商作业时间不计算在总包商的作业时间内

C. 对由独立监理企业承包的监督管理活动，其时间的计算与整个工地、

工程的持续时间一致

D. 如果某一营业场所是基于短期使用目的而设立，但实际存在的时间超出了临时性范围，则可追溯性地构成常设机构

参考答案：D

11. 境内 X 公司是中新合资的房地产企业，不动产占比 55%，2007 年 1 月 1 日新加坡 Y 公司初始投资 20 万美元，持股比例 20%。X 公司 2020 年 3 月进入清算，清算后剩余财产 1200 万元，其中累计未分配利润 150 万元（2008 年至清算期形成的未分配利润为 130 万元），累计盈余公积 160 万元。X 公司于 2020 年 3 月 15 日将剩余财产汇回 Y 公司，X 公司应扣缴股息所得及财产转让所得税额合计（ ）万元。（如可享受适用的税收协定优惠按已享受优惠计算税额；2007 年 1 月 1 日汇率中间价为 1 ： 6.6784；2020 年 3 月 15 日汇率中间价为 1 ： 6.9877）

A. 6.72　　B. 10.02　　C. 5.8　　D. 9.62

参考答案：B

12. 境内 A 公司从美国 B 公司采购货物，因未能及时卸货在码头产生滞期费。A 公司向境外 B 公司支付滞期费 6.5 万美元。境内 A 公司在对外支付该笔滞期费时（ ）。

A. 需代扣代缴企业所得税，需要做对外支付税务备案

B. 需代扣代缴企业所得税，不需要做对外支付税务备案

C. 无须代扣代缴企业所得税，需要做对外支付税务备案

D. 无须代扣代缴企业所得税，也不需要做对外支付税务备案

参考答案：D

13. A 公司是国际著名建筑设计事务所，受国内房地产公司甲公司的委托，对甲公司开发的商业地块进行整体的建筑设计，A 公司所有的设计均在国外完成。合同中约定，所有设计出来的图纸归甲公司所有，合同价格按照参与项目的不同级别的设计师的小时收费率进行收费，设计的图纸不得用于甲公司的其他项目，双方要对建筑设计中的信息和数据保密。境外 A 公司获取甲公司支付价款 1000 万元，应在中国缴纳企业所得税（ ）万元。

A. 100　　B. 250　　C. 75　　D. 0

参考答案：D

14. 香港某航运企业为香港的税收居民企业，2022 年获取国际运输业务收入 1000 万元，为境内宏泰公司提供光租服务获取收入 50 万元，且无其他收入。该航运公司可以享受内地和香港税收安排下的国际运输免税待遇，则该香港航运公司就上述获取的收入在内地缴纳企业所得税（　　）万元。

A. 78.75　　B. 3.75　　C. 5　　D. 0

参考答案：D

15. 合格境外机构投资者从中国境内获取的下列所得，可免征企业所得税的是（　　）。

A. 持有 A 股的股息

B. 转让 A 股的差价所得

C. 持有上市公司可转换债券获取的利息

D. 持有创新企业 CDR 获取的股息红利所得

参考答案：B

16. 阿联酋某银行新加坡分行从中国安泰公司获取利息收入 100 万元，则该新加坡分行在享受税收协定待遇的情况下，应在中国缴纳企业所得税（　　）万元。（假设：中国和阿联酋协定规定的利息优惠税率为 7%，中国和新加坡协定规定的利息优惠税率为 5%。不考虑增值税）

A. 0　　B. 10　　C. 5　　D. 7

参考答案：D

17. 下列关于“受益所有人”的表述中，正确的是（　　）。

A. 受益所有人是指对所得或所得据以产生的权利或财产具有使用权或支配权的人

B. 代理人属于受益所有人

C. 指定收款人不属于受益所有人

D. 在后续管理中，主管税务机关认为应该否定申请人受益所有人身份的，应报经国家税务总局同意后执行

参考答案：C

18. 下列关于税收协定中“受益所有人”的说法正确的是（　　）。

A. 在特许权使用费据以产生和支付的版权等使用权转让合同之外，存在申请人与第三人之间在有关版权等所有权方面的转让合同，不利于对享受特许权使用费条款的申请人“受益所有人”身份的判定

B. 英国甲企业从中国境内获取股息所得，其不符合“受益所有人”条件，但间接持有甲企业 100% 的股权的香港乙企业符合“受益所有人”条件，中间层只有奥地利丙企业，应认定申请人甲企业具有“受益所有人”身份（英国、中国香港股息协定优惠税率为 5%，奥地利股息协定优惠税率为 8%）

C. 某香港居民企业获取香港税务主管当局 2019 年为其开具的 2018 年税收居民身份的居民身份证明书，该居民身份证明可以用于证明其 2021 年获取所得时的“受益所有人”身份

D. 在主管税务机关后续管理中，主管税务机关认为应当否定申请人“受益所有人”身份的，应将相关案件层报省税务机关备案

参考答案：A

二、多 选 题

1. 香港税收居民在 2022 年获取来源于北京子公司 2021 年利润分配的股息所得，在申请享受协定待遇时，可以提交（　　）的税收居民身份证明。

A. 2022 年　　B. 2021 年　　C. 2020 年　　D. 2019 年

参考答案：ABC

2. 主管税务机关在按照规定追缴非居民企业应纳税款时，可以采取以下措施（　　）。

A. 责令该非居民企业限期申报缴纳应纳税款

B. 收集、查实该非居民企业在中国境内其他收入项目及其支付人的相关信息

C. 向该其他项目支付人发出非居民企业税务事项联络函

D. 从该非居民企业其他收入项目款项中依照法定程序追缴欠缴税款及应缴的滞纳金

参考答案：ABD

3. 非居民企业预缴企业所得税税款时填报中华人民共和国非居民企业

所得税预缴申报表（2019 年版），其附表为（　　）。

A. 纳税调整项目明细表

B. 非居民企业机构、场所汇总缴纳所得税税款分配表

C. 非居民企业机构、场所核定计算明细表

D. 税收优惠明细表

参考答案：BC

4. 以下服务贸易等项目对外支付无须办理对外支付备案的有（　　）。

A. 进出口贸易项下境外机构获得的国际运输费用

B. M 公司派员工在境外参加会议的各项费用

C. 境内机构发生在境外的进出口贸易佣金、保险费、赔偿款

D. 外国投资者以境内直接投资合法所得在境内收购上市公司股份（不为符合条件的战略投资）

参考答案：BCD

5. 依照《企业所得税法》第三十七条、第三十八条规定应当扣缴的所得税，扣缴义务人未依法扣缴或无法履行扣缴义务的，由纳税人在所得发生地缴纳。纳税人未依法缴纳的，税务机关可以从该纳税人在中国境内其他收入项目的支付人应付的款项中，追缴该纳税人的应纳税款。税务机关在追缴该纳税人应纳税款时，应当将（　　）等告知该纳税人。

A. 追缴理由　　B. 追缴数额　　C. 计算依据

D. 计算方法　　E. 缴纳期限　　F. 缴纳方式

参考答案：ABEF

6. 非居民通过委托投资获取投资收益提出享受税收协定待遇申请的，应向税务机关提供以下资料，以下说法正确的是（　　）。

A. 投资链条各方（包括该非居民、投资管理人或投资经理、各级托管人、证券公司等）签署的与投资相关的合同或协议，以及能够说明投资业务的其他资料，资料内容应包括委托投资本金来源和组成情况及各方收取费用或获取所得的约定

B. 投资收益和其他所得返回至该非居民的信息和凭据，以及对所得类型认定与划分的说明资料

C. 税务机关为认定受益所有人所需要的其他资料

D. 非居民与投资链条上一方或多方形成关联关系的，应向税务机关提供关联交易定价原则、方法及相关资料。各关联方的交易不符合独立交易原则的而减少应税收入或所得额的，税务机关有权按照合理方法调整

参考答案：AC

7. 根据相关规定，下列选项中属于主管税务机关加强对非居民企业派遣行为的税收管理中重点审核的资料（　　）。

A. 派遣企业、接收企业和被派遣人员之间的合同协议或约定

B. 接收企业向派遣企业支付款项及相关账务处理情况

C. 派遣企业或接收企业对被派遣人员的管理规定

D. 被派遣人员个人所得税申报缴纳资料

参考答案：ABCD

8. 实行源泉扣缴时，以支付人为扣缴义务人，税款由扣缴义务人在支付时，从支付的款项中扣缴。扣缴义务人的支付方式包括（　　）。

A. 汇兑支付　　B. 转账支付

C. 非货币支付　　D. 权益兑价支付

参考答案：ABCD

9.《中日税收协定》规定，日本企业通过设在中国境内的常设机构进行营业的，其获取的利润可以在中国征税。现有一家位于东京的日本居民公司向威海某企业销售了 20 台设备，获取了 10 亿日元的收入。根据中日税收协定规定，针对这家日本公司是否在中国缴纳企业所得税的问题，需要分析的关键点是（　　）。

A. 销售合同是否在中国签署

B. 这家日本公司在中国是否有常设机构

C. 这笔交易是否是通过该常设机构进行

D. 该日本公司是否派员来威海

参考答案：BC

10. 选择适用特殊性税务处理的股权交易，必须向主管税务机关提供的资料包括（　　）。

A. 股权转让业务总体情况说明

B. 股权转让业务合同或协议

C. 工商等相关部门核准企业股权变更事项证明资料

D. 被转让企业历年的未分配利润资料

参考答案：ABD

11. 服务贸易等项目对外支付税务备案表允许变更的备案信息包括（　　）。

A. 收汇账号　　B. 合同名称

C. 合同总金额　　D. 合同执行期限

参考答案：ACD

12. 以下哪些条件属于可以直接判定非居民企业股权间接转让不具有合理商业目的条件之一（　　）。

A. 间接转让中国应税财产交易发生前一年，境外资产总额（不含现金）的 90% 以上直接或间接由在中国境内的投资构成

B. 间接转让中国应税财产交易发生前一年内，境外企业获取收入的 90% 以上直接或间接来源于中国境内

C. 间接转让中国应税财产交易在境外应缴所得税税负低于间接转让中国应税财产交易在中国境内的可能税负

D. 境外企业及直接持有中国应税财产的下属企业虽在所在国家（地区）登记注册，以满足法律所要求的组织形式，但其实际履行的功能及承担的风险有限，不足以证实其具有经济实质

E. 境外企业股权 75% 以上价值直接或间接来自中国应税财产

参考答案：BE

13. 下列关于境外投资者利润再投资暂不征收预提所得税政策的说法正确的是（　　）。

A. 境外投资者通过股权转让、回购、清算等方式实际收回享受暂不征收预提所得税政策的直接投资，在实际收取相应款项时，按规定程序向税务部门申报补缴递延的税款

B. 境外投资者用于直接投资的利润以现金方式支付的，需向主管税务

机关提供收款人账号信息

C. 境外投资者本不应享受暂不征税政策，但实际享受暂不征税政策的，利润分配企业主管税务机关依照有关规定追究利润分配企业应扣未扣税款的责任，并依法向境外投资者追缴应当缴纳的税款

D. 境内甲企业于 2019 年 7 月 1 日作出决议，将归属于非居民企业股东乙企业的 2014 年至 2016 年形成的未分配利润转增为甲企业实收资本，可以享受暂不征税政策

参考答案：BD

14. 下列属于 2013 年 40 号公告中不需要办理付汇税务备案的情形的有（单次付汇金额均超过 5 万美元）（　　）。

A. 招商证券某营业部向境外客户支付其卖出有价证券所得收益

B. 某外汇指定财务公司向境外支付境外同业拆借项下的利息

C. 外国政府和国际金融组织提供的外国政府贷款和国际金融组织贷款项下的付汇业务

D. 财政预算内社会团体非贸易非经营性付汇业务

E. 从事运输的境内机构向境外企业支付的在境外发生的修理费用

参考答案：ABDE

三、综合题

1. A 公司是境内一家体育场馆运营企业，其名下拥有国内多家专业体育场馆。为举办某项营利性体育赛事，A 公司委托境外 B 建筑设计公司在中国境内开展符合国际大赛标准的比赛用场地建设技术指导。2022 年 1 月，A 公司分别就其名下北京、广州、武汉三家场馆的场地建设与 B 公司签订场地建设服务合同，指定 B 公司拥有国际标准场地建设经验的 S 团队在境内开展全程技术指导，施工由国内建筑公司 C 公司完成。2022 年 2 月 1 日，S 团队到达北京，根据北京场馆合同要求，于 2 月 5 日开始项目建设准备工作。4 月 25 日，北京场地正式通过验收交付使用，S 团队当日离开中国。根据广州场馆合同，S 团队于 5 月 11 日抵达广州开展施工前技术指导，7 月 30 日广州场地交付使用，S 团队当日离开中国。根据武汉场馆合同，该项目

应于 8 月 11 日开始施工，由于特殊原因，项目延期至 9 月 1 日启动，S 团队于 8 月 30 日抵达武汉，场馆于 10 月 30 日正式交付使用，S 团队 11 月 10 日离开中国。A 公司分别就三个场馆于 4 月 25 日、7 月 3 日、10 月 30 日支付费用各 120 万元人民币。根据上述材料回答以下问题：

（1）A 公司于 4 月 25 日向 B 公司支付第一笔费用，并于 4 月 30 日获取形式发票，A 公司最迟应于（　　）向主管税务机关报送非居民项目合同款项支付情况报告表。

A. 5 月 4 日　　B. 5 月 14 日　　C. 5 月 24 日　　D. 5 月 29 日

参考答案：D

（2）就 B 公司获取的上述所得，申报缴纳增值税的主体可以为（　　）。

A. A 公司　　B. B 公司

C. B 公司的代理人　　D. S 团队

参考答案：ABC

（3）判断 B 公司是否在中国境内构成常设机构时，S 团队提供技术指导活动的时间应为（　　）。

A. 224 天　　B. 235 天　　C. 271 天　　D. 282 天

参考答案：A

（4）指定扣缴义务人没有履行扣缴义务的，下列处理正确的是（　　）。

A. B 公司向 A 公司主管税务机关申报缴纳税款

B. 主管税务机关自确定未履行扣缴义务 7 日内通知 B 公司在项目所在地申报纳税

C. 项目所在地主管税务机关向 B 公司追缴税款

D. A 公司主管税务机关向 B 公司追缴税款

参考答案：C

2. 非居民企业 A 在境内设立四个机构场所 B、C、D、E，符合汇总缴纳企业所得税条件，其中 B 为主要机构场所，从 2021 年起选择由 B 汇总其他境内机构、场所缴纳企业所得税，按季申报，预缴方式采用按实际利润预缴企业所得税。2021 年度各机构场所的资产总额、营业收入和职工薪酬（2021 年 12 月 31 日），见表 6-1。

表 6-1　2021 年度各机构场所的资产总额、营业收入和职工薪酬

	资产总额（万元）	营业收入（万元）	职工薪酬（万元）
B	2000	6000	1000
C	1500	3000	600
D	500	2000	600
E	500	1000	200

2022 年 1 月，非居民企业 A 在境内新设立机构场所 F。2022 年 5 月经过中国注册会计师审计确认，机构场所 D 的 2021 年度职工薪酬调整为 400 万元。2022 年 8 月，机构场所 D 发生捐赠支出 20 万元，其中通过廊坊市人民政府的公益性捐赠 10 万元，通过变形记节目组捐赠山区儿童 10 万元，均获取合法有效的捐赠票据。2022 年 11 月，机构场所 E 因经营不善注销，工商税务已于当月完成注销手续。已知非居民企业 A 在境内的机构场所 B、C、D、E、F 在 2022 年 1—9 月利润总额为 −100 万元，在 2022 年 1—12 月利润总额为 500 万元；其中，机构场所 F 在 2022 年 1—12 月利润总额为 30 万元，F 未与其他机构场所发生交易。2021 年度可结转以后年度弥补的亏损额为 50 万元。

备注：所有计算结果保留小数点后两位

（1）2022 年 4 季度企业所得税预缴申报时，机构场所 D 的分配比例是（　　）。

参考答案：0.39

（2）2022 年 1—4 季度，机构场所 D 第 4 季度预缴企业所得税申报时应分摊所得税额是（　　）万元。

参考答案：21.94

（3）机构场所 D 办理 2022 年度纳税申报时应分摊所得税额是（　　）万元。

参考答案：22.43

（4）机构场所 D 办理 2022 年度纳税申报时应补（退）所得税税额是（　　）万元。

参考答案：0.49

3. 2020 年 12 月 31 日，新加坡居民企业 A 公司向其 100% 直接控股的中

国香港居民企业B公司转让其拥有的居民企业甲公司60%的股权。甲公司60%的股权的计税基础为1亿元人民币，公允价值为3亿元人民币。B公司以其持有中国居民企业乙公司55%的股权和3000万元人民币作为支付对价。A公司向主管税务机关书面承诺在3年（含3年）内不转让B公司的股权。

2022年2月20日，A公司向对其100%持股的居民企业丙公司转让乙公司全部的股权，丙公司以其持有香港C公司75%的股权作为支付对价。

2022年12月，甲公司向B公司分配未分配利润1亿元，其中，截至2007年12月31日的未分配利润为500万元，截至2019年12月31日的未分配利润为9000万元，截至2020年12月31日的未分配利润为9500万元。B公司符合受益所有人身份及享受股息5%协定待遇的其他条件。同月，A公司将C公司全部股权转让给日本的D公司。

所有的交易都具有合理商业目的，各公司的实质性经营活动不改变。

（1）可以选择适用特殊性税务处理的股权交易（　　）。

A. A公司转让甲公司　　B. B公司转让乙公司

C. A公司转让乙公司　　D. 都不适用

参考答案：A

（2）选择适用特殊性税务处理的股权交易，收购企业获取被收购企业股权的计税基础，以（　　）确定。

A. 收购企业支付对价的公允价值

B. 收购企业支付对价的原有计税基础

C. 被收购股权的原有计税基础

D. 被收购股权的公允价值

参考答案：C

（3）不考虑协定，A公司转让甲公司股权，应缴纳企业所得税（　　）万元。

A. 200　　B. 2000　　C. 0　　D. 1000

参考答案：A

（4）2022年12月，甲公司向B分配股息，应代扣代缴企业所得税（　　）万元。

A. 500　　B. 925　　C. 1000　　D. 475

参考答案：B

4. 2023 年，境内 A 公司发生以下业务。

业务一：为扩大海外市场，境内 A 公司计划将生产的产品出口到 C 国，按照 C 国政府有关进口产品的相关要求，境内 A 公司委托境外 B 公司为其提供认证产品服务，B 公司派人来华提供相关检测服务，在华停留时间超过半年。B 公司检测人员用其技术对 A 公司的产品进行检验，并出具认证报告，A 公司产品进而被获准进入 C 国市场。境内 A 公司向 B 公司支付认证服务费 100 万元。

业务二：日本 D 公司拟将自己的一项专有技术在中国香港申请专利，并委托境内 A 公司办理此事，因 A 公司工作人员疏忽，导致申请专利超期，该项技术在中国香港申请专利失败。按照合同约定，境内 A 公司支付给日本 D 公司赔偿金 30 万元。

业务三：境内 A 公司与其境外母公司 E 公司签订客户关系和扩大市场协议。该协议约定，由母公司 E 从其多年在境外积累的客户中，结合 A 公司实际业务需求，在境外选择并确定潜在客户，并将其介绍给 A 公司。如果该客户与 A 公司成功签订产品采购合同，则境外母公司按照产品销售收入的 5% 收取销售佣金。基于上述约定，境内 A 公司向境内母公司 E 公司支付佣金 200 万元。

（相关税费均由外方承担，提供劳务的核定利润率为 15%。）

（1）从企业所得税角度，对上述三项业务的性质判断，正确的有（　　）。

A. 境内 A 公司向 B 公司支付认证服务费属于劳务

B. 境内 A 公司支付给日本 D 公司的赔偿金属于特许权使用费

C. 境内 A 公司向境内母公司 E 公司支付的佣金属于特许权使用费

D. 以上说法都不对

参考答案：AC

（2）业务一，境外 B 企业获取的认证费 100 万元应在中国缴纳企业所得税额为（　　）。

参考答案：3.75 万元

（3）业务二，日本 D 公司获取的赔偿金 30 万元应在中国缴纳企业所得税额为（　　）。

参考答案：0 元

（4）业务三，境外 E 公司获取佣金 200 万元应在中国缴纳企业所得税额为（　　）。

参考答案：20 万元

5. 境外甲企业 2022 年 1 月在中国境内登记设立常驻代表机构 A，主要从事在中国境内与甲企业的联络工作，以及在中国境内的中介活动。税务机关在对其进行税务检查时，发现该代表处账簿设置不健全，无法准确核算其收入成本费用，但经费支出能够准确核算。因此决定按照最低利润率对其进行核定征收。2022 年该代表处发生的相关事项如下：

（1）1 月对新设立的代表处进行装修，发生费用 10 万元，同时购进一台固定资产 15 万元，预计使用年限 5 年，净残值为 0。

（2）3 月通过某县政府向当地目标脱贫地区扶贫捐赠 8 万元。

（3）8 月为甲企业从中国境内购买样品支付了样品费和运输费 5 万元，同时支付甲企业人员来华访问的翻译人员费用 2 万元。

（4）全年共支付了交际应酬费 20 万元，在中国境外支付给员工工资、福利费 35 万元。

（5）全年共支付房租 25 万元。

根据以上资料，回答下列问题：

（1）对外国企业常驻代表机构征收企业所得税的征收方法有（　　）。

A. 按核定收入计算征税

B. 按实际申报收入计算纳税

C. 按成本费用核定应纳税所得额

D. 按经费支出额换算为收入额征税

参考答案：ABD

（2）可计入该代表机构 2022 年经费支出的费用为（　　）万元。

参考答案：112

（3）该代表处 2022 年应缴纳的企业所得税为（　　）万元。

参考答案：4.94